KB071361

# 막다른 길의 선택들

# 막다른 길의 선택들

예측할 수 없는 내일을 위한 헤일 메리의 법칙

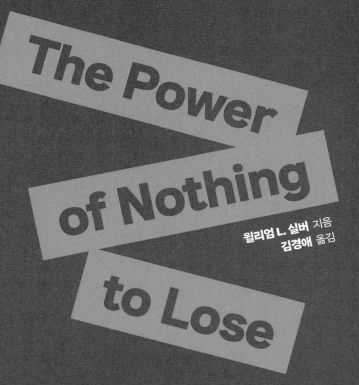

The Power of Nothing to Lose

윌리엄 L. 실버 지음
김경애 옮김

청림출판

**일러두기**

- 본문에 나오는 외화에 대해 1달러당 한화 1,300원, 1파운드당 한화 1,600원 정도의 가치로 계산하여 병기했다.
- 이 책의 핵심 단어인 '다운사이드 프로텍션(하방보호)'은 투자 원금을 보호하려는 장치를 뜻하는 용어로, 저자는 '손실은 적고 수익은 많은 상태로 다른 해결책이 없을 때, 사람들이 위험을 감수하고 과감한 결정을 내리는 심리'라는 의미로 사용하고 있다.

# 막다른 길의
# 과감한 시도가 만든 역사

나는 지난 30년간 뉴욕대학교 스턴경영대학원에서 매년 300명이 넘는 학생을 상대로 MBA 과정을 지도하면서 깨달은 내용을 담아 이 책을 내놓게 되었다. 교육 과정은 투자자들이 어떻게 주식, 채권, 부동산 같은 위험 자산 중에서 선택을 내리는지에 초점을 맞추고 있지만, 나는 불확실한 상황에서 결단을 내려야 하는 대통령이나 군 지휘관 혹은 평범한 사람들에게도 같은 이론이 적용될 수 있다는 사실을 깨달았다. 분석으로 얻은 놀라운 결론은 다음과 같다.

'다운사이드 프로텍션downside protection(하방보호)은 신중한 사람들이 과감한 결정을 내리도록 부추긴다.'

강의는 상당히 전문적인 내용을 다루고 있어서 수업이 막바지에 접어들 때면 학생들은 마치 미식축구football 경기의 격렬한 러닝어택running attack을 끝낸 선수들처럼 수학에 지쳐 있게 마련이다. 이런 학생들의 관심을 끌기 위해 나는 재미있는 대결을 고안했다. 학기 마지막 달 학생들에게 가장 큰 수익을 낼 것으로 생각되는 주식이나 채권을 선택하라고 하는 것이다. 답을 맞히는 학생들은 최종 성적에 1.5포인트를 추가로 얻게 되지만 맞히지 못한 학생들은 동정심 말고는 아무것도 얻지 못한다. 학생들은 어떻게 선택할까?

고심 끝에 결론을 내리는 학생도 있지만 영리한 친구들은 홈런 대결에 내기를 거는 상황과 같다는 사실을 금세 깨닫는다. 세 번이나 올스타로 선정된 데이브 킹먼Dave Kingman과 야구 명예의 전당에 오른 윌리 킬러Willie Keeler가 홈런 대결을 펼친다면 누가 승자가 될지를 선택하는 것이다.

1970년대 선수 생활을 시작해 1980년대까지 활동했던 킹먼의 타율은 겨우 2할3푼6리였고 네 번 타석에 서면 한 번꼴로 삼진 아웃을 당했다. 그와 완전히 반대인 킬러는 1892년에서 1910년까지 19시즌 동안 3할4푼1리를 기록했다. 삼진 아웃을 당한 것은 70번 타석에 설 때마다 한 번꼴이었고, 매 타석을 공격으로 이어갔다. 그런데 킹먼은 15번 타석에 나설 때마다 홈런을 쳤지만 킬러는 291번에 한 번 홈런을 쳤다. '상대편이 없는 곳으로 친다'라는 말로 자신의 타격 철학을 표현하기도 했던 킬러는, '킹콩'이라는 애칭으로 불렸던 킹먼보다 훨씬 우수한 타자였다. 그러나 홈런 시합에서는 삼진 아웃에 대해 신경 쓰지 않고 홈런만을 따진다. 삼진을 당해도 벌점이 없다면 킹먼은 투구마다 스윙할 것이고 결국 홈런 대결에서 승리할 것이다.

이제 주식 고르기 게임으로 돌아가보자. 미래를 아는 사람은 아무도 없지만, 가장 수익률이 높은 주식을 골라내는 최상의 전략은 신중함을 버리고 캐나다의 금광회사 같은 위험성 높은 자산을 선택하는 것이다. 변동성이 심한 금광 채굴 업체는 야구의 홈런에 견줄 만한 큰 수익을 얻기도 하고 엄청난 손실을 내기도 한다. 그러나 이 게임에서는 손실의 크기가 어떻든 모두 같은 수치로 계산하며, 최악의 수익을 내더라도 최종 점수에서 차감하지 않는다. 이같이 주식 고르기 게임에서는 규칙상 손실에 한계를 두므로 학생들은 가장 위험한 투자를 선택하게 된다. 결국 수익이 보장되지 않더라도 1.5포인트를 받을 확률을 가장 높일 방법을 선택하는 것이다.

이 책에서는 이 같은 생각이 과감한 시도로 이어지는 다양한 사례를 살펴보고 어떻게 역사를 변화시켜왔는지 들여다본다. 각 장은 단편소설처럼 독립적인 이야기로 되어 있으며 미국 대통령, 전쟁터의 장군, 악명 높은 독재자뿐만 아니라 일반인을 아우르는 다양한 내용을 담고 있다.

파트 1에서는 미식축구의 헤일 메리 패스와 주식시장의 콜옵션을 통해 제한된 하방의 위력을 설명한다. 앞으로 자세히 살펴보겠지만 하방이 제한되었다는 말은 이득은 크고 손실은 적어 보인다는 뜻이다. 쿼터백과 투자자는 이 왜곡된 결과를 기대하고는, 데이브 킹먼처럼 전부를 걸게 된다.

파트 2의 다섯 개 챕터에서는 한 걸음 더 나아가 전 세계에서 끊임없이 반복되는 인종차별, 질병, 전쟁이라는 문제를 다루는 상황에서 평소 신중한 사람들이 손익 비대칭asymmetric payoff을 접하게 되면 얼마나 대담해지는지 설명한다.

재봉사로 일하던 로자 파크스Rosa Parks는 자신의 고향인 앨라배마주 몽고메리 지역의 버스 인종분리법에 맞서 잃을 게 없다는 생각으로 저항한 결과 오래도록 지속되던 불평등을 바로잡을 수 있었다.

1914년 8월 제1차 세계대전이 발발하고 위기를 맞게 된 전 미국 대통령 우드로 윌슨Woodrow Wilson은 재임에 대한 열망으로 불필요한 전사자가 생기게 하는 결과를 초래했다.

21세기의 망명 신청자를 다룬 챕터 4에서는 모진 박해와 가난을 피하려 죽음을 무릅쓰고 국경을 건너는 이민자와, 갖가지 장애물로 그들을 저지하려는 난민 수용국의 상황에 관해 설명한다.

'의료 위기와 팬데믹'을 다룬 챕터 6에서는 도널드 트럼프 전 미국 대통령이 팬데믹 경고를 접하고도 적절히 대응하지 못한 이유를 설명한다.

파트 3에서는 홈런 대결과 유사하지만 다른 규칙을 적용할 수 있는 종합적인 비대칭을 다룬다. 예를 들어 '삼진 아웃 횟수만큼 점수를 빼는 홈런 게임'의 우승자를 결정한다면 다른 전략이 등장할 수 있다. 즉 데이브 킹먼의 헛스윙은 기록에 불리할 수 있으므로 절제력 있는 윌리 킬러가 더 좋은 결과를 얻을 확률이 높아진다.

같은 유형이지만 좀 더 무거운 주제도 다룬다. 제2차 세계대전을 일으킨 아돌프 히틀러와, 영국의 베어링스 은행 Barings Bank을 파산시킨 '악덕 트레이더' 니컬러스 리슨 Nicholas Leeson은 수없이 많은 사람을 엄청난 불행에 빠뜨리는 결과를 낳았다. 히틀러와 리슨의 상대편이 다르게 행동했다면 그들의 행동을 멈출 수 있었을 것이다.

파트 4에서는 보상 압력으로 위험하고 잘못된 행동을 중화하는 두 가지 사례를 제시한다. 교도소 관리자는 가석방 없는 종신형을 선고받은 폭력적 재소자에게 '잃을 것'을 제공함으로써 모범시민으로 변화시킬 수 있었다. 또한 이와 유사한 전략은 자살 폭탄 테러범의 살해 동기마저 억제할 수 있다.

마지막으로 개인적인 문제를 다룬 파트 5에서는 아무것도 잃을 게 없다는 태도를 적절하게 관리하면 성공적인 커리어를 만드는 데 어떻게 도움이 되는지 살펴본다.

주식시장 수익률 경쟁과 홈런 대결의 승자 고르기에서 시작한 주제는 놀랍게도 인생의 불확실성을 마주했을 때 인간이 보일 수 있는 행동을 이해하는 강력한 무기로 자리잡게 되었다. 이 책에서 다루는 이야기들은 정치, 전쟁, 비즈니스에서 하방보호 전략이 개인의 이익과 공공의 이익 사이에 갈등을 유발해 '결정하는 자'에게는 유리하지만 순수한 주변 사람들에게 해가 될 수 있다는 사실을 보여준다. 이 책에서는 부수적으로 발생하는 피해를 중심으로 다룰 예정이다.

《막다른 길의 선택들》의 한국어판이 나올 무렵, 넷플릭스 인기 시리즈인 〈오징어 게임〉의 새 시즌에 대한 계획이 발표되었다. 경제적으로 막다른 길에 선 인물들이 인생을 바꿀 수 있는 큰 액수의 상금을 위해 목숨을 걸고 게임을 한다는 〈오징어 게임〉의 스토리에 대해 전 세계 사람들은 '소름 끼치는 디스토피아적 환상'이라고 표현한다. 그러나 드라마 속의 비대칭적 보상이 가져온 무모한 선택들은 지난 역사뿐만 아니라 오늘날 우리가 살고 있는 세상에도 존재한다. 그리고 때로 현실은 드라마보다 더 기괴할 수 있다. 지금부터 그 이야기를 살펴보자.

차례

**PART 3**                                         **악수를 둔 사람들**

PART

1

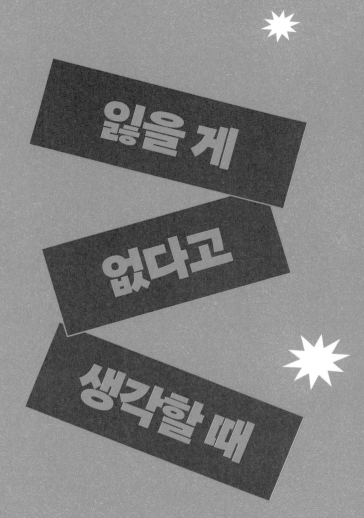
잃을 게
없다고
생각할 때

The Power

of Nothing

to Lose

## Chapter 1

# 어느 쪽을
# 선택하겠습니까?

2018년 5월 27일 일요일, 43세의 제니퍼 서트클리프Jennifer Sutcliffe
는 텍사스주 코퍼스 크리스티 호수 근처 자신의 집 뒷마당 꽃밭에
서 똬리를 튼 방울뱀을 보고 깜짝 놀라 소리를 질렀다.[1] 제니퍼와
남편 제레미Jeremy는 메모리얼 데이Memorial Day(미국의 현충일. 5월 마지
막 주 월요일)를 맞아 함께 식사하기로 한 딸과 손녀를 맞이하기 위해
마당을 정리하던 중이었다. 아내의 비명에 위험을 감지한 제레미는
재빨리 삽을 집어들어 뱀을 목을 잘랐다. 10분 뒤, 잘려나간 뱀의
머리를 버리기 위해 집어든 제레미는 자신의 손에 뱀의 송곳니가
박혔다는 사실을 알았다. 스티븐 킹Stephen King이 쓴 공포소설에나 나

올 법한 일이 실제로 일어났다는 사실에 놀란 제레미는 뱀의 머리를 제거하려고 거의 1분간 애썼다.

간호사였던 제니퍼는 남편에게 해독제가 필요하다는 사실을 알았다. 제니퍼는 남편을 차에 태우고 한 시간 거리에 있는 인근 병원으로 곧장 출발했다. 병원으로 가는 도중 호흡곤란을 일으키며 의식을 잃기 시작한 제레미는 "내가 죽더라도…… 난 정말 당신을 사랑해요"라고 중얼거렸다.[2] 의사들은 제레미가 패혈성 쇼크에 빠졌다고 했다. 목이 잘린 방울뱀에게 물려서 생긴 일이었다.

텍사스A&M대학교의 수의사인 크리스틴 러터 Christine Rutter 는 일반적으로 2~4회분이면 충분한 해독제가 왜 제레미에게는 26회분이나 필요했는지, 의사가 왜 제레미를 4일이나 인위적 혼수 상태로 보내도록 조치할 수밖에 없었는지 이해할 수 있었다. 뱀은 머리가 잘려도 최소 한 시간 이상 살 수 있을 뿐만 아니라 치명적 위험에 빠진 뱀이 내뿜는 독성은 평소보다 훨씬 더 강해지기 때문이었다. "아드레날린이 극대화된 뱀은 독성도 최대로 높아집니다.[3] 마치 미식축구의 헤일 메리 패스와 같은 거죠"라고 러터는 설명했다.

아시아 거미의 짝짓기 방식에 관한 최근 연구에서도 이와 비슷한 결론이 나왔다. 네필렌기스 말라바렌시스 Nephilengys malabarensis 라는 종의 수컷 거미는 교미 중 자신의 몸에서 두 개의 생식기 부속물을 떼어내 암컷을 둘러싼다. 교미 후 생식기를 잃게 된 수컷은 약 10초간 암컷을 지킨다. 자신이 암컷에게 형성한 막을 다른 수컷이

느슨하게 한 뒤 교미를 시도하는 것을 막는다. 다양한 국적의 과학자들이 행한 여러 실험에 따르면 생식 기관이 사라진 '거세된' 수컷은 실험실에서 약 60분간 이루어진 싸움에서 생식 기관을 가진 수컷을 이겼다. 생물학자는 "침입자를 마주하게 되면 생식 기관이 사라진 수컷은 암컷을 보호하기 위해 최대한의 힘을 발휘한다. 생식기를 잃어 번식할 기회가 없어진 수컷은 잃을 게 없는 상태이기 때문이다"라고 설명했다.[4]

## 우리는 어떤 경우에 승부수를 던지는가

인간은 거미나 방울뱀과는 다르다. 그러나 생존 본능은 모든 생물이 가진 특성으로 정상적인 행동에 변화를 일으키기도 한다. 미식축구팀 그린베이 패커스의 스타 쿼터백 애런 로저스Aaron Rodgers는 헤일 메리 패스로 게임을 여러 번 승리로 이끌었다. 그러나 헤일 메리 패스만으로 그가 명예의 전당에 오른 것은 아니다. 그는 선수 생활 초기에 인터셉션(가로채기)을 피하는 법을 배웠고 늘 신중하게 의사결정을 내린다. 로저스는 "처음 미식축구를 시작했던 8학년 때부터 깨달은 바가 있다. 필드에 오래 머물려면 신중하게 결정해야 하고 또 공을 넘겨줘선 안 된다는 점이다"라고 설명했다.[5]

　　로저스는 선수 생활 기간 인터셉션보다 네 배나 많은 터치다운 패스(득점으로 연결되는 패스)를 기록했는데 이는 톰 브래디 Tom Brady 나 페이튼 매닝 Peyton Manning 같은 슈퍼스타 쿼터백보다 훨씬 높은 비율이다.⁶ 하지만 로저스는 그린베이가 약간의 점수 차로 지고 있는 상황에서 게임이 거의 끝나갈 때는 자신의 시그너처 패스를 엔드존으로 바로 던져 득점으로 연결할 기회를 확보했다.

방울뱀의 잘려나간 머리나 거세당한 거미처럼 로저스는 잃을 게 없다. 단점은 작고 장점은 크다는 사실은 승부수를 던지는 행동에 정당성을 부여한다. 절박한 상황에서 무모하게 던진 패스가 승리를 이끌어낼 수는 있지만 멋지게 성공시킨 가로채기는 승부에 아무런 의미가 없기 때문이다. 애런 로저스가 도박을 벌인 결과로 비대칭적 또는 왜곡된 손익이 생긴다. 즉 심각하게 부정적인 결과 없이 상당한 보상을 얻는 것이다. 이런 경우에는 평소 절제하는 리더라도 도박꾼이 될 수 있다.

## 조지 워싱턴이 벌인 도박

이와 유사한 결과는 정치, 전쟁, 비즈니스 등 매우 다양한 상황에서 일어나며 그린베이의 슈퍼볼 우승보다 훨씬 큰 영향력을 발휘한다. 미국 독립혁명의 성공이 엄청난 변화를 일으켰다는 사실은 역사를 통해 증명되고 있다. 총사령관 조지 워싱턴 George Washington은 체스 경기에 임하는 그랜드마스터처럼 적군의 작전을 예측하기 위한 전술을 계획하고 전투를 준비했다. 1776년 1월 4일 조지 워싱턴은 뉴욕의 전력을 강화하기 위해 대륙회의에 다음과 같이 요청했다.

"외람되지만 저지 군대Jersey Troops의 일부를 뉴욕으로 보내 적군이 뉴욕이나 롱아일랜드에 상륙하는 일을 막고자 합니다."[7]

워싱턴 장군은 1776년 3월 13일에 "뉴욕은 매우 중요한 곳이므로 신중한 방침이 필요하며 가능한 모든 예방책을 동원해 적군이 뉴욕에 상륙하는 일을 막아야 한다"라고 재차 요청했다.[8] 하지만 1776년 12월 25일 크리스마스 저녁, 워싱턴 장군은 신중함을 버리고 얼어붙은 델라웨어강을 건너 뉴저지주 트렌턴에서 적군을 과감히 공격한다.

워싱턴의 심경에 변화를 일으킨 요인은 환경이었다. 윌리엄 하우William Howe 장군이 지휘하던 영국군은 1776년 하반기 롱아일랜드 전투, 할렘 하이츠 전투, 화이트 플레인스 전투에서 대륙군에 패했고, 워싱턴은 질병과 황폐화로 지위가 약화되어 반전이 필요한 상황이었다.

전투가 벌어지기 일주일 전, 워싱턴은 마운트 버넌에서 사촌에게 편지를 썼다. "나는 자네가 상상하기조차 힘들 만큼 큰 고통을 겪고 있어."[9] 신병을 모집하려면 워싱턴에게는 승리가 필요했다. 그는 다음과 같은 말을 덧붙였다. "이번에 패한다면 전쟁이 끝날 걸세."[10] 12월 20일 워싱턴 장군은 의회에 패배에 관련된 일정표를 전했다. "지금부터 10일 후 나의 군대는 사라질 것이다."[11]

더는 물러설 데가 없었던 워싱턴은 1776년 12월 25일 수요일, 위험한 공격을 감행하기로 했다. 도전의 심각성을 이해한 워싱턴 장군은 트렌튼 전투 직전 자금 조달 업무를 담당하던 로버트 모리스Robert Morris 장관에게 편지를 썼다.

"어쩌면 우리에게 유리한 상황이 될 수도 있소."[12]

실제로 운이 작용했고 미국은 도박에서 승리할 수 있었다. 델라웨어강을 건넌 조지 워싱턴 장군과 엔드존에 볼을 던지는 에런 로저스 사이에 닮은 점이 없어 보일지도 모르지만 사정은 같았다.

## 잃을 게 없는 상황에서는 위험을 감수한다

결과에 불리한 면이 적으면 평소 신중하던 사람도 대담하게 행동한다는 점은 분명하다. 그러나 한밤중 트렌튼을 공격하는 방법만이 워싱턴 장군이 할 수 있었던 유일한 선택은 아니었다. 워싱턴은 군대를 철수했다가 봄에 다시 공격을 감행할 수도 있었다. 모험을 하려면 용기가 필요했다. 무의미한 인터셉션을 제외하고는 가능한 방법이 아무것도 없는 에런 로저스라도 필사적인 패스를 감행하려면 용기가 필요하다. 몸무게가 136킬로그램이나 나가는 거구의 수비수가 로저스가 패스를 시도하기 전에 무차별적으로 방어할 것이기 때문이다.

퀴터백 조 나마스Joe Namath는 1969년 1월 12일 일요일 볼티모어 콜츠와 맞선 슈퍼볼 3차전 경기에서 소속팀 뉴욕 제츠를 승리로 이끌었다. 이 승부는 1980년 겨울 올림픽에서 소련을 상대로 승리했던 미국 남자 하키팀의 경기와 더불어 미국 스포츠 역사상 가장 위대한 역전승으로 기억되고 있다.

사람들은 약자를 지지하는 경향이 있다. 약자는 승산 없는 자신을 믿어준 팬들에게 보답하기 위해 모든 것을 걸고 게임에 임한다.[13] 나마스가 속한 팀이 딱 그랬다. 아무도 기대하지 않았기 때문이다. 뉴욕 제츠는 볼티모어 콜츠에 18점 지고 있었다. 뉴욕 제츠가 게임을 완벽한 승리로 이끌 것이라는 나마스의 호언장담을 무시했던 라스베이거스의 마권업자는 엄청난 금액을 잃었다. 브로드웨이 조(조 나마스의 별명)가 인생의 게임을 펼치지 않았더라면 지금은 유명해진 "제가 장담합니다"라는 나마스의 한 마디를 기억하는 사람은 별로 없었을 것이다.[14] 나마스는 불리한 상황에서도 승리를 이끌었고 단 한 번의 슈퍼볼 승리 이후 오랜 기간 승리에 목말라 있던 뉴욕 제츠 팬에게 보답한 공로를 인정받아 그해 최우수 선수상을 받았다. 손익 비대칭이 용감한 행동을 이끌었지만 그 기회를 포착하려면 기술과 신념과 용기가 필요하다.

애런 로저스와 조지 워싱턴에게는 시간이 없다는 사실이 의외의 결과를 냈다. 그런데 극적인 막판 역전극이 없어도, 단점이 적다는 사실만으로 대담한 결정을 내릴 수 있다. 조 나마스가 슈퍼볼에서 마음껏 뛸 수 있었던 이유는 다들 그가 질 거라고 예상했기 때문이다. 생명이 아니라 돈이 걸린 재계에서 콜옵션은 제한적 손실이라는 요소를 강조한다. 피셔 블랙Fischer Black, 로버트 머튼Robert Merton과 함께 스톡옵션 등 파생상품의 가격을 결정하는 혁신적인 방법론을 연구 개발한 공로로 노벨 경제학상을 받은 마이런 숄즈Myron Scholes는 "불리한 면이 확실하다는 점 때문에 나는 옵션에 관심을 두게 되었다"라고 말했다.[15]

　　대부분의 신중한 투자자들은 주식으로 돈을 잃고 밤잠을 설치지 않도록 은행과 주식시장에 투자할 자금을 분리해서 관리한다. 주식에 너무 많은 돈을 넣어두면 불면증에 시달릴 수 있기 때문이다. 그런데도 투자자들은 고정된 가격에 주식을 살 권리를 제공하면서도 손해를 감당할 의무는 없는 콜옵션을 선택한다. 의무가 없는 권리는 콜옵션에 손익 비대칭을 제공하게 된다. 주가가 상승하면 이익이 상승하지만 손실은 고정된 비용으로 제한되며 이를 옵션 프리미엄이라고 부른다. 큰 손실을 막는 이 보호책은 워런 버핏Warren Buffett처럼 수준이 높은 투자가나 달라이 라마Dalai Lama처럼 보수적인 성향의 투자가라도 신중함을 버리고, 놀라움이 가득한 대신 상승과 하락을 오가는 불안정한 주식의 콜옵션을 선택하도록 유도한다.

　　낯설게 들리는가? 메이저리그 야구 경기에서 볼카운트 스리볼 노스트라이크 타자에게 감독이 자율권을 주는 상황도 마찬가지다. 타자는 권리만 있고 의무는 없는 선택권을 가지고 장외 홈런을 기대하며 방망이를 휘두를 수 있다. 세 번이나 MVP를 수상했던 로스앤젤레스 에인절스팀의 외야수이자 강타자인 마이크 트라우트Mike Trout는 스리볼 노스트라이크 상황에서는 "거칠게, 공을 최대한 멀리 힘껏 친다"라고 말했다.16 〈월스트리트 저널The Wall Street Journal〉은 "아웃될 수도 있지만 2루타나 홈런의 가능성을 높일 수 있다면 위험을 감수할 만하다"라고 표현했다.17 투자자나 메이저리그 선수들은 불리한 면에 한계가 있다면 위험을 감수하고 방망이를 휘두른다.

# 무모한 도박에서 이길 확률은 극히 낮다

손익 비대칭은 대담한 행동을 부추겨 빛나는 별이 될 기회를 제공하기도 하지만, 그릇된 행동으로 이어져 집단적으로 대응해야 할 부정적인 결과를 낳기도 한다. 물론 에런 로저스나 조 나마스의 경우라면 자신이 내린 결정에 뒤따르는 책임을 전부 스스로 감당하므로 우리의 우려와는 상관없이 원하는 대로 할 수 있다(우리가 그린베이 패커스나 뉴욕 제츠의 팬이라면 상황은 달라진다). 그러나 조지 워싱턴의 경우라면 계산이 좀 더 복잡하다. 조지 워싱턴이 트렌튼 전투에서 패배했다면 군 통수권자였던 자신뿐만 아니라 모든 미국인의 꿈을 짓밟았을 수 있었기에 그 베팅은 더 큰 파장을 일으켰을 것이다.

조지 워싱턴 장군만큼 존경받는 지도자가 아니었다면 패배의 짐은 다른 사람에게 전가하고 승리의 영광만을 좇는 도박에 쉽게 뛰어들었을 것이다. 예로 제2차 세계대전이 한창이던 1944년 12월 아돌프 히틀러는 연합군이 독일로 진격하는 일을 막고자 벌지 전투라는 필사적 반격을 가해 참모들을 깜짝 놀라게 했다.[18] 독일군이 영국군과 미국군보다 수적으로 훨씬 열세이고 동쪽에서는 소련의 붉은 군대가 접근하고 있던 상황에서 무모한 공격을 선택한 히틀러는 "이 전투의 결과가 독일이라는 나라의 운명을 결정할 것이다"라고 말했다.[19] 나치 독일은 평화를 얻고 인명 피해를 줄일 수 있었지만 아무도 히틀러를 저지할 수는 없었다.

카를 마르크스Karl Marx와 프리드리히 엥겔스Friedrich Engels의 '1848 공산당 선언'은 다음과 같다. "지배계급이 공산당 혁명에 몸을 떨도록 하라. 프롤레타리아 계급이 잃을 건 사슬밖에 없다."[20] 그들의 연설은 다음 100년 동안 끔찍한 폭동을 유발했지만 마르크스와 엥겔스는 폭동의 뒤를 이을 독재정치에 대해 시민들에게 경고하지는 못했다. 초기 소련을 지배한 두 명의 지도자 블라디미르 레닌Vladimir Lenin과 이오시프 스탈린Joseph Stalin의 무자비한 행동 계획은 그들에게 힘과 명성을 가져다주었지만, 그들이 벌인 잔혹한 실험은 러시아 국민에게 엄청난 고통을 안겨주었고 1991년에 결국 실패로 끝나게 되었다. 프롤레타리아 계급은 알지도 못하는 사이에 너무 많은 것을 잃었다.

　　도널드 트럼프는 한 번도 공직을 맡은 적이 없었으므로 정치권에서는 트럼프가 2016년 대선에서 성공할 가능성이 희박하다고 여겼다. 도널드 트럼프는 비즈니스계에서 일생을 보내면서 '최악의 상황을 대비하면 이익은 저절로 따라온다'라는 좌우명에 따라 행동했고 정치에 입문하면서도 그 좌우명을 그대로 적용했다.[21] 트럼프는 대선 경쟁자였던 민주당의 힐러리 클린턴Hillary Clinton을 '감옥에 넣자'라고 외치고 국경 장벽 건설비는 멕시코가 내야 한다고 주장하는 등 도발적이고 이례적인 캠페인 구호로 무모한 도박을 벌였다. 포퓰리스트인 트럼프는 견고한 엘리트층을 공격하면서 서민들의 번영을 약속하고 승리를 얻었다. 전직 크리켓 스타였던 파키스탄의 임란 칸Imran Khan, 브라질의 자이르 보우소나루Jair Bolsonaro, 헝가리의 빅토르 오르반Viktor Orban도 트럼프와 비슷한 전략으로 권력을 쥘 수 있었다.

　　오늘날의 정치 환경에서 이 같은 포퓰리즘적 접근법이 성공하게 된 이유는 대중이 갈수록 심화하는 소득 불균형과 승자가 독식하는 경제 체제에 환멸을 느꼈기 때문이기도 하다. 잃을 것 없는 대중은 현상을 타개하기 위해 포퓰리스트 정치인의 도박에 희망을 품게 된다. 복권이 인기가 많은 이유도 바로 이 때문이다. 그러나 필사적인 도박에서 성공하는 사람은 극히 드물다는 사실을 사람들은 대부분 잊고 있다. 성공 확률이 20회당 한 번뿐인 헤일 메리 패스는

미식축구 경기의 종반 상황에서는 괜찮을지 모르지만 인생 전반에 걸쳐 적용하는 데는 무리가 있다.[22]

트럼프가 2020년 11월 대통령 선거에서 연임에 성공했다면 과연 어떤 일을 벌였을지 알 수는 없지만 캠페인이 종반에 치달을 무렵 트럼프의 성공 가능성은 희박해 보였다. 이때 공화당 전략가 알렉스 코넌트Alex Conant는 트럼프 후보 측이 위험한 패스를 하고 있다며 "상황은 악화되고 있고 기부자들이 떠나기 시작했으며 당황한 트럼프는 헤일 메리 패스를 던지고 있다"라고 표현했다.[23]

그로부터 얼마 지나지 않은 2021년 1월 6일, 도널드 트럼프는 지지자들을 상대로 폭동을 선동했고 트럼프 지지자들이 의사당 건물을 점거하는 초유의 사태가 발생했다. 의회가 조 바이든Joe Biden 대통령 당선인의 대선 승리를 최종적으로 확정하지 못하도록 하려는 시도였다. 트럼프는 불리한 면을 과소평가했고 그 대가를 지불했다. 미 하원이 '내란 선동' 혐의로 도널드 트럼프의 탄핵안을 가결하면서 트럼프는 미국 역사상 두 번이나 탄핵당한 대통령으로 남게 되었다.

## 냉철한 판단과 실행이 중요한 이유

스포츠에 과도하게 집착하기도 하는 이 시대에서 우리는 '더 잃을 게 없다'라는 전략이 과감한 행동을 부추길 수 있다는 사실을 이해하고 있다. 그러나 이 책에서는 시야를 넓혀 대통령, 전쟁터의 장군 혹은 독재자가 그 전략을 악용해 우리 삶에 어떤 변화를 일으켰는지 살펴본다. 정치, 전쟁, 비즈니스의 세계에서 불리한 면에 한계가 있는 상황은 소수의 사람에게는 유리하지만 그 밖의 대중에게 피해를 일으켜 사회적 불화를 초래한다. 그 피해를 완화하는 일은 다이어트와 운동의 관계처럼, 말로는 쉽고 실천은 어렵다.

보험회사들은 이와 관련된 도덕적 해이라는 문제에 자주 부딪히며 그에 따른 조치는 우리에게 교훈이 될 수 있다. 이를테면 보험사인 스테이트 팜 State Farm과 리버티 뮤추얼 Liberty Mutual은 자동차 보험이 운전자의 경계심을 의식적이든 무의식적이든 무뎌지게 한다는 사실을 파악했다. 사고로 발생하는 명시적 비용의 대부분을 보험사가 부담하며 피보험자의 손실에 한도를 정해두고 있기 때문이다. 보험사는 운전자 안전 교육에 대한 할인을 제공하거나 화재 발생 빈도가 높은 고객의 보험료를 높이는 등의 대안을 활용한다.

정치인도 손익 비대칭을 변경해 부정행위로 발생하는 결과를 최소화하기도 하지만, 다음 장에서 살펴볼 내용에 따르면 이 과정에도 용기가 필요하며 모두에게 적용할 수는 없다. 그 결과로 우리는 모두가 고통받기 때문이다.

PART

2

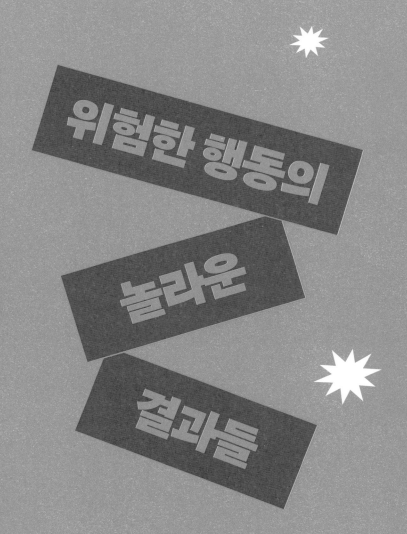

위험한 행동의

놀라운

결과들

The Power

of Nothing

to Lose

**Chapter 2**

# 모든 권력에는
# 끝이 있다

공화당 출신의 전 미국 대통령 리처드 닉슨Richard Nixon과 로널드 레이건Ronald Reagan, 민주당 출신의 빌 클린턴Bill Clinton은 각각 두 번째 임기에서 위기 상황을 맞았다는 공통점이 있다.

    닉슨 대통령은 수도 워싱턴의 워터게이트 빌딩에 자리잡고 있던 민주당 전국위원회 사무실에 도청 장치를 설치한 사실을 은폐하려고 했다. 레이건 대통령은 이란-콘트라 스캔들 당시 레바논의 과격 이슬람교 테러범에게 잡혀 있던 미국인 인질 석방에 협조한다는 조건으로 테러 국가 이란에 무기를 수출했다는 사실을 시인했다. 그리고 미 하원은 백악관 인턴이었던 모니카 르윈스키Monica Lewinsky와의 불륜 스캔들과 관련된 위증죄 및 사법 방해 혐의로 클린턴 대통령 탄핵 소추안을 가결했다. 20세기의 후반에 재임에 성공했던 네 명의 미국 대통령 중 오직 드와이트 아이젠하워 Dwight Eisenhower 만이 스캔들에 휘말리지 않고 살아남았다.[1]

1951년 제정된 수정 헌법 제22조는 대통령이 1회에 한하여 중임할 수 있도록 규정하고 있어서 재임에 성공한 대통령은 자동으로 레임덕 Lame duck(임기 만료를 앞둔 공직자의 통치력 저하를 기우뚱거리며 걷는 오리의 모습에 비유해서 일컫는 말-옮긴이)이 될 수밖에 없다고 설명할 수도 있을 것이다. 유권자가 대통령의 행동을 심판할 기회가 없는 까닭에 재임 기간에는 잃을 것이 비교적 적다고 판단할 수 있다. 레임덕 대통령은 자신의 명예를 오래도록 지키길 원하지만 그들의 행동에 장애물로 작용하는 요소에 한계가 있으므로 위험을 감수하더라도 원하는 목표를 달성하려고 노력하게 되고 기존의 범죄를 은폐하는 지경에까지 이르는 것이다. 닉슨, 레이건, 클린턴 세 사람 모두 자신이 저지른 행동으로 인해 결국 위상이 낮아지는 결과를 초래했다.

미국의 초대 대통령 조지 워싱턴은 두 번째 임기가 끝난 후 스스로 물러나 후임 대통령에게 3선 출마 금지의 전통을 남겼다. 그러나 연임에 성공한 대통령이 직권을 남용한 사례는 수정 헌법 제22조가 제정되기 전에도 있었다. 한 차례만 재임한다는 불문율은 수정 헌법 조항과 비교해 영향력이 적었겠지만 민주당 출신의 프랭클린 루스벨트Franklin Roosevelt 대통령은 1936년 두 번째 임기 당시 레임덕을 맞았다. 대공황에서 벗어나기 위해 루스벨트 대통령이 내놓은 뉴딜 정책의 핵심 내용에 대해 미 대법원이 3년간 잇따라 위헌 판결을 내리자 루스벨트 대통령은 뉴딜 정책을 실행하기 위해 자신의 정책에 공감하는 판사가 필요하다고 판단했다.

1935년 첫 번째 임기 중 루스벨트 대통령은 대법원의 힘을 제한할 방법을 모색했다. 해럴드 이커스Harold Ickes 내무장관은 1935년 1월 11일 금요일에 열린 각료 회의를 이렇게 묘사했다.

"법무장관은 법원이 정부에 맞선다면 정부에 호의적인 다수를 형성하기 위해 즉각 판사의 수를 늘려야 한다고 표현하기까지 했다. 지난 목요일 미팅에서 대통령은 이에 대한 가능성을 언급한 바 있다."[2]

하지만 1936년 선거가 얼마 남지 않았기 때문에 안전한 길을 택하고 싶었던 루스벨트 대통령은 캠페인 내내 사법 개혁이라는 자신의 계획에 관한 언급을 피했다.[3]

압도적인 표 차로 재임에 성공하고 석 달 뒤인 1937년 2월 5일 금요일 루스벨트 대통령은 "사법부가 근대적 필요에 맞게 제 기능을 다 할 수 있도록"[4] 한다는 명목하에 대법관의 수를 15명으로 늘리자는 법안을 제안했다. 루스벨트 대통령의 야심 찬 계획은 대중의 반발을 불러일으켰다. 미국변호사협회 회장이었던 프레더릭 해럴드 스틴치필드Frederick H. Stinchfield는 "우리의 기본법인 헌법의 기본적 우위를 지키고 보호한다는 규칙에 어긋난다"라고 설명했다.[5] 시카고대학교 로스쿨의 학장이었던 해리 비글로Harry Bigelow는 "대통령의 사법 개혁 계획은 정치적 목적에 영향을 받았을 가능성이 상당히 크다"라고 표현했다.[6] 보수 성향의 일간지 〈뉴욕 해럴드 트리뷴New York Herald Tribune〉은 사설을 통해 "미국이 실존적 위험에 처했다"라고 경고했다.

"161년의 독립국 역사를 가진 미국에서 루스벨트 대통령이 제안한 법률이 실행된다면 기존의 전통과는 완전히 다른 국가가 될 것이다."[7]

월스트리트 주가는 1.5퍼센트 하락했고 이는 평소의 두 배에 가까운 수치였다.[8] 언론 보도에 따르면 주식시장에서 벌어진 대형 매각 사태에 대해 한 대형 은행의 CEO는 "사법 개혁이라는 엄청난 제안에 충격을 금할 수 없다"라고 표현했다.[9]

자신감에 차 있던 루스벨트 대통령은 국민의 이런 반응에 당황했지만 상원과 하원의 다수를 차지하고 있던 민주당만큼은 자신을 지지해줄 것으로 기대했다. 그러나 의회는 다른 생각을 품고 있었다. 상원사법위원회는 '대법원 개편안'을 거부하면서 다음과 같이 강력히 비난했다.

"이 법안은 부결되어야 마땅하며, 미국이라는 민주주의 국가의 국민을 대표하는 의회에 이와 유사한 법안은 두 번 다시 상정되어서는 안 될 것이다."[10]

루스벨트 대통령은 초기에 사안의 심각성을 눈치챘어야 했다. 당시 부통령이자 상원의장 존 낸스 가너John Nance Garner가 그 법안이 상원에 발의되었을 때 이미 반대 의견을 제시했기 때문이다.[11]

　　역사학자들은 논란의 중심이 된 입법안을 지나친 자신감으로 인한 재임 대통령의 '집권 6년차 저주'의 탓으로 돌리기도 한다.[12] 유권자들이 루스벨트 대통령에게 지나친 권한을 부여했고 거칠 것 없는 레임덕 상태의 루스벨트 대통령이 보인 대담한 행동은 지나친 자신감과 닮은 면이 많다. 루스벨트 대통령은 가너 부통령이 반대했을 때 이미 '대법원 개편안'이 실패하리라는 사실을 눈치챘어야 하지만 잃을 것이 없는 사람처럼 앞만 보고 전진한 것이다.


## 모든 대통령이 레임덕이 되는 건 아니다

무모하고 위험한 레임덕 대통령의 사례에는 정해진 패턴이 없다. 초기부터 그릇된 행동을 시작하는 이도 있지만 단 한 번도 파문을 일으키지 않은 대통령도 있다. 1920년에 당선된 공화당 출신 워런 하딩Warren Harding 대통령은 첫 번째 임기 도중 사망했기 때문에 자신의 자유방임적인 정치로 인한 잔재를 목격할 기회를 놓치고 말았다. 하딩 대통령은 친구였던 앨버트 폴Albert Fall을 내무장관으로, 해리 도허티Harry Daugherty를 법무장관으로 임명했고 그들이 권력을 남용하는 사실을 알면서도 외면했다. 반면 1923년 하딩 대통령 타계 당시 부통령으로서 권한을 승계하고 다음 해인 1924년 선거에서 대통령으로 당선된 캘빈 쿨리지 Calvin Coolidge 는 말수가 적었던 탓에 한 번도 사건 사고에 휘말리지 않았다.[13]

이에 대해서는 출처가 의심스럽지만 유명한 일화가 있다. 한 여성이 쿨리지 대통령 앞에서 자신은 대통령이 두 마디 이상 말하도록 할 수 있다고 호언장담했다고 한다. 지인들과의 식사 자리에서 내기를 걸었다는 말까지 덧붙였다. 여인의 얘기를 듣고 나서 대통령의 입에서 나온 말은 "당신이 졌소"였다. 쿨리지 대통령의 침묵은 6년의 재임 기간 내내 이어졌고 그 덕분에 단 한 번도 스캔들에 휘말리지 않았다.

하방보호가 레임덕 대통령을 대담하게 만든다는 사실을 증명하기 위해선 과학 실험실에서처럼 임상 실험이 필요하다. 즉 대통령은 초임과 중임 기간 동안 유사한 위험 상황에 직면해야 하고 그 결과를 비교할 수 있어야 한다. 정치에서는 드문 일이지만 역사에서 사례를 찾을 수 있다. 미국의 제28대 대통령 우드로 윌슨 Woodrow Wilson 은 1912년 대통령으로 당선되었고 1916년 재선에 성공하는 동안 제1차 세계대전을 겪었다. 윌슨 대통령이 그 과정에서 보인 태도는 지금까지도 교훈으로 남아있다.

# 대통령이 된 정치학 박사

토머스 우드로 윌슨은 1856년 버지니아주 스탠턴에서 태어나 조지아주 오거스타에서 자랐다. 그의 부친은 장로교 목사였다. 십 대 시절 토미로 불리던 윌슨은 당시에는 '칼리지 오브 뉴저지'라는 이름으로 불리던 지금의 프린스턴대학교에 진학해 1879년 졸업했다. 윌슨은 볼티모어에 있는 존스홉킨스대학교에서 박사학위를 받아 지금까지도 박사학위를 가진 유일한 대통령으로 기록되었다.

사바나 출신의 엘렌 액슨Ellen Axson과 결혼한 윌슨은 교수가 되어 프린스턴대학교로 복귀한 후 논문을 편찬하고 학생을 가르치며 현실과 동떨어진 조용한 삶을 즐겼다. 1902년 프린스턴대학교 총장이 된 윌슨은 다른 교수진과 달리 대학 조직 관리와 자금 조성 업무에 탁월한 능력을 발휘했다. 성공한 경영인으로 윌슨의 명성이 높아지자 뉴저지주 민주당에서는 1910년 주지사 선거에 나가도록 윌슨을 독려했다. 선거에서 윌슨은 5선 주지사였던 공화당 후보자를 누르고 주지사에 당선되었고 이 기세를 몰아 1912년 민주당 대선 후보가 되었다. 순식간에 학자에서 전국적인 유명 정치 인사가 된 것이다.

1912년 대선은 여느 대선과는 사뭇 달랐다. 시카고에서 열린 공화당 전당대회에서 130킬로그램이 넘는 거구를 자랑하던 윌리엄 태프트William Taft 대통령은 같은 공화당 소속의 전직 대통령 루스벨트를 꺾고 후보로 선출되었다. 루스벨트는 1901년 윌리엄 매킨리 William McKinley 대통령이 암살된 후 대통령직을 이어받아 1904년 재임에 성공했지만 1912년에는 태프트를 꺾지 못했다. 루스벨트는 시카고 전당대회에서 패한 후 진보당을 새로 설립해 대선에 출마한다. 1912년 대선에 출마한 세 명 중 대통령직을 수행해본 적이 없는 후보자는 우드로 윌슨밖에 없었다.

　　루스벨트와 태프트가 충실한 공화당 지지자들을 갈라놓는 바람에 결국 윌슨은 42퍼센트의 득표율만으로 대통령직을 차지하게 되었다. 대중의 신임이 부족하다는 사실을 잘 알고 있었던 윌슨은 1914년 8월 유럽에서 제1차 세계대전이 발발해 영국, 프랑스, 러시아가 독일, 오스트리아, 헝가리와 대치하게 되자 고립주의를 채택했다. 1914년 8월 18일 화요일, 윌슨 대통령의 대국민 연설은 이런 내용을 담고 있었다.

　　"미국을 진정으로 사랑하는 자는 중립성에 따라 행동하고 말할 것입니다. 중립성은 모두에게 공명정대하며 우호적인 정신입니다."[74]

　　대통령의 연설은 퀘이커교 목사의 연설처럼 들렸지만 미국의 이민자 문화에 자리잡은 평화주의에 바탕을 두고 있었다.

　　"미국 국민은 다양한 나라에서 왔으며 그들의 모국은 지금 서로 전쟁 중입니다. 우리 각자는 이 엄청난 전쟁에서 서로 자국이 승리하길 바라고 있습니다. 열정은 자극하기 쉽지만 억누르기는 어렵습니다. 우리 서로 간의 분열은 모두의 마음의 평화에 치명적으로 작용할 것입니다."

월슨은 중립주의를 통해 독일계 중서부 유권자와 동부 해안 지대의 친영국주의자 간의 균형을 추구했다. 그는 첫 임기 내내 중립주의를 유지했고 독일의 무제한 잠수함 작전으로 많은 미국인 사망자가 발생한 후에도 중립주의를 고수했다.

그러나 1915년 5월 7일 금요일 독일군의 유보트가 영국 여객선 루시타니아호를 격침하는 사건이 발생하면서 월슨의 신념은 시험대에 올랐다. 여객선을 상대로 한 이유 없는 공격으로 128명의 무고한 미국인이 사망하면서 당시 상호 간 불문율이었던 민간인의 안전 보장 규칙이 묵살된 것이다.[15] 여성과 아이들의 시신이 아일랜드 연안을 떠다니는 모습을 보았다는 목격담이 이어졌고, 그중 일부는 신체가 훼손되고 옷이 찢긴 모습이었다는 보도가 나오자 대중의 분노는 폭발했다. 뉴욕의 신문사들은 이 사건을 두고 수배 전단의 제목처럼 '전 세계인을 상대로 한 범죄'라고 이름 지었다.[16] 월슨은 공격 직후 침묵으로 일관했고 5월 8일 토요일 밤 대통령의 개인 비서는 다음 내용을 담은 성명을 발표했다.

"대통령은 온 국민의 고통과 상황의 심각성을 통감하며 신중하고 침착한 태도로 적절한 조치를 심사숙고하고 있습니다."[17]

도전이 시작되고 있었다.

# 루시타니아호의 비극

1912년 발생한 타이태닉호의 침몰에 할리우드가 주목하면서 루시타니아호의 비극은 가려졌지만 3년의 간격을 두고 일어난 두 차례의 재난은 당시 대중의 가슴 속 깊이 뿌리내렸다.

    두 척의 배 모두 축구경기장 세 개에 버금가는 길이의 거대함으로 약 2,000명의 승객을 수용할 수 있고 4개의 거대한 연통에서 연기를 내뿜으며 25노트(시속 약 45킬로미터)까지 속도를 올릴 수 있었다. 바다의 그레이하운드로 알려졌던 루시타니아호가 두 척 중에서 더 빨랐다. 영국 사우샘프턴에서 첫 번째이자 마지막 항해를 출발했던 타이태닉호와 뉴욕에서 출발했던 루시타니아호의 일등석은 뉴욕 파크 애비뉴의 최고급 호텔인 월도프 아스토리아 호텔에 견줄 만한 수준이었고 승객의 명단도 비교 대상이었다. 타이태닉호에는 백만장자였던 존 제이컵 애스터 4세John Jacob Astor IV가, 루시타니아호에는 알프레드 그윈 밴더빌트Alfred Gwynne Vanderbilt가 승선했다. 밴더빌트는 루시타니아호를 타기 위해 타이태닉호가 출발하기 전날 예약을 취소했다는 근거 없는 이야기가 떠돌기도 했다.[18]

    두 거대함에 얽힌 미스터리는 다양하다. 〈로스앤젤레스 타임스Los Angeles Times〉는 '루시타니아호의 선주들은 루시타니아호는 가라앉을 리가 없다고 믿었다. 타이태닉호보다 더 정교하게 지어졌기 때문이다'라는 제목의 기사를 실었다.[19] 전문가들은 배가 침수하는 것을 막기 위한 루시타니아호의 수밀 구획이 제 기능을 발휘하지 못한 사실에 당황했다. 타이태닉호와 루시타니아호 모두 승객의 약 3분의 2가 목숨을 잃었는데, 타이태닉호와 다르게 루시타니아호는 구명보트의 수가 충분했다.

의문점은 또 있다. 타이태닉호에서는 여성 승객의 28퍼센트만이 목숨을 잃었지만 루시타니아호에서는 여성 승객의 약 72퍼센트가 사망했다. 여성과 아이들의 대피를 우선시한다는 해상법을 위반한 것이 분명했다.[20] 목격자들의 증언은 이 사실을 뒷받침하고 있다.

잠수함 공격이 있기 직전이었던 약 2시 무렵 지평선으로 아일랜드 연안의 초록빛 언덕이 보이고 눈부시게 밝은 햇살이 켈트해를 비추고 있었다. 운항지휘실의 장교는 루시타니아호의 텅 빈 갑판을 살피고 있었다.[21] 갑판 아래 식당에서 점심이 제공되는 동안 오케스트라의 연주는 따뜻하게 공기를 감쌌고 선박은 천천히 항해하는 중이었다. 그러다 불현듯 장교는 600여 미터 떨어진 곳에서 물살을 가르는 철 기둥의 흔적을 발견했다. 장교는 즉각 수면 아래로 미끄러져 들어간 잠수함 잠망경의 흔적이라는 사실을 눈치채고 엔진룸에 "전속력으로 전진!"이라고 지시하며 방어 작전을 폈다. 그러나 때는 이미 늦었다. 장교는 루시타니아호를 향해 거품을 내며 돌진하는 어뢰를 속수무책으로 지켜보며 공포에 온몸을 떨었다. 잠시 후 지진이 난 것처럼 배가 흔들리며 폭발했고 갑판 위로 거대한 물줄기가 솟아올랐다. 루시타니아호는 즉시 우현으로 기울기 시작했고 안쪽 깊은 곳에서 폭발하는 보일러가 공중으로 금속 파편을 내뿜기 시작하면서 송전선이 절단되고 내부 통로는 암흑 상태로 변했다.[22]

부상을 입은 승객들은 계단실을 올라 갑판 맨 위쪽으로 갔지만 많은 승객은 아래쪽에 갇혔다. 한 생존자는 갑판 사이 엘리베이터에 갇힌 승객들의 비명이 마치 우리 안에 갇힌 동물의 울부짖음과 같았다고 회상했다.[23] 전기 없이 엘리베이터에 갇힌 승객들을 구출할 방법은 없었지만 승객들은 차분한 모습이었다고 선원 퍼시페니 Percy Penny 는 기억을 더듬었다.

"큰 충격이 너무 갑자기 닥쳤기 때문에 승객들은 영문도 모르고 당황했다. 승객들은 루시타니아호가 가라앉지 않으리라고 생각했다."[24]

배가 더 기울자 승객들은 구명보트를 찾기 시작했지만 문제가 있었다.

다른 거대 함선의 경우와 마찬가지로 루시타니아호의 구명보트도 '대빗'이라고 부르는 크레인 같은 장치에 밧줄로 고정되어 있어 보트 끝의 도르래로 제어한다.[25] 묶여 있는 구명보트를 제대로 출발시키기 위해선 승무원의 기술과 조직력이 조화를 이루어야 했다. 마치 고층 건물 유리창 닦기 작업을 위해 50여 명의 직원을 실은 기구를 조직력 있게 움직이는 상황과도 같다.

그러나 이미 기울어진 루시타니아호에서 구명보트를 내리는 일은 불가능에 가까웠다. 우현의 구명보트는 배에서 너무 멀리 떨어져 있어 바다 위를 둥둥 떠다녔고 좌현의 구명보트는 선박의 안쪽으로 기울어져 있어 출발시키려면 엄청난 힘을 동원해 들어올려야 했다. 선원들은 첫 번째 구명보트를 가까스로 물 위에 안착시켰지만 밧줄을 놓쳐버리는 바람에 보트가 뒤집혔고 승객은 약 20미터 아래로 추락하고 말았다.

적십자에서 근무하기 위해 유럽으로 가는 길이었던 몬태나 출신의 의사 칼 엘머 포스Carl Elmer Foss는 구명보트 사고를 목격했다.[26] 날씬하고 운동 신경이 좋았던 덕분에 수영에 자신이 있었던 포스는 구명조끼를 입고 바다로 뛰어들어 헤엄쳐나갔고 구명보트가 추락하는 순간 루시타니아호에서 점점 멀어지는 중이었다. 포스는 이렇게 회상했다.

"구명보트는 대빗에서 갑자기 떨어져 산산이 조각났다. 보트에 타고 있던 남자는 필사적으로 부서진 배에 매달렸다. 프로펠러가 다시 돌아가기 시작하자 이 가여운 남자는 다리가 잘려 나갔지만 죽을힘을 다해 밧줄에 매달렸다. 가라앉던 배는 여전히 전진하면서 부서진 구명보트를 끌고 갔다."

갑판에서 이 처참한 광경을 목격한 승객들은 루시타니아호에 남기로 했다. 루시타니아호는 점점 더 심하게 기울었지만 구명보트보다는 더 안전하다고 믿었다.

포스는 배가 가라앉는 순간의 공포를 이렇게 표현했다.

"선미에서 두세 사람이 뛰어내리는 모습을 보았다. 그중 한 명은 여성이었다. 비명은 들리지 않았지만 거대한 배가 물속으로 고꾸라지는 순간 길게 이어지는 절망 가득한 통곡이 내 귀를 때렸다."[27]

그 순간 포스가 할 수 있는 일은 그저 자기 목숨을 구하는 것뿐이었다. 그는 약 800미터를 헤엄쳐 뗏목을 찾았고 '인디언 엠파이어'라는 증기선에 구조되었다.

루시타니아호가 가라앉기 전 22개의 대형 구명보트 중 6개만이 승객을 성공적으로 구조했다.[28] 어뢰 공격을 받은 지 약 18분 뒤 루시타니아호는 물속으로 가라앉았다. 빙산에 부딪히고 난 뒤 약 2시간 40분을 버텼던 타이태닉호에 비하면 너무도 짧은 시간이었다. 타이태닉호는 모든 승객을 수용하기에 턱없이 부족한 20개의 구명보트만을 구비하고 있었지만 승무원들은 여성과 아이들을 먼저 구조하는 기사도 정신을 실천하기에 충분한 시간을 확보했다. 타이태닉호의 명예는 영화로 기억될 수 있었지만 루시타니아호의 비극은 역사 속에 묻혀버렸고 우드로 윌슨 대통령은 그 책임을 함께 부담했다.

# 전쟁 불참을 주장하며 재선에 도전하다

월슨 대통령은 독일군의 공격을 받은 뒤 1915년 5월 8일 내놓은 보도자료 외에는 별다른 공식 성명을 발표하지 않았다. 그러나 월슨 대통령은 5월 10일 월요일 필라델피아 컨벤션 홀에서 1만 2,000명의 관중을 상대로 귀화 시민을 축하하는 연설을 하기로 예정되어 있었다. 〈뉴욕 타임스The New York Times〉는 "대통령은 루시타니아호 사건에 관한 생각을 표현할 기회를 얻었지만 무슨 말을 할지 아는 사람은 아무도 없다"라는 기사를 내보냈다.29

월슨 대통령이 루시타니아호 사건에 대해 아무런 언급도 하지 않으리라고 예측한 이는 거의 없었다. 그러나 유럽에서 일어나는 전쟁에 대한 대통령의 속내를 예측할 수 있는 이는 더더욱 없었다. 연설이 막바지에 다다르자 월슨 대통령은 "싸우기엔 너무 자존심이 강한 사람이 있습니다. 또한 힘으로 옳다는 사실을 전할 필요조차 없는 올바른 국가도 있습니다"라는 말로 연설을 마쳤다.30

1912년 대선 패배로 인한 쓰라림을 아직 극복하지 못하고 월슨 대통령을 주시하던 호전적인 성향의 루스벨트 전 대통령은 월슨이 연설을 하고 다음 날 "전쟁보다 더 나쁜 일들이 있다"라는 말로 대통령의 표현을 조롱했다. 또한 루시타니아호에 대한 공격을 다룬 '바다 위의 살인'이라는 제목의 잡지 기고문을 쓰기도 했다.31 루스벨트는 독일을 "문명국으로부터 따돌림받은 바버리 해안의 해적"이라고 표현하며 "지금까지 루시타니아호 사건처럼 엄청난 규모의 살인을 저지른 해적은 한 번도 본 적 없다"라고 덧붙였다.

대부분의 미국인은 자국이 중립 상태를 유지하길 원했지만 윌슨의 최측근이자 절친이었던 에드워드 하우스Edward House 대령만은 예외였다. 경제적으로도 넉넉했던 하우스 대령은 텍사스 지역 민주당원으로 활발하게 활동하면서 주지사로부터 대령이라는 칭호를 받았다. 하우스 대령은 1912년 윌슨의 선거 캠페인에 자문가로 합류해 그의 측근이자 가장 친한 친구가 되었다.[32] 전쟁이 터지자 윌슨은 하우스 대령을 유럽에 특사로 파견했다. 대령은 대통령과 거의 매일 연락을 취했고, 1915년 5월 9일 루시타니아호가 가라앉고 이틀 뒤에는 런던에서 윌슨 대통령에게 다음 내용의 전보를 전송했다.

"미국은 이제 문명화된 전쟁과 야만적인 전쟁 중 어느 쪽을 지지할지 결정해야 할 갈림길에 서 있다. 이제 더는 중립적인 방관자로 있을 수 없다. 우리는 지금까지 저울질해왔고 인류는 지금 우리의 위치를 평가하고 있다."[33]

영국에 파견된 미국 대사 월터 페이지Walter Page의 집에서 열린 저녁 만찬에서 하우스 대령은 "미국은 한 달 내로 독일과 전쟁을 벌이게 될 것이다"라고 예언했다.[34]

그러나 윌슨 대통령은 다른 생각을 품고 있었다. 대통령은 1915년 5월 13일 독일 정부에 공문을 보내 루시타니아호 사고로 목숨을 잃은 무고한 시민들의 희생에 대해 항의했다. 또한 독일이 미국의 상선 쿠싱호와 걸플라이트호를 공격해 공해상(公海上)의 권리를 침해한 기존의 사례에 대해서도 언급했다.[35] 대통령은 미국 선박을 공격한 범죄에 대한 '엄중한 책임'을 요구하며 독일이 죄 없는 시민의 목숨을 앗아갈 의도를 품었을 리는 없으므로 잠수함 지휘관들이 지시를 잘못 이해한 것이 분명하다고 표현했다. 또한 민간인에 대한 유보트전을 중단하도록 요청했다.

벵골 호랑이 같은 루스벨트와 비교하자면 윌슨은 새끼 고양이처럼 보이지만 사실 윌슨 대통령은 상황을 다르게 보고 있었다. 영국도 독일로 향하던 미국의 상선에 실린 밀수품을 약탈해 미국의 중립성을 침해한 적이 있었으므로 대통령은 양국에 공평한 잣대를 적용하는 모습으로 보이길 원했던 것이다. 그는 미국인의 생명을 앗아간 독일을 공식적으로 비난했지만 특히 영국을 향한 독일 내 미국 시민과 아일랜드계 미국인의 분노는 독일을 향한 분노 못지않다는 사실을 인지하고 있었다. 42퍼센트라는 낮은 득표율로 당선된 윌슨 대통령은 줄타기 곡예사 같은 상황에 놓여 있었다. 1916년 재선을 염두에 둔다면 누구의 적대감도 불러일으켜선 안 되는 처지였다.

독일은 잠수함으로 여객선을 공격하지 않겠다고 맹세했지만 약속을 지키지는 못했다. 윌슨의 사위로 재무 장관직을 맡고 있던 윌리엄 매커두William McAdoo는 "루시타니아호 사고가 있고 논란이 계속되면서 독일 정부는 1915년 9월 1일 '민간인의 안전이 보장되지 않는 한 잠수함으로 대형 여객선을 공격하지 않겠다'라고 약속했다. 하지만 그로부터 6주 뒤 사전 경고도 없이 아라빅호를 침몰시켜 미국인 승객 3명이 목숨을 잃었다"라며 당시 일을 회상했다.

"항의가 이어졌고 설득력 없는 변명도 계속되었다. 결국 미국은 1916년 4월 18일 '독일이 미국 상선에 대한 무자비하고 무분별한 공격을 중단하지 않으면 독일 제국과의 외교 관계를 전면 중단할 수밖에 없다'라고 통보했다."[36]

미국 측의 협박에 대해 1916년 4월 25일 독일은 '우리도 전쟁을 피하길 원한다'라는 표현과 함께 잠수함 공격 중단을 약속했고 윌슨 대통령은 이에 만족했다.[37] 1916년은 대선이 열리는 해였기 때문이다. 당시 큰 영향력을 행사하고 있었고 루시타니아호 사고 이후 전쟁을 제안했던 하우스 대령도 태도를 바꿨다. 대령은 윌슨 대통령에게 미시시피강 서쪽의 진보 성향 유권자의 표를 잡지 못하면 단결력이 강한 공화당을 상대로 선거에서 승리하기는 힘들 것이라고 말했다.[38] 공화당이 대법관 찰스 에번스 휴스Charles Evans Hughes를 중심으로 단합하자 하우스 대령은 대통령에게 평화를 사랑하는 전술을 제안한 것이다.

"당락을 결정하는 것은 평범한 시민이므로 우리는 문제를 제대로 다루어야 한다. 미국을 전쟁에서 멀리하고 법으로 정한 위대한 전술을 따르는 것이 우리의 전략이다."[39]

# 중립주의를 깨고 제1차 세계대전에 참전하다

1916년 11월 7일 화요일, 윌슨 대통령은 '윌슨이 우리를 전쟁으로부터 지켜냈다'라는 슬로건으로 대법관 휴스를 상대로 가까스로 승리를 거머쥐었다. 〈시카고 데일리 트리뷴Chicago Daily Tribune〉은 중서부 공화당 의장의 발언을 다음과 같이 인용했다.

"공화당 여성들이 윌슨에 던진 표는 선거 결과를 뒤집을 만큼 충분했다. 이는 '윌슨이 우리를 전쟁으로부터 지켜냈다'라는 그럴듯한 변명 때문이었다."[40]

〈뉴욕 타임스〉는 "'윌슨이 우리를 전쟁으로부터 지켜냈다'라는 강력한 평화의 구호가 여성의 표를 휩쓸었다"라고 선언했다.[41] 〈보스턴 데일리 글로브Boston Daily Globe〉는 "캘리포니아 여성 대부분은 윌슨에게 표를 던졌다. 평화 정책, 아동 노동법 등 여성에게 호소하는 법률로 여성들의 지지를 얻었다"라고 전했다.[42] 여성 참정권을 보장하는 미국 수정 헌법 제19조는 1920년 통과되었지만 12개 주에서는 이미 1916년 대통령 선거에서부터 여성의 참정권을 인정하면서 윌슨은 12개 주중 10개 주에서 승리했다.[43] 평화를 지지하는 여성들의 선택으로 윌슨은 재선에 성공했지만 우드로 윌슨은 이 상황이 오래가지 못할 거라는 사실을 예견하고 있었다. 그러나 이를 눈치채고 있는 사람은 많지 않았다.

선거가 끝나고 일주일 뒤인 11월 14일 화요일, 하우스 대령은 저녁 6시에 백악관에 도착했고 대통령은 대령이 업무 준비를 시작하기도 전에 그의 집무실을 찾았다. 윌슨은 "모든 교전국에 전쟁 중단을 요청하는 서신을 작성"하길 원했고 대령에게 의견을 물었다.[44] 윌슨은 "우리가 지금 전쟁 중단을 요청하지 않으면 잠수함 문제를 두고 독일과 전쟁을 벌일 수밖에 없다"라고 설명했다. 또한 윌슨은 "독일은 여객선을 공격하지 않겠다는 약속을 어겼고 우리의 입장을 지키려면 외교 관계를 단절해야 한다"라고 믿었다.

그다음 주 〈워싱턴 포스트Washington Post〉는 '선거가 행동에 길을 터주다'라는 제목의 정치 풍자 기사를 실었다. "정책에 근본적 변화가 있을지 확실한 증거는 없지만 어떤 움직임이든 내부 갈등으로 인한 것으로 오인될 우려는 해소되었다."[45]

기사는 윌슨 대통령이 위태로운 전쟁을 두고 레임덕의 자유를 즐기고 있다는 숨은 뜻을 담고 있었다.

선거가 끝나고 석 달 뒤인 1917년 2월 3일 토요일, 독일이 무제한 잠수함 공격을 시작하겠다고 선언하자 미국은 독일과 외교를 단절했다. 윌슨은 독일이 기존의 약속을 계속 어겨왔다는 사실을 인정했고 언론은 '루시타니아호 침몰 이후 가장 큰 국제 분쟁'이라고 언급했다.[46]

그로부터 한 달 뒤, 독일 외무장관 아서 치머만Arthur Zimmermann이 멕시코 주재 독일 대사 하인리히 폰 에카르트Heinrich von Eckardt에게 멕시코를 분쟁에 가담시키려는 예상 밖의 음모에 대한 자초지

종을 담은 전보를 발행하면서 긴장은 한층 고조되었다.[47] 치머만이 보낸 전보에는 멕시코가 '뉴멕시코, 텍사스, 애리조나의 잃어버린 영토를 재정복'할 수 있도록 재정 지원을 약속하는 대신 독일과 동맹을 맺을 것을 제안하는 내용이 포함되어 있었다. 윌슨 정부의 국무장관 로버트 랜싱Robert Lansing은 '어리석은 비즈니스'라며 이 관계의 심각성을 경시했지만 결국 2년에 걸친 전쟁으로 향하는 최종 단계로 작용했다.[48]

　　1917년 4월 2일 월요일 저녁 8시 32분, 윌슨 대통령은 의회 합동 회의를 주재하기 위해 하원에 들어섰다. 예복을 갖춘 대법관, 하원의원, 상원의원, 외교단은 2분 이상 이어진 박수로 대통령을 맞았다.[49] 박수갈채가 끝나자 대통령은 "나는 오늘 심각한, 매우 심각한 정책을 논의하기 위해 여러분 모두를 이 자리에 특별히 모셨다"라는 말로 연설을 시작했다. 윌슨은 1915년 이후 공해상에서 있었던 독일의 국제법 위반 사례들을 언급하면서 "독일과 같은 방식으로 잠수함을 사용한다면 잠수함은 불법이므로 무장 중립은 이제 비현실적인 것으로 보인다"라며 "우리에게는 이제 한 가지 방법만이 남아 있다. 우리는 굴복하지 않을 것이다"라고 덧붙였다.

　　'굴복'이라는 단어가 등장하자 단상 바로 앞에 앉아 있던 수석 재판관 에드워드 화이트Edward White는 두 손을 머리 위로 들고 크게 손뼉을 쳤다. 그날 회의에 대해 언론은 '윌슨의 연설이 끝나자 폭풍 같은 함성이 터져나왔다. 환호가 너무도 강렬해 마치 함성으

로 가득한 기도처럼 들렸다'라고 보도했다.[50]

취임식이 열리고 한 달 뒤인 1917년 4월 6일, 우드로 윌슨은 독일을 상대로 한 전쟁을 시작하겠다는 공식 선언서에 서명했다. 아무도 대통령의 성급함을 탓하지 않았다. 오히려 사람들은 대통령이 훨씬 더 일찍 문제를 이해했어야 한다며 늦은 대응에 유감을 표했다. 〈뉴욕 타임스〉는 사설을 통해 "만족할 줄 모르는 야망과 타락하고 부패한 정신으로 무장한 현 정권하의 독일은 미국의 우방이었던 적이 한 번도 없으며 앞으로도 없으리라는 사실을 대통령은 이제 겨우 깨달았거나 마지못해 인정하게 되었다"라며 대통령의 늑장 대응을 지적했다.[51]

## 권력에 대한 집착이 레임덕 대통령을 만든다

영국 총리 윈스턴 처칠 Winston Churchill은 제1차 세계대전을 회고하는 자리에서 1,000만 군인의 희생을 낳은 잔혹한 참호전을 회상하면서 불필요한 전사자를 유발한 사실에 대해 윌슨에게 비난의 화살을 돌렸다.

"윌슨 대통령이 1917년 4월에 한 일은 1915년 5월에 이미 일어났어야 한다. 1915년 5월에 참전했더라면 희생자의 수를 줄여 고통을 덜고 파멸과 재앙을 막을 수 있었을 것이다. 수많은 가정의

빈 의자를 채울 수 있었을 것이다. 승리한 자와 패배한 자가 같이 살아갈 수밖에 없는 산산이 부서진 이 세상은 크게 달라질 수 있었을 것이다!"[52]

위대한 역사가이자 정치인이었던 처칠은 사정을 훤히 파악하고 있었다. 윌슨은 1915년 5월 재선에 성공하기 위해 전쟁을 피했던 것이다. 권력을 유지하려는 윌슨 대통령의 뻔한 전략으로 제1차 세계대전은 더 오래 지속되었고 엄청난 수의 희생자를 냈다.

미국의 국내 정치 문제로 해외에서 희생자가 생긴 일은 윌슨의 사례가 마지막은 아니었다. 그러나 윌슨의 행동은 또 다른 메시지를 전달한다. 윌슨 대통령이 1917년에 보여준 행동은 백악관이 제약에서 벗어나도록 하는 다운사이드 프로텍션의 힘을 보여준다. 미국인은 비슷해 보이더라도 좀 더 호전적으로 보이는 대통령을 재선에서 뽑는다. 재선 대통령은 이런 경고문을 달고 있어야 한다.

'레임덕이 되지 마시오.'

Chapter 3

# 권한인가,
# 헌정 파괴인가

미국에서 대부분 주 헌법은 주지사에게 헌법이 보장하는 사면권을
부여한다. 즉 주지사는 범죄자를 사면하거나 범죄를 지우거나 형량
을 낮출 수 있다. 이 관행의 유래는 적어도 중세시대로 거슬러 올라
가는데, 사고사마저도 중죄로 취급되던 영국에서 엄격한 법률제도
하에 과도한 형량을 선고받은 죄인들을 왕이 구제할 수 있도록 한
것이었다. 한 예로 1249년 캐서린 패스캐번트Katherine Passcavant라는
이름의 네 살 소녀는 문을 열다가 실수로 동생을 뜨거운 물이 담긴
냄비 안으로 밀어 동생이 사망하여 실형을 선고받았다. 법원에서는
캐서린에게 무죄를 선고하지 않았기 때문에 교수형을 면하려면 왕

의 자비가 필요했다.[1]

주지사도 같은 이유로 사면권을 갖게 되었지만 종종 정치가 개입되기도 한다. 사형죄를 감형한 주지사 후보는 범죄에 관대하다는 이미지를 주게 되고 이는 선거에서 골칫거리가 되기도 했다.

1988년 대통령 선거에 나선 조지 부시 George H.W. Bush 당시 부통령은 강도와 강간으로 유죄를 선고받은 악명 높은 살인범 윌리 호튼 Willie Horton 이 일시 출소한 모습을 담은 광고로 전직 매사추세츠 주지사였던 마이클 두카키스 Michael Dukakis 를 이길 수 있었다. 두카키스가 호튼을 석방하지는 않았다. 두카키스는 주지사로 재직하는 동안 재소자 일시 출소 프로그램을 지지했을 뿐이었지만 그 사실만으로도 부시 부통령은 두카키스의 명성에 심각한 흠집을 낼 수 있었다. 결국 부시는 선거인단 투표에서 426대 111로 압승을 거두었다.

살인자에게 자유를 부여하면 또다시 살인을 저지를 수 있다는 위험 때문에 주지사는 쉽게 사면권을 행사하지 않지만 재선을 염두에 두지 않는 주지사에게는 예외다.[2] 레임덕 주지사가 사형수의 형량을 감소하는 비율은 재선을 염두에 두는 주지사에 비해 약 50퍼센트 이상 높다.[3]

챕터 2에서 살펴본 연임 대통령의 위험한 행동은 레임덕 상황에서 사면에 관대한 태도를 어느 정도까지는 설명하지만 그 정도가 지나쳤던 사례도 있다. 어떤 주지사나 대통령은 사면권이라는 특권을 남용해 연줄이 있는 사람에게 '마지막 순간'까지 사면권을 휘두르기도 하며 임기가 며칠 남지 않은 상황에서 범죄자의 형량을 확정하기도 한다. 이 같은 무모함은 법 위에 존재하는 범죄자가 있을 수 있다는 관념을 전달해 결국 형벌 제도의 기반을 훼손하게 되며 이를 상쇄하기 위해 또 다른 조치가 요구되는 부수적 피해를 유발하기도 한다. 주지사의 그릇된 행동으로 인한 문제를 제대로 보여주는 두 가지 사례가 있다.


## 사면권을 남용한 주지사들

외향적인 성향의 민주당 출신 테네시주 주지사 레이 블랜튼Ray Blanton은 1979년 1월 15일 월요일, 52명의 죄수를 사면한다는 내용을 담은 서류에 서명했다. 그 명단에는 12명의 살인범이 포함되어 있었다. 가장 논란이 된 인물은 부유한 후원자의 아들 로저 험프리스Roger Humphreys로, 전처와 친구에게 권총 18발을 쏴 살해한 혐의로 수감 중이었다.[4] 사면 결정이 있기 한 달 전 FBI는 3선 국회의원이자 1975년 주지사로 당선된 49세의 블랜튼이 사면권을 남용한다는 혐의를 조사하기 시작했다.[5]

블랜튼이 임기 마지막 날까지 사면권을 행사하는 일을 막기 위해 새로이 테네시 주지사로 선출된 라마 알렉산더Lamar Alexander는 예정된 날짜보다 3일 일찍, 1월 17일 수요일에 테네시 주지사로 취임했다.[6] 새로운 주지사 알렉산더는 블랜튼이 '공직의 명예를 더럽혔다'라고 표현했지만 상황을 뒤집을 수는 없었다. 일단 사면권이 행사된 이상 되돌릴 수는 없었기 때문이다.[7] 사면은 영원히 적용되었다.[8]

블랜튼의 로비스트로 일했던 넬슨 비들 Nelson Biddle은 "블랜튼은 강경한 정치인이었다. 친구와의 신의는 철저하게 지켰지만 적이라고 간주하는 인물에게는 냉정했다. 표를 얻으면 실권을 쥘 수 있었다"라고 표현했다.[9] 기자가 블랜튼에게 사면 기록에 대해 압박하자 블랜튼은 포퓰리스트 설교가처럼 대답했다.

"거세당한 자를 원하는가? 아니면 가난한 사람들의 문제를 이해하지 못하는 부유한 가정의 3대손을 원하는가?"[10]

비들은 블랜튼의 반엘리트주의에 관해 설명을 덧붙였다.

"그는 어린 시절 기득권층에 대한 혐오를 품고 자랐다."[11]

멤피스에서 발행된 한 신문은 민주당 블랜튼을 '촌뜨기 닉슨'이라고 불렀다.


공화당 전국위원회 의장을 지냈던 64세 헤일리 바버 Haley Barbour는 2012년에 공화당 주지사 또한 막바지 사면권으로 이득을 챙길 수 있다는 사실을 증명했다. 바버는 2011년 대통령 선거에 출마를 고려하면서 일간지 1면을 장식했다. 그러나 대통령 선거 대신 미시시피 주지사로서 연임 기간의 마지막 해를 마무리하기로 계획을 변경했다. 바버는 임기 마지막 날이었던 2012년 1월 10일 화요일에 193명을 사면하면서 또 한 번 신문 1면에 등장했다.[12] 바버가 주지사로 취임하기 직전 한 임기 동안 주지사직을 지냈던 로니 머스그로브Ronnie Musgrove는 단 한 명을 사면했고 머스그로브보다 앞서 주지사로 연임했던 커크 포디스Kirk Fordice도 13명을 사면하는 데 그쳤다.

바버의 사면권 리스트를 장식한 이들은 다름 아닌 지역 유명인사들이었다. 공화당에 기부를 아끼지 않았던 부유한 집안의 자제 버턴 월던Burton Waldon은 음주운전 사고로 8개월짜리 남자 아이를 숨지게 했다.[13] 잭슨 출신 심장병 전문의의 아들 더그 힌드먼Doug Hindman은 학생으로 위장한 경찰과 수백 통의 노골적인 성적 메시지를 주고받은 혐의로 구속되었지만 바버의 친한 친구를 통해 사면받을 수 있었다. 음주운전 사고로 절친을 죽인 혐의로 체포된 어니스트 파브르Ernest Favre는 명예의 전당에 오른 미시시피 출신 쿼터백 브렛 파브르Brett Favre의 형이었다.

한 논설위원은 바버가 "대통령 선거에 출마한 상태였다면 사면권 행사 대상이 대폭 축소되었을 것"이라고 표현했다. 살인범 윌리 호튼의 영상 때문에 대통령 선거에 낙마한 두카키스의 사례에서 교훈을 얻을 수 있었을 것이다.[14] 바버는 적어도 데이비드 개틀린David Gatlin에게 만큼은 사면권을 행사할 수 없었을 것이다. 개틀린은 6개월 된 아기를 안고 있었던 별거 중인 스무 살 아내의 머리에 총을 쏘고 친구인 랜디 워커Randy Walker에게 상해를 입힌 혐의로 체포된 인물이었다. 사면 소식을 접하자마자 워커는 "내 안전이 위협받고 있다고 느낀다. 개틀린이 혹시라도 시작했던 일을 마무리 짓겠다고 나서지는 않을지 걱정이다"라고 말했다.[15] 개틀린은 "나는 감옥에서 절대 나와서는 안 되는 사람이다. 신께서 나를 석방하셨다"라고 말했다.[16]

## 추한 사면의 결정판, 빌 클린턴 대통령

블랜튼과 바버의 석방은 역사상 가장 악명높은 막판 사면권 스캔들이었다. 그러나 빌 클린턴Bill Clinton의 재임 후반기 사면권 행사는 이를 능가하고도 남는다.

　　빌 클린턴 대통령은 백악관을 떠나기 몇 시간 전인 2001년 1월 20일 토요일 140명에게 사면권을 행사했고 36명을 감형했다. 〈워싱턴 포스트〉는 이에 대해 '클린턴 대통령의 이례적인 사면 목록은 그 규모와 범위에 있어서 기존의 사례를 뛰어넘는다'라고 표현했다.[17] 클린턴 행정부의 법무부 소속 사면권 담당 변호사였던 로저 애덤스Roger Adams는 "이런 사례는 한 번도 본 적이 없다"라며 놀라움을 감추지 못했다.

　　클린턴 대통령은 임기 8년간 약 400명을 사면했으며 이는 한 주에 1명에 조금 못 미치는 수치였다. 클린턴 대통령은 부족한 횟수를 채우고 싶었던지 2001년 1월 18일 목요일 대통령 전용기를 이용한 마지막 비행을 하던 중 기자들에게 "혹시 주변에 사면을 원하는 사람이 있소?"라는 농담을 던지기도 했다.[18]

빌 클린턴은 폭풍과도 같은 임기 마지막 주를 마무리하면서 재선에 나설 수 없는 자신의 처지를 안타까워했다. 클린턴은 보좌관들에게 만일 계속해서 깨어있을 수 있다면 '대통령으로 4년 더 지낼 수 있을 텐데'라며 안타까움을 표했다고 한다.[19] 클린턴은 가장 좋아하는 피자와 페이스트리로 식사를 마무리하고 백악관 복도를 오가며 자신의 사인과 기념품을 직원들에게 나눠준 다음 약 4,000페이지에 달하는 행정명령과 규정에 서명했다. 그러나 그 어떤 부산스러운 행동도 막판 사면권과 비교한다면 아무것도 아니었다.

클린턴은 금요일 밤을 새우고 조지 W. 부시George W. Bush 신임 대통령이 취임하기 몇 시간 전인 1월 20일 토요일 오전까지 사면 대상자 명단을 수정하고 다듬었다. 클린턴 대통령은 피곤함으로 붉게 상기된 얼굴에 지친 눈으로 사면자 명단을 제출했다. 그 명단에 살인자가 포함되지는 않았지만(대통령은 연방 범죄에 대해서만 사면권을 행사할 수 있으므로) 오만함에 있어서는 블랜튼과 바버의 명단을 뛰어넘었다.

우선 클린턴은 코카인을 유통하는 데 공모한 혐의로 수감되었던 자신의 남동생 로저 클린턴 주니어Roger Clinton Jr.를 사면했다.

또 자신의 정부에게 제공한 돈의 액수에 대해 FBI에 거짓 진술을 한 혐의로 유죄를 선고받은 전 주택도시개발부 장관 헨리 시스네로스Henry Cisneros를 사면하고 정치 자금 모금책인 린다 존스Linda Jones에게도 사면권을 행사했다.[20] 또한 클린턴은 마약 거래상 카를로스 비그날리Carlos Vignali의 가족이 힐러리 클린턴의 오빠 휴 로댐Hugh Rodham에게 20만 달러(약 2억 6,000만 원)를 지불할 것을 약속한 대가로 비그날리의 형량을 감경했다.[21] 그리고 화이트워터 스캔들에서 금융 사기 혐의로 유죄를 선고받고 힐러리 클린턴과 빌 클린턴이 공모했다는 증언을 거부한 혐의로 투옥되었던 수잔 맥두걸Susan McDougal을 사면했다.[22] 특히 도피 중이었던 억만장자 사업가 마크 리치Marc Rich와 리치의 공동 사업자 핑커스 그린Pincus Green에 대한 사면이야말로 사법 체계를 무너뜨리는 사례로 남게 되었다.

2001년 당시 66세였던 마크 리치는 암적색 넥타이와 우아하고 짙은 양복 차림에 금수 품목이었던 쿠바산 담배를 자주 피던 억만장자였다. 리치는 국제 사회의 제재를 받는 국가들과의 석유 거래로 큰돈을 벌었다. 리치는 평생 원자재 거래상으로 일하면서 1979년 미 대사관 인질 사건 이후 국교가 단절되었던 이란에서 원유를 사들여 이를 국제 시장에 되팔아 큰돈을 벌었다. 공갈, 우편물 사기, 탈세, 무역 거래 금지법 위반 등의 혐의로 1983년 연방 검찰로부터 기소된 리치와 그의 사업 파트너 그린은 모든 범죄 혐의에 대해 유죄를 선고받는다면 300년의 징역형에 처할 운명이었다. 그러나 리치와 그린은 기소를 피하고자 '마크 리치 앤 컴퍼니'의 본사가 있던 스위스로 도피했다. 스위스 법상 미국으로 강제 송환될 염려가 없었던 리치와 그린은 그 후 미국으로 돌아가지 않았다. 뉴욕 남부 부검사이자 리치 사건의 수석 검사였던 모리스 와인버그 주니어 Morris Weinberg Jr.는 의회 증언에서 '이 사건은 미국 역사상 가장 큰 규모의 탈세 범죄'이며 리치와 그린은 '전세계에서 가장 악질적인 화이트칼라 탈주범'이라고 표현했다.[23]

클린턴 대통령은 이 도망자들과 친분이 있는 다양한 인물로부터 사면에 대한 압박을 받았다. 그중에서도 특히 마크의 전 부인이었던 데니즈 리치 Denise Rich는 민주당 클린턴 진영에 거액의 정치 헌금을 기부한 인물로 사면에 가장 직접적으로 영향을 미쳤다.

셀린 디옹 Celine Dion과 마크 앤서니 Marc Anthony의 히트곡을 비롯해 그래미상 후보에 올랐을 만큼 재능있는 작곡가였던 데니즈는 클린턴 도서관 기금으로 45만 달러(약 5억 8,500만 원)를 기부하고 힐러리 클린턴의 상원 선거운동에도 10만 달러(약 1억 3,000만 원)를 기부했다. 그뿐만 아니라 방위 기금으로 1만 달러(약 1,300만 원)를 기부하면서 클린턴 부부와 친분을 쌓았다. 백혈병으로 세상을 떠난 마크와 데니즈의 딸을 추모하기 위해 설립한 암 연구 재단의 2000년 11월 자선 행사에 참석한 빌 클린턴 대통령에게 데니즈는 금으로 도금한 색소폰을 선물했다. 클린턴은 "그동안 힐러리와 나의 정치 활동을 도와줘서 감사하다"라고 인사했다.[24]

데니즈 리치는 전남편의 사면을 부탁하는 서신에서 "나는 대통령의 친구이자 열렬한 추종자로 전남편 마크 리치의 사면을 촉구하는 수많은 이의 목소리에 내 힘을 보태고자 이 편지를 쓴다. 리치에 대한 혐의는 부당하며 지나친 조처라고 생각된다"라고 표현했다.[25] 백악관에서 열린 만찬에서 클린턴 대통령과 같은 테이블에 앉았던 데니즈는 "내 서신을 받은 걸로 알고 있다. 큰 영광으로 생각한다"라고 덧붙였다. 왜 전남편을 도왔는지 확실한 이유를 아는 사람은 데니즈 자신뿐이지만 사면에 어떤 역할을 했는지에 대한 사후 의회 증언 요청에도 데니즈는 수정 헌법 제5조의 묵비권을 주장하며 증언을 거부했다.[26]

검찰은 데니즈의 의회 증언 참석 여부에 대해 침묵했다. 와인버그와 함께 초기 조사에 함께했던 뉴욕 남부 지역 부검사였던 마틴 아우어바흐Martin Auerbach는 리치를 사면할 근거가 전혀 없었다며 사후 증언에서 이렇게 말했다.

"나는 오늘, 클린턴 대통령이 마크 리치와 핑커스 그린을 사면한 것에 대해 다른 많은 미국인과 공유하는 분노를 표현하고자 이 자리에 섰다. 내가 두 번이나 투표했던 전직 대통령이 말한 '이번 사면이 그만한 가치가 있다'라는 생각은 틀렸다. 마크 리치와 핑커스 그린은 원자재 거래상이다. 원자재 거래는 도박업에 가깝다. '노름꾼은 언제 잡아야 할지, 언제 접어야 할지, 언제 걸어나가야 할지, 언제 도망가야 할지 알아야 한다'라는 오래된 노래 가사가 있다. 그래서 그들은 도피했다. 그리고 절대 돌아올 수 없었다."[27]

아우어바흐는 의회 위원회에 향후 어떤 대통령이라도 절대 클린턴과 같이 '미국 법을 조롱하고' 달아난 범법자에게 사면권을 행사하는 '실수를 저지르지 않도록' 당부했다.

언론은 사설을 통해 빌 클린턴의 그릇된 행동으로 인한 결과를 지적했다.[28] 〈뉴욕 타임스〉는 클린턴이 마크 리치에게 베푼 특혜에 대해 '정당화할 수 없는 사면'이라고 부르며 '대통령 권한을 남용한 놀라운 사례'로 꼬집었고 '헌법 입안자들이 절대 생각하지 못했던 사례'일 것이라고 표현했다. 〈워싱턴 포스트〉는 '용납할 수 없는 일'이라는 제목의 기사에서 "마크 리치에게 선사한 클린턴 대통령의 불미스러운 선물은 사면권의 진실성과 위엄성을 훼손했다"라고 적었다. 〈크리스천 사이언스 모니터Christian Science Monitor〉는 "미국 헌법은 대통령에게 범죄 행위와 관련된 형 집행을 유예하거나 사면할 권리를 부여했다. 이는 올바르게 사용된다면 공평성을 향상할 수 있다. 의문스럽게 혹은 잘못 사용된다면 사법 체계의 공평성을 저해할 수 있다"라고 결론내렸다.

매사추세츠 민주당 소속 하원의원으로 1998년 탄핵 심판에서 클린턴을 변호했던 바니 프랭크Barney Frank는 마크 리치 사면을 접하고 모욕을 느꼈다며 "클린턴 대통령을 강력히 후원해왔던 모든 사람은 빌 클린턴이 이 정도로 부당한 행위를 저지를 수 있다는 사실에 엄청난 배신감을 느꼈다. 정말 경멸스럽다"라고 표현했다.[29] 하원 법사위원회 회원이기도 한 프랭크는 클린턴의 행위에 대해 조처를 할 수도 있었을 것이다. 그는 클린턴이 택한 사면권 행사 시점을 지적하며 "대통령의 사면권 행사에서 가장 문제가 되는 부분은 사면권을 집행하는 시점이 선거라는 제재에서 벗어났을 때라는 점이다"라고 말했다.[30]

클린턴이 대통령직에서 물러나고 두 달 정도 지난 2001년 2월 27일, 하원의원 바니 프랭크는 대통령 선거를 치르는 해의 10월 1일부터 차기 대통령이 취임하는 다음 해 1월 20일까지 현직 대통령이 사면권을 행사하지 못하도록 제한하는 헌법 수정안을 제안했다. 유권자들에게 대통령이 속한 당이 저지르는 범죄를 심판할 기회를 부여해 막판 사면권 행사를 차단할 목적이었다. 프랭크는 "수정안이 통과되기는 쉽지 않지만 이 사안의 경우 국민 모두가 매우 분개한 상황이다"라며 이 수정안이 채택될 가능성이 충분하다고 생각했다.

〈미주리 로 리뷰Missouri Law Review〉는 '대통령의 임기 막바지 사면권을 중단하자'라는 제목의 기사에서 공화당의 비행을 되새기며 바니 프랭크의 제안에 힘을 보탰다.[31] 조지 부시 41대 대통령은 1992년 11월 3일 재선에 실패한 후 클린턴 대통령 취임식이 채 한 달도 남지 않은 시점에 전직 국방장관 캐스퍼 와인버거Caspar Wein-berger에게 사면이라는 이름의 깔끔하게 포장된 크리스마스 선물을 안겨주었다. 와인버거는 이란-콘트라 스캔들과 관련해 의회에서

거짓 증언을 한 혐의로 재판에 설 예정이었다. 그다음 날 전 연방판
사이자 이란-콘트라 스캔들 특별 검사였던 로런스 월시 Lawrence Walsh
는 이 은폐 공작으로 심각한 결과가 발생하리라는 성명을 발표하며
다음과 같이 말했다.

"이란-콘트라 사건의 포괄적 경위를 숨기려는 와인버거의
고의적인 결정으로 공식적 조사 결과가 철저히 왜곡되었으며 레이
건 대통령을 비롯해서 스캔들과 관련된 고위 공직자에 대한 파면
절차에 지장을 주었다."[32]

평생 공화당 의원이었던 월시는 막판 사면권 행사의 해악에
대해 이렇게 말했다.

"캐스퍼 와인버거 및 다른 이란-콘트라 사건 피고에 대한 부
시 대통령의 사면은 그 누구도 법 위에 존재하는 사람은 없다는 원
칙을 침해한다. 이번 사면은, 권력자와 결탁한 힘 있는 고위직이 심
각한 범죄를 저지를 수 있고, 고의로 대중의 신뢰를 훼손하고도 대
가를 치르지 않아도 된다는 사실을 보여준다."


## 법 위에 존재하려고 했던 미국 대통령들

레임덕 대통령이 더는 임기 말 사면권을 행사하지 못하도록 하자
는 바니 프랭크의 제안은 어둠 속으로 사라졌다. 학계의 몇몇 인사

는 "정치적 압박에서 벗어날 수 있는 퇴임을 앞둔 대통령은 정치적으로 지지받지 못하더라도 정당하며 현명한 사면권을 행사할 수 있다. 사면권의 핵심은 사심 없는 자비이다"라고 주장했다.[33] 교수들은 프랭크가 제시한 수정안은 불명예스러운 사면뿐만 아니라 인정받아 마땅한 사면까지도 이루어지지 못하도록 할 것이라고 주장했다. 지탄받아 마땅한 사면 사례는 대서특필되지만 악의 없는 사면은 법무부 자료의 일부로 남을 뿐이라고 덧붙였다.

2017년 1월, 버락 오바마Barack Obama 전 대통령이 백악관을 떠나기 3일 전 해병대 소속 4성 장군이자 합동 참모 본부의 부의장이었던 제임스 카트라이트James Cartwright를 사면한 사례를 기억하는 이는 많지 않다. 카트라이트 장군은 〈뉴욕 타임스〉 기자에게 기밀 정보를 유출한 사건으로 연방 수사를 받던 중 자신의 혐의를 부정했다는 사유로 유죄를 선고받았다. 오바마 대통령은 또한 1995년 스포츠 카드 쇼와 기념품 판매 수익 1만 달러(약 1,300만 원)에 대한 탈세 혐의로 유죄를 선고받은 샌프란시스코 자이언츠 일루수 윌리 맥코비 Willie McCovey를 사면했다. 명예의 전당에 오르기도 했던 맥코비는 사면되고 1년 후 숨을 거두었다.[34]

레임덕의 가능성을 줄이는 방법으로 부시나 클린턴 대통령이 시스템을 남용하는 일을 막을 수는 있었겠지만 그마저도 근래 역사상 가장 논란이 되는 사면만큼은 막을 수 없었을 것이다.

제럴드 포드Gerald Ford 대통령은 닉슨 대통령이 사임하고 4주

뒤인 1974년 9월 8일, 같은 공화당 출신이었던 리처드 닉슨을 사면했다. 포드는 '오랜 시간 지속된 국가적 악몽'을 종결한다는 변명으로 사면을 정당화했지만 언론은 '어리석고 분열을 초래하며 부당한 행동'이라고 지적했다.[35] 새 정부가 들어서고 이틀 뒤 포드 대통령의 언론 담당 비서 제리 테호스트Jerry Terhorst는 "포드 대통령은 닉슨 전 대통령을 형사 처벌로부터 보호하기 위한 시도를 단호히 반대했다"라고 단언했다.[36] 테호스트는 또한 1973년 부통령 인사청문회에서 "대중이 닉슨의 사면에 찬성하리라고 생각하지 않는다"라고 했던 포드 대통령의 발언을 언급하며 기자들을 안심시켰다. 그러나 포드 대통령이 결국 닉슨을 사면하자 테호스트는 항의의 뜻을 전하기 위해 사임했다.[37]

포드의 급변으로 민주당 출신 지미 카터Jimmy Carter는 1976년 대선에서 포드를 궁지에 몰아넣을 충분한 탄약을 확보하게 되었다. 민주당에는 호의적이고 공화당에는 개탄할 결과를 유발하게 된 것이다. 그러나 이 사면은 향후 미국 대통령의 부정행위를 덮는 가림막을 형성했고, 그 결과 닉슨은 워터게이트 특별검사 아치볼드 콕스Archibald Cox를 해고한 일 등의 여러 범죄에서 교묘히 빠져나갔다. 그러나 연방판사가 닉슨의 어처구니없는 조치를 불법으로 판결하면서 헌정의 위기를 초래하게 된다.[38]

기소를 면하게 된 닉슨의 사례는 2018년 도널드 트럼프 대통령이 특별 검사 로버트 뮬러Robert Mueller를 파면하겠다고 협박할 수 있었던 근거로 작용했다. 트럼프가 뮬러를 파면하지는 않았지만 제45대 미국 대통령 트럼프는 뮬러가 2016년 미 대선에 러시아가 개입했다는 의혹을 조사하는 기간 내내 다음과 같은 공격적인 표현을 트윗에 올렸다.

"수많은 법학자가 언급한 대로 나는 대통령으로서 나 자신을 '사면'할 권리를 가지고 있다. 그러나 잘못한 일이 하나도 없는 내가 나를 사면할 리가 없지 않은가?"[39]

트럼프 대통령의 트윗은 가짜뉴스처럼 들리지만 터무니없는 주장이라고 할 수는 없다. 대통령이 가진 사면권의 범위에 대한 법학자들의 의견은 엇갈린다. 탄핵 중인 경우를 제외하고는 헌법에 구체적으로 한계가 명시되어 있지 않다는 점을 지적하며 트럼프의 주장을 옹호하는 학자도 있지만 대통령이 자신을 사면한다면 법을 초월하는 존재가 된다고 주장하는 학자도 있다. 법 위에 존재하는 이는 없기 때문이다.

연방대법원은 2020년 7월 뉴욕 검찰이 트럼프 대통령의 납세 자료에 대해 소환장을 발부할 수 있다고 판결 내리면서 면책 특권을 앞세운 트럼프의 주장을 뒤집었다. 트럼프가 임명한 대법관 브렛 캐버노Brett Kavanaugh는 "대법원이 자주 언급한 대로 우리 정부 체제에서 법 위에 존재하는 이는 아무도 없다. 물론 이 원칙은 대통령에게도 적용된다"라는 의견을 제시했다.[40]

이 모든 사실에도 불구하고 닉슨이 공평성을 훼손했다는 상원 법사위원회의 결정에 도움을 준 시카고대학교 법학자 필립 컬랜드Philip Kurland 교수는 대통령의 자기 사면권에 대한 문헌의 요지를 "명백한 정답은 없다"라고 결론지었다.[41] 미시간주립대학교 법학 교수인 브라이언 컬트Brian Kalt는 "대통령이 스스로 사면을 시도한다면 어떤 일이 일어날지 추측만이 가능하지만 아무도 확신할 수는 없다"라는 의견을 표명했다.[42]

## 사면권을 올바르게 사용하기 위한 방법

사면권과 관련한 문제를 해결할 수 있는 유일한 방법은 헌법 수정안이겠지만 실현 가능성은 희박하다. 그러나 의회는 주 헌법에서 아이디어를 얻어 대통령의 사면권이 검토위원회라는 절차를 거치는 방법을 도입한다면 피해를 최소화할 수 있을 것이다. 대통령의 사면을 지지하거나 거부할 권한을 갖는 공개 패널단을 통해 언제든 논란의 여지가 있는 결정을 제한하고 올바르게 사면권이 행사될 수 있도록 할 수 있다.

노스다코타와 사우스다코타 두 개 주만 주지사에게 연방 헌법과 같이 사면에 대해 제한 없는 재량권을 부여하고 있다.[43] 코네티컷, 델라웨어, 조지아, 아이다호, 루이지애나, 미네소타, 몬태나, 네브래스카, 오클라호마, 펜실베이니아, 사우스캐롤라이나, 유타,

워싱턴 등 13개 주의 주지사는 사면위원회를 임명하는데 이곳에서는 사면 결정을 검토하고, 자문과 법적 구속력이 있는 추천을 할 수 있다. 델라웨어, 캔자스, 루이지애나, 몬태나, 네브래스카, 오클라호마, 펜실베이니아, 텍사스, 워싱턴 등 9개 주의 주지사는 위원회에서 추천하는 인물에 한해서만 사면할 수 있다.

　　의회가 위임한 사면위원회는 대통령의 사면권에 우선할 수 없지만 번화가의 과속방지턱처럼 진정한 연민의 행위가 일어날 수 있는 안전한 통로를 보장하면서도 형벌 시스템을 훼손하는 막판 사면에 어느 정도 영향력을 행사할 수 있을 것이다. 자문위원회를 통한 대중의 반발이 있었다면 빌 클린턴이 마크 리치를 사면하는 일을 막고, 윌리 맥코비를 사면하려는 버락 오바마의 연민을 지지했을 것이다. 제럴드 포드도 닉슨 사면에 대한 비판을 사면위원회와 공유할 수 있었을지도 모른다. 재임 대통령은 막판 사면 대상의 명단에 자신의 이름을 올릴 수 있겠지만 그 오만함은 부수적 피해를 뛰어넘는다. 헌정의 위기를 초래할 수 있기 때문이다.

## Chapter 4

# 목숨을 건
# 여행자들

2015년 9월 15일 화요일, 시리아인 도아Doaa는 아들 나심Nassim을 데리고 그리스와 불가리아 국경 가까이에 있는 터키 에디르네의 임시 난민수용소에 도착했다. 시리아의 잔혹한 내전을 피해 달아난 25세의 도아는 일주일 전 이스탄불에서 아들을 출산한 뒤 다마스쿠스에서부터 약 16킬로미터를 걸어왔다. 고향 시리아에 남아있는 가족에게 피해가 생길까봐 자신의 성을 밝히길 거부한 도아는 "난 절대 시리아로 돌아가지 않겠다. 독일까지 걸어가는 한이 있더라도 난 꼭 유럽으로 가겠다"라며 굳은 의지를 표현했다.[1]

　도아는 혼자가 아니었다. 도아는 육로로 그리스를 통과하려고 그곳에 모인 1,000명이 넘는 난민 중 한 명일 뿐이었다. 육로는 보트를 타고 에게해를 건너 그리스로 가는 방법보다 훨씬 안전하기 때문이다. 부모와 함께 에게해를 건너려다 목숨을 잃고 해안으로 쓸려와 모래에 얼굴을 묻은 채 발견된 세 살짜리 시리아 소년 알란 쿠르디 Aylan Kurdi의 모습은 난민들의 가슴 깊이 뿌리내렸다.

그리스를 통해 유럽으로 가려고 목숨을 걸고 도박을 하는 난민들은 한곳에 모여 있었지만 동기는 서로 달랐다. 30세의 아마르 압딘 Amar Abdin도 독일로 가기 위해 흰색 탱크톱에 반바지를 입고 농구화를 신은 채 다마스쿠스를 떠났다. 아마르는 "국가를 하나씩 지날 때마다 점점 더 많은 물건을 빼앗기게 된다. 이제 내게 남은 건 티셔츠 한 벌뿐이다"라고 털어놓았다. 2 아마르는 동행하는 난민 그룹의 안전이 걱정된다며 이렇게 말했다.

"우리가 내딛는 한 걸음 한 걸음마다 늘 위험이 도사리고 있다. 다른 사람을 이용하고 갈취하는 사람이 세상에는 너무 많다. 우리 자신도 우리의 행동을 믿지 못해서 '우리 지금 살아있는 게 맞아? 정말로 지금처럼 계속할 거야?'라고 서로에게 묻는다."

박해를 피해 달아난 도아의 경우와는 달리 아마르는 경제적 이유로 난민의 길을 택했다.

"시리아에서는 살기 힘들었고, 난 더는 잃을 게 없었다. 반면 독일은 멋진 나라이고 계속 번창하고 있다. 2008년 세계적인 경제 위기가 찾아왔을 때도 계속 성장한 나라는 독일뿐이었다."

터키 경찰은 난민들이 그리스로 국경을 건너지 못하도록 체포해서 이스탄불로 돌려보내려고 노력했다. 유럽연합 28개국은 국경 규제를 강화하는 조건으로 터키에 60조 달러(약 7조 2,200억 원) 이상을 지원했고 이는 유럽으로 가는 관문을 차단하는 터키의 청원경찰 역할을 보상하기에 충분한 금액이었다.[3] 난민들이 집결하는 터키 에디르네주 주지사인 두르순 알리 샤힌Dursun Ali Sahin은 "우리는 국경을 막을 조처를 했고 난민들이 불가리아와 그리스로 국경을 넘지 못하도록 막고 있다. 우리는 난민들이 모국으로 돌아가도록 설득하고 있다"라고 밝혔다.[4] 한 난민이 불평하자 샤힌은 "여러분을 받아주는 국가가 있다면 그곳으로 갈 수 있도록 돕겠다. 그러나 지금까지는 공식적으로 난민을 받아주겠다는 국가가 한 곳도 없다"라고 설명했다.

유럽연합이 시리아 난민을 억제하기 위해 돈을 지불한 사례는 외국인 구직자에 대한 편견을 반영한다. 유럽 15개국 1만 8,000명을 상대로 한 조사 결과 반이민 정서는 도아와 같이 학대를 피해 고국을 탈출한 난민보다 경제적 도약을 추구하는 아마르 압딘 같은 난민을 상대로 주로 나타나는 것으로 밝혀졌다.[5] 하지만 이민국 관계자들이 이 두 가지 경우를 구분하기는 쉽지 않다.

또한 다양한 목적을 가진 난민들이지만 잃을 게 없는 상황에서 죽음도 불사하겠다는 비슷한 행동 패턴을 보이기 때문에 결국 난민 문제는 복잡해질 수밖에 없다. 이 같은 혼란은 모두에게 해로운 결과를 일으켜, 결국 기회주의자들로 인해 박해받는 이들조차 피난처를 얻기 힘들어지고 말았다.

## 이민법이라는 거대한 정책

오스트리아, 불가리아, 그리스, 헝가리, 슬로베니아 등의 유럽연합국은 이민자를 막기 위해 장벽을 설치했지만 물리적 장벽으로 외국인의 유입을 차단한다는 계획은 고대부터 존재해왔다.[6] 영국의 돌담 하드리아누스 방벽은 2세기 무렵 이방인의 침입을 막기 위해 약 130킬로미터에 걸쳐 로마제국 북쪽 국경 지대에 건설되었다.[7] 중국도 2,000년에 걸쳐 약 2만 1,000킬로미터에 걸친 만리장성을 건설해 북방지역 야만인의 침입을 막고자 했다. 상대적으로 유명세가 낮은 오파의 방벽은 8세기 머시아 왕국의 왕 오파Offa가 영국을 웨일스와 분리하고 '머시아 왕국의 위신을 유럽의 강국으로 드높이기 위해' 흙으로 건설한 장벽이다.[8] 이러한 구조물은 군사적 목적을 실현하기 위한 것이기도 하지만 침입자를 멀리하고자 하는 늑대의 자기 영역 표시에 좀 더 가깝다고 할 수 있다. 늑대는 소변을 이용하지만 인간은 외국인을 물리적으로 차단하기 위해 암석을 이용한다는 점이 다를 뿐이다.

　자연이 제공하는 장벽 덕택에 인공적인 장애물을 건설하지 않아도 되는 국가도 있다. 예를 들어 미국은 대서양과 태평양이 제공하는 보호막 덕분에 과거 이민에 관대할 수 있었다. 시장성이 높은 기술을 가진 외국인들은 19세기 상반기 동안 바다를 건너 미국으로 갈만한 이유가 충분했던 까닭에 경제 성장에 이바지할 수 있었던 대장장이나 목수 같은 기술자들이 이민자 물결을 주도했다.[9]

19세기 후반에 접어들어 바닷길을 이용하는 여행 비용이 감소하고 장벽이 더 낮아지면서 경제적 박탈과 종족 박해를 피해 동유럽을 탈출한 미숙련 이민자가 증가하게 되었다. 미국 내 외국 태생 인구의 비율은 1850년 약 10퍼센트였지만 20세기로 접어들어 14퍼센트를 넘어섰고 미국 내 고립주의자들의 거센 반발을 부추겼다.[10]

미 의회는 '1924년 이민법'을 제정해 유럽과 아시아에서 오는 달갑지 않은 이민자를 차단할 법적 장벽을 건설했다. 워싱턴주의 제3선거구를 대표하는 알버트 존슨Albert Johnson 공화당 의원이 발의한 이 법안은 찬성 323표, 반대 71표로 하원을 통과했다. 본회의에서 존슨은 "미국은 이제 망명자들의 피난처 역할을 중단해야 한다"라고 설명했다.[11] 이 법안으로 이민자의 출신국에 따라 엄격한 비율이 정해졌고 특히 미국에서 거주해온 가족이 있는 영국계 이민자들을 우대하게 되었다.[12] 뉴욕주 공화당 의원 피오렐로 라 과디아Fiorello La Guardia는 "이민법은 유대인과 이탈리아인에 대한 차별을 드러낸다"라고 표현했다.[13]

그 후 10년 동안 반이민 정권은 나치 독일의 박해를 피해 달아난 망명자들의 미국 입국을 금지했고, 1939년에는 900명 이상의 남녀와 아이들이 타고 있던 선박의 입국도 금지되어 이 선박은 유럽으로 되돌아가야 했다. 이 비극적 사건은 1976년 〈세인트루이스호의 대학살〉이라는 제목의 영화로 각색되었다. 페이 더너웨이Faye Dunaway, 맥스폰 시도우Max von Sydow, 제임스 메이슨James Mason, 오손 웰스Orson Welles 등의 스타가 총출동한 이 영화는 제2차 세계대전 이후 강제 추방된 이들에 대한 연민을 자극했다.

1951년 스위스 제네바에서 열린 국제회의에서 국제연합United Nations, UN이 후원하는 '인종, 종교, 국적, 특정 사회집단 소속, 정치적 견해 등의 이유로 박해받는 망명 신청자'에 대한 보호시설 보장 협약이 비준되었다.[14] 21세기 억압을 피해 달아난 이들에게 피난처를 약속하는 법안은 이 국제 협약에 근거한 것이다. 오늘날 이민 관계자들은 목숨을 위협받은 이들의 절박한 상황을 그린 세인트루이스호의 비극적 항해를 되새겨본다면 피난처를 제공받아야 마땅한 이들을 식별하는 데 도움이 될지도 모를 일이다.


## 세인트루이스호의 기나긴 항해

1939년 5월 13일 토요일, '함부르크 아메리카 라인' 소속의 독일

함선 세인트루이스호는 54세의 선장 구스타프 슈레더 Gustav Schroeder 의 지휘하에 함부르크를 출발해 쿠바로 향했다. 937명의 승객 대부분은 나치의 박해를 피해 달아나는 유대인으로 독일의 쿠바 이민국 국장에게 '상륙 허가서'를 구매한 이들이었다. 세인트루이스호에 탑승했던 헤르만과 리타 부부의 열 살 된 아들 하인츠 골트스타인 Heinz Goldstein 은 약 200여 명의 어린이 승객 중 같이 놀 친구를 쉽게 찾을 수 있었다. 골트스타인은 '엄청난 모험'을 떠난 것처럼 축제와도 같았던 당시 분위기를 지금도 기억하고 있다. 아이들은 선박에서 구명보트에 오르거나 술래잡기를 하고 다 함께 선장의 함교에 오르기도 했다.[15]

　　하지만 어른들 대부분은 독일에 남겨진 가족과 눈물 어린 작별 인사를 해야 했다. 독일을 떠난다는 조건으로 다하우 강제수용소에서 풀려난 두 아이의 아버지 에런 포즈너 Aaron Pozner 는 탑승권을 한 장밖에 살 수 없었다.[16] 포즈너는 선박의 트랩을 오르기 전 아내를 껴안고 눈물을 흘리며 쿠바에서 돈을 모아 아내와 아이들에게 보내겠노라고 약속했다. 그러나 포즈너는 끝내 약속을 지키지 못했다.

　　포즈너와는 달리 배에 오른 많은 유대인 가족은 '수정의 밤 Kristallnacht' 이후 극심해진 나치의 유대인 탄압에서 벗어날 수 있다는 사실에 안도했다. 세인트루이스호의 출항 6개월 전인 1938년 11월 9일 나치당원들은 독일 전역의 유대인 상점과 유대교회당을 공격했는데 그날 유대인 상점의 깨진 유리창이 수정처럼 빛났다 하여 '수정의 밤'이라는 별명이 붙었다. 11월 9일과 10일에 걸친 나치 당원들의 반유대주의 폭력 사건으로 수백 명이 사망했고 나치의 유대인에 대한 박해는 경제적 탄압에서 공개 구타, 감금, 살인 등의 육체적 폭력으로 변화하게 되었다. 이런 상황에서 세인트루이스호는 유대인에게 자유로 향하는 마법의 양탄자와도 같았다. 하지만 아무것도 계획대로 진행되지 않았다.

1939년 5월 27일 토요일, 세인트루이스호가 아바나 항에 도착했을 때 승객들은 마치 제야의 밤이라도 되는 것처럼 축배를 들었다. 그러나 쿠바 대통령 페데리코 러레이도 브루Federico Laredo Bru는 독일 내 쿠바 공무원이 판매한 '상륙 허가증'을 인정할 수 없다는 이유로 세인트루이스호 승객들의 쿠바 입국을 허락하지 않았고 6월 1일 독일로 복귀하도록 통보했다.[17]

아바나에 머물고 있던 세인트루이스호 승객의 지인과 친척들은 작은 배로 세인트루이스호를 둘러싸고 침울한 표정으로 난간에 붙어선 승객들에게 응원의 메시지를 외쳤다. 터키 경찰은 단 한 명의 승객이라도 어둠을 틈타 배를 탈출해 터키로 잠입하지 못하도록 거대한 탐조등을 켜고 감시했다. 이토록 삼엄한 감시로도 두 명의 승객이 자살하는 일을 막지는 못해서 그중 한 명인 함부르크 출신 변호사 막스 뢰베Max Loewe는 손목을 긋고 바다로 뛰어내렸다. 승무원이 뢰베를 구출했지만 쿠바 공무원은 뢰베를 아바나의 종합병원으로 이송해 뢰베의 아내와 만나지 못하도록 했다. 뢰베의 아내는 두 자녀를 돌보기 위해 세인트루이스호에 남았다.

하인츠 골트스타인은 선박 전체를 억누르는 듯한 절망감을 잊을 수 없었다.

"어른들은 불안감을 감추지 못했다. 나치 독일로 돌아가는 일을 막으려면 어떤 일을 해야 할지 연일 회의가 이어졌고 끔찍하게 우울한 날들이 계속되었다. 늘 암울한 기운이 감돌았으며 이미 수용소에 갇혀 끔찍한 상황을 경험한 이들도 있었다."[18]

빈에서 변호사로 일하던 한 인물은 "게슈타포 중 한 명이 나를 넘어뜨리고 얼굴을 짓밟아 이가 다 부서졌소"라며 의치를 보여주면서 다하우 수용소에 감금되었던 기억을 더듬었다.[19] 슈뢰더 선장은 자살하는 사람이 더 생길까봐 노심초사하며 남아 있는 승객의 안전을 책임지기 힘들지도 모른다는 소식을 쿠바 당국에 전했다. 함부르크를 떠날 당시 937명이었던 승객은 907명으로 줄었다. 쿠바 정부가 미국 비자를 가진 28명의 난민에게 여행객 자격으로 입국을 허가했고 자살을 시도했던 막스 뢰베가 병원에 머물게 되었으며 한 명이 여행 도중 숨을 거둔 결과였다.

6월 2일 금요일 오전 11시 30분, 세인트루이스호는 아바나를 출발해 함부르크로 돌아가는 듯했다. 그러나 승객이 추가로 자살하는 일을 막고 싶었던 슈뢰더 선장은 미국으로 항로를 바꿨고 세인트루이스호는 마이애미에서 약 5킬로미터 떨어진 곳에 닻을 내렸다.[20] 승객 위원회는 백악관에 무전을 보냈다.

"루스벨트 대통령께 전보를 보냅니다. 세인트루이스호의 승객을 도와주십사 간곡히 부탁드립니다. 대통령님, 저희를 도와주십시오. 900여 명의 승객 중 400명 이상이 여성과 아이들입니다."[21]

미 국무부는 '난민은 반드시 대기자 명단에 따라 차례를 기다려야 한다'라고 답변했지만 몇 년이 걸릴지조차 알 수 없는 일이었다.[22] 세인트루이스호에 홀로 탑승했던 18세 해리 로젠바흐Harry Rosenbach는 세인트루이스호를 감시하던 미 해안경비대를 기억했다. 로젠바흐의 부모는 탑승권을 한 장만 살 수 있어서 일단 로젠바흐가 먼저 미국으로 입국한 뒤 부모가 그 뒤를 따를 계획이었다. "부모님은 저를 먼저 구하고 싶어하셨다"라고 해리는 말문을 열었다.

"마이애미 해변에서 해안경비대는 승객 중 단 한 명도 바다로 몸을 던지지 못하도록 주위를 둘러쌌다. 어느 정도 시간이 지나면서 우리가 미국으로 들어갈 수 없는 까닭은 정치적인 이유라는 생각이 들었다. 그토록 거대한 땅에 900명이 살 곳이 없겠는가?"[23]

미국과 캐나다로의 입국이 거부되고 나서 세인트루이스호는 다시 유럽으로 향했지만 슈뢰더 선장은 승객들에게 안전한 피난처를 찾을 때까지 일부러 시간을 끌어 독일로 돌아가지 않을 방법을 모색했다. 영국이 세인트루이스호 승객들을 난민 자격으로 받아들일 수밖에 없도록 슈뢰더 선장이 세인트루이스호를 영국 해안에서 고장 내겠다는 계획을 세웠다는 사실이 나중에 알려지면서 선장은 영웅으로 칭송받았다. 그러나 막판에 합의가 이루어지면서 세인

트루이스호는 벨기에의 안트베르펜에 닻을 내릴 수 있었다.[24]

네덜란드, 프랑스, 영국, 벨기에 4개국이 각각 200명의 승객을 수용하면서 독일의 만행으로부터 이들을 구할 수 있었다. 그다음 해 나치가 네덜란드, 프랑스, 벨기에를 점령한 후 해당 국가로 간 승객 중 255명을 죽음의 수용소에서 살해하리라는 사실을 슈레더 선장은 당시에 상상하지 못했을 것이다.[25] 더 충격적인 사실은 세인트루이스호의 험난했던 여정을 둘러싼 언론의 관심으로 더 많은 사망자가 생겼다는 점이다.

쿠바에서 난민 수용을 거부한 후 또 다른 '함부르크 아메리카 라인' 소속 선박 오리노코호는 200명의 유대인을 싣고 아바나로 출항했지만 베를린으로 돌아오라는 명령을 받게 된다.[26] 오리노코호가 프랑스 셰르부르 인근에서 방향을 선회하자 몇몇 승객은 나치의 박해를 받느니 죽음을 택하겠다며 배에서 뛰어내렸다. 다른 승객들은 "우리는 돌이킬 수 없는 강을 건넜다"라며 어떤 국가라도 좋으니 난민을 수용해달라고 호소하는 무전을 보냈다.[27] '모든 국가로부터 입국을 거부당해 라이히로 돌아가는 난민들'이라는 제목의 머리기사는 국제 사회의 반응을 전했다. 오리노코호 이후에도 여러 척의 배가 결국 독일을 떠날 수 없었고 수많은 유대인은 죽음의 수용소에서 최후를 맞았다. 해리 로젠바흐는 세인트루이스호의 길고 긴 여정에서 살아남았지만 남겨진 그의 부모는 결국 폴란드 아우슈비츠의 나치 수용소에서 생을 마감했다.[28]

# 망명 신청자에게 여전히 불친절한 나라들

고국의 박해를 피해 탈출한 21세기의 망명 신청자들은 망명의 권리를 보장하기 위한 1951년 난민협약에 서명한 148개국 어디에서나 난민 자격을 신청할 수 있다. 자신들의 입장을 전하기 위해 바다에 몸을 던져야 했던 세인트루이스호의 승객들과 달리 지금의 난민은 국제법의 보호를 받을 수 있지만 실제로는 그리 간단한 문제가 아니다.

난민에게 피난처를 제공하는 국가의 명단은 아프가니스탄에서 짐바브웨에 이르기까지 매우 다양하며 세계에서 가장 인구가 적은 투발루에서부터 가장 인구가 많은 중국 등 각양각색의 국가가 포함되어 있다.[29] 망명 신청자는 경제적 기회를 위해서가 아니라 고국에서의 박해를 피해 탈출했다는 사실을 입증해야 하지만 난민 신청 대상국이 이 과정에 협조적인 경우는 드물다.

수단의 다르푸르 지역 출신으로 여윈 체격의 스물한 살 이브라힘 Ibrahim은 부유한 가정에서 태어났지만 민족 간의 싸움이 지역을 휩쓸고 간 후 모든 걸 잃었다. 이브라힘은 약 4,800킬로미터에 달하는 험난한 여정을 거치면서 사하라 사막과 지중해를 건너 영국으로 가는 길이었다.[30] 2014년 11월 프랑스 항구도시 칼레에 도착한 이브라힘은 이제 꿈의 도시에서 약 30킬로미터 떨어져 있었지만 마지막 관문인 도버해협을 건널 용기가 없었다. 이브라힘은 영국에서 더 나은 삶을 살고 싶었다.

"영국에 가면 못다 한 교육을 끝낼 수 있을 것이다. 내가 죽을 때까지 인력거를 끌고 싶냐고? 절대 아니다. 삶을 변화하려면 반드시 교육을 받아야 한다."[31]

하지만 망명을 원하는 이들은 이브라힘처럼 대답해서는 안 된다. 망명의 권리를 보장하는 국제난민협약에 서명한 국가들은 난민 자격을 얻고자 하는 이들에게 박해받고 있다는 증거를 요청한다. 난민 자격을 인정받지 못할까봐 성을 밝히길 거부한 이브라힘은 난민 자격을 인정받아 경제적 기회를 얻고 싶어하지만 다른 유럽국과 마찬가지로 영국에도 이미 감당하기 힘들 만큼 빈곤층이 많다. 결국 더 나은 고용 기회를 원하는 난민들은 이민 당국이라는 장애물을 피해 잠입을 시도한다. 이브라힘이 칼레에 도착하기 두 달 전 35세의 수단 청년은 영국으로 잠입하기 위해 학생들이 타고 온 버스에 몸을 숨긴 채로 앞 차축에 매달려 약 400킬로미터를 견뎠지만 버밍엄의 주차장에 도착하고 나서 그 자리에 쓰러지고 말았다. 언론 보도에 따르면 수단 청년은 현장에서 체포되었다.[32]

이민자에 불친절한 국가는 영국만이 아니다. 라이베리아 내전을 피해 달아난 27세 압달리아 아지즈 두쿨리 Abdalia Aziz Dukuly는 망명을 위해 1991년 10월 대서양의 스페인군도 카나리아섬에 도착했다.[33] 그란카나리아섬의 수도인 라스 팔마스에서 망명 신청을 하려면 마드리드로 가야 한다는 얘기를 들은 두쿨리는 결코 반가운 소식은 아니었지만 모리타니에서 출발해 화물선으로 약 1,600킬로미터를 거쳐온 여정에 비하면 아무것도 아니라며 위안했다. 마드리드에 도착한 두쿨리는 다른 망명 신청자와 마찬가지로 도움을 청하기 위해 스페인 적십자 사무실로 가서 상황을 설명했다.

"어머니는 전쟁으로 목숨을 잃었고 나는 몸을 숨기기 위해 유럽으로 향했다. 가족을 잃은 내게 남은 건 아무것도 없다."[34]

스페인은 당시 망명 신청자의 약 7퍼센트만을 받아들였지만 두쿨리는 난민 수용 기준에 딱 맞았다. 스페인 적십자의 외국인 지원 담당 국장이었던 펠릭스 바르나Felix Barrena는 "인종의 문제가 아니라 사회 문제다. 시민들은 공원에서 노숙하는 난민을 본다. 지난여름 난민 중 몇몇은 스페인 광장에서 마약을 팔다가 붙잡혔다. 이런 사람들 때문에 난민에 대한 고정관념이 생기는 것이다"라고 설명했다.[35]

전통적으로 난민에 관대한 정책을 펼쳐온 스웨덴조차도 관용에 한계를 두게 되었다. 스웨덴 이민국은 시리아, 이라크, 아프가니스탄 출신 난민 신청자가 '박해받았다는 근거가 충분한지'를 심사한 후 난민 자격을 부여한다. 알바니아와 코소보 출신의 신청자는 경제적 동기를 추구할 가능성이 크다는 이유로 난민 자격을 얻지 못하는 경우가 대부분이다.[36] 스웨덴 국민 대다수는 이민자에 관대한 자국의 역사를 자랑스러워하지만 반이민주의를 표방하는 스웨덴 민주당 의원인 폴라 비엘러Paula Bieler는 기자들에게 "이민자에게 관대한 이들은 이민자를 상대해본 적 없는 사람들이다. 말하자면 스톡홀름 중심가에 사는 고위직 정치인이나 언론인 말이다"라고 설명했다.[37] 매일 이민자를 마주하는 국경 경찰은 "지난여름 내 할머니는 병원에서 거의 굶어죽을 만큼 힘든 날을 보냈다. 그러나 이민자들은 무료로 음식과 의료 서비스를 제공받는다. 정부는 우선 자국민부터 챙기고 여력이 있으면 이민자를 도와야 한다고 생각한다"라고 의견을 밝혔다.

## 호주의 보트피플 봉쇄 작전

경제적 기회주의자와 박해받은 망명 신청자를 구분하기 위한 호주의 '보트피플 봉쇄 작전'에 비하면 스웨덴의 정책은 그나마 나은 편이다. 2018년 호주 총리로 취임한 스콧 모리슨Scott Morrison은 호주 정부가 '자주 국경 작전'을 발표했던 2013년 이민부 장관을 지냈던 인물이다. 자주 국경 작전은 군 인력을 활용해 불법 난민 신청자들이 호주 해안에 접근하지 못하도록 막으려는 계획이었다. 모리슨 총리는 "보트를 이용해 불법으로 접근하는 이들이 영구 비자를 얻지 못하도록 모든 수단을 동원하겠다"라고 선언했다.[38] 작전 실행 초기 단계에서 호주 해군은 스리랑카를 탈출해 인도에 거주하던 타밀족 난민 157명이 타고 있던 배를 태평양의 섬 나우루로 보냈다.

나우루섬은 호주가 외국인 보호소 혹은 수용소로 활용하고 있는 태평양의 여러 섬 중 한 곳이다. 모리슨 총리는 "이 난민들은 한동안 인도에서 안전하게 거주했던 점으로 미루어볼 때 경제적 난민일 가능성이 크다"라고 설명했다.[39]

호주는 망명 신청자에게 유효한 비자를 보유한 채 항공편으로 입국하고 모국에서 박해를 받았다는 사실을 증명하도록 요청하지만 이 절차에 대한 비난 여론이 거세다. 2015년 UN 사무총장으로 임명되었고 UN 난민위원회 위원장을 지낸 안토니오 구테흐스Antônio Guterres는 "호주 국민은 비자 없이 배로 입국하는 망명 신청자를 수상하게 여긴다. 항해에 부적합한 배에서 승객 수백 명이 끔찍하게 사망한 사건을 떠올릴 수도 있다. 이는 외국인 혐오증이라고 할 수 있다"라며 비난했다.[40] 국제앰네스티 사무총장 살릴 셰티Salil Shetty도 호주의 해양 정책은 국제 인권 협약을 '노골적으로 위반'하고 있다며 미얀마에서 박해를 피해 달아난 로힝야족의 희생을 언급했다.

"호주를 비롯한 여러 국가에서 난민 수용을 거부한 까닭에 얼마나 많은 로힝야족이 안다만해에서 목숨을 잃었는지 아는가?"[41]

셰티는 망명 신청자와 이민국 직원들의 싸움을 무의미한 참호전에 비유했다.

"아무리 높은 장벽이나 잘 무장된 해안경비대가 지키더라도 잃을 게 없는 사람들은 견딜 수 없는 상황을 탈출하기 위해 방법을 찾을 것이다. 설사 위험한 여정에서 목숨을 잃게 되더라도 말이다."

모리슨 총리가 이끄는 호주 정부가 뜻을 굽힐 조짐은 보이지 않는다. 2018년 12월 14일 '자주 국경 작전'의 지휘관으로 임명된 크레이그 후리니 Craig Furini 소장은 단호한 입장의 개요를 이렇게 설명했다.

"배편을 이용해 불법으로 호주 입국을 고려하고 있는 이들에게 전한다. 호주의 엄격한 국경 방어 정책에 따라 배편으로 불법 입국을 시도한 자는 앞으로도 호주에서 절대 거주하거나 일할 수 없다."

또한 "호주는 최근 배편으로 불법 입국을 시도하던 13명을 검거했다. 그들은 비용을 낭비했고 불필요하게 목숨을 걸었으며 지금은 스리랑카로 돌아가 스리랑카 당국의 추가 조사를 받을 예정이다. 나는 최선을 다해 호주 국경을 방어할 것이고 밀입국하는 자들과 싸울 것이며 목숨을 걸고 바다를 건너지 못하도록 최선을 다하겠다"라고 덧붙였다.[42]

2019년 9월 20일 금요일 저녁, 도널드 트럼프 미국 대통령은 모리슨 총리를 위해 임기 중 두 번째 공식 만찬을 주재했다.[43] 손님들은 거대한 노란색 조명이 습한 공기를 감싼 백악관 로즈가든에서 야외 정찬을 즐겼다. 트럼프 대통령은 만찬 도중 호주 총리를 힘차게 포옹하며 건배를 들었다.

"우리의 영웅이 영원히 우리에게 영감을 전하게 하시고, 우리의 유산이 항상 우리를 인도하며, 우리의 가치가 항상 우리를 단결하게 하며, 우리의 국가가 항상 자랑스러운 자와 용감한 자와 자유로운 자의 고향으로 남게 하라."[44]

모리슨 총리는 통일된 가치에 대한 트럼프의 다소 노골적인 표현을 확실히 이해했다. 그로부터 석 달 전 두 정상은 일본 오사카에서 열린 정상회담에서 만났고 미팅이 열리기 전 트럼프는 호주의 강경한 망명 정책에서 "많은 점을 배웠다"라고 표현한 바 있다.[45] 트럼프는 또한 맬컴 턴불Malcolm Turnbull 전 호주 총리에게 감사의 뜻을 담은 윙크를 하며 '보트피플 봉쇄 정책'에 대해 "각하가 저보다 더 심하군요"라고 표현하기도 했다.

스콧 모리슨은 호주가 운영하는 난민 수용소의 로그스 갤러리rogues gallery(악당 명부)에서 우승을 차지하면서 선거에서 큰 위기를 맞았다. 그러나 2019년 5월 18일 토요일 총선에서 깜짝 승리를 거둔 후 모리슨 총리는 지지자들에게 다음과 같이 연설했다.

"나는 항상 기적이 있다고 믿었다. 오늘의 승리에는 정부가 자국민을 우선시하길 원한다는 호주인 한 사람 한 사람의 메시지가 담겨 있다. 나는 앞으로도 여러분의 염원대로 호주가 자국민을 우선하는 국가로 남을 수 있도록 이끌겠다."[46]

모두가 총리의 말을 이해했다. 특히 배편으로 호주 입국을 시도하다가 검거된 파푸아뉴기니 마누스섬의 난민 수용소에 수용된 600여 명의 중동 출신 난민들도 총리의 말을 이해했다.[47] 언론은 "스콧 모리슨 총리가 다시 권력을 잡게 된 지 48시간 이내에 여섯 명의 난민이 자살을 시도했다. 네 명은 병원 신세를 지게 되었고 수단 출신의 한 명은 자살 메모를 남기기도 했다. 나머지 두 명은 수용 시설 내에서 분신자살을 시도하다 경찰에 저지당했다"라고 전했다.[48] 마누스섬에 수용된 28세 스리랑카 청년 샤민단 카나파티 Shamindan Kanapathi는 난민 운동가에게 보낸 문자 메시지에서 "난민들은 모두 선거 결과에 참담함을 느끼고 있다. 정말 억장이 무너진다"라며 절망감을 표현했다고 한다.

1939년의 세인트루이스호와 마찬가지로 2019년 마누스섬의 자살 시도는 난민 신청자들이 가진 박해에 대한 두려움이 얼마나 절박하며 피난처를 얼마나 절실히 필요로 하는지 증명한다. 그러나 그에 대한 의심도 사그라지지 않는다. 마누스섬에 여러 번 방문한 적이 있는 국제 인권 감시 기구 '휴먼 라이츠 워치'의 호주지역 책임자 일레인 피어슨 Elaine Pearson은 "자살을 시도하거나 도움을 호소하는 난민이 얼마나 많은지, 그 심각성은 어떤지 파악하기가 몹시 힘들다. 중요한 점은 그런 난민이 점점 늘고 있다는 사실이다"라고 전했다.[49]

자살 시도를 간과하게 되면 관대함을 유지하던 스웨덴 국민에게 발생한 재앙처럼 엄청난 위험을 초래할 수 있다. 스톡홀름의 미등록 이민자 관련 연구에 따르면 스웨덴 이민관리국은 파테메키안 Fatemeh-Kian의 난민 신청을 아무런 설명 없이 거절했다.

"이란 출신의 50세 성전환자 파테메키안은 성적 정체성 때문에 이란을 탈출했고 2001년 11월 스웨덴에 난민 자격을 요청했다. 그녀는 이란의 풍속 단속 경찰에게 체포되어 동성애 혐의로 50대의 채찍질을 선고받았다."[50]

2004년 2월 스톡홀름 법원 심리 이후 파테메키안은 강제 수용소에 입소했다. 그 후의 이야기는 다음과 같다. "버려졌다는 생각에 우울증에 빠진 파테메키안은 5월 초 자살을 시도했지만 다른 억류된 이들의 도움으로 목숨을 구할 수 있었다. 병원에서 하룻밤을 보낸 키안은 다음 날 다시 수용소로 보내졌지만 거짓 자살 시도 혐의로 기소당했다. 2004년 5월 25일 수용소 직원은 숙소에서 파테메키안의 사체를 발견했다. 외로움과 불신으로 고통받던 그녀는 항우울제 과다복용으로 결국 자살하고 말았다."

# 그들이 목숨을 거는 이유

난민에게 피난처를 보장하기 위한 1951년 제네바 협약은 난민이 박해받는다는 사실을 증명할 방법에 대해서는 침묵으로 일관한다. 따라서 난민을 수용할 국가가 난민 수용 문제를 다룰 방법은 그랜드 캐니언만큼이나 방대하다.

모든 국가는 난민 신청자를 인터뷰하지만 난민 지위를 부여하는 기준은 수요와 공급에 따라 달라진다. 예를 들어 프랑스는 20세기 후반에 난민 신청자가 증가하자 타당한 근거를 제시하도록 기준을 높였다. 프랑스는 1974년 난민 신청자 2,000명 중 약 90퍼센트를 수용했다. 박해받았다는 난민의 발언을 그대로 수용한 것이다. 그러나 1989년 신청자가 6만 1,422명으로 늘자 모국에서 박해받았다는 사실을 증명하는 의료 진단서를 제출하도록 요청해 난민 수용 비율이 28퍼센트로 추락했다.[51] 2001년 프랑스의 난민 신청자 담당 변호사는 난민 신청자에게 "난민심사위원회에서 난민 자격을 인정받으려면 의료 진단서에 표기된 내용 그대로 몸에 자국이 남아 있어야 한다고 통보했다. 이를 위해서 신청자는 즉시 망명자의료위원회 의사와 약속을 잡아야 한다. 의료 진단서를 얻었다면 즉시 내게 팩스를 보내달라"라고 설명했다.[52]

21세기에 접어들어 잦아진 내전과 테러로 2008년부터 2015년 사이 유럽연합 내 난민 신청자는 5배로 늘었고 난민에 관대한 국가에서도 난민을 반대하는 이들이 늘어났다.[53] 이민 담당자들은 박해를 피해 달아난 난민 신청자와 더 나은 직업을 얻기 위한 신청자를 구분하는 문제로 고초를 겪고 있다. 의료 진단서를 제출하는 사람에 한해서 난민 자격을 제한하는 방법이 효과가 있기는 하지만 치유되지 않을 심리적 혹은 정신적 피해를 겪은 난민을 구하기 힘들다는 한계가 있다. 자살을 시도한 사람으로 난민 자격을 한정한다면 기준이 너무 엄격해지고 대처가 늦을 수 있다. 경제적 기회를 얻으려는 난민 신청자도 자살 시도를 할 수 있다는 점도 고려해야 한다.

아이티 성인 남녀와 아이들은 미국으로 가기 위해 밀수업자에게 한 명당 5,000달러(약 650만 원)를 지불한다. 아이티 국민 대부분에게 이는 평생을 모은 예금이다.[54] 밀수업자는 그랜드바하마섬에서 출발하는 배에 200명 이상을 간신히 태우고 플로리다주 케이비스케인으로 간다. 플로리다 남부의 일간지 〈선 센티널 Sun Sentinel〉의 한 기사는 이렇게 전했다.

"난민들은 목숨을 건 여행을 한다. 5월에는 아이티 난민이 탄 배가 바하마섬 근처에서 가라앉아 적어도 14명이 목숨을 잃었다. 1999년 3월에는 팜 비치 카운티에서 동쪽으로 약 5킬로미터 떨어진 지역에서 두 척의 배가 가라앉아 36명이 숨졌다."[55]

1963년부터 바하마제도에서 살고 있는 79세의 아이티인 존 필립 John Philiph은 이렇게 전했다.

"아이티 국민은 직업을 가질 수 없다. 일을 할 수도 없다. 돈을 벌 수가 없다. 도움을 청할 곳도 없다. 어떤 국가도 도움을 주지 않는다."

그랜드바하마섬 인권협회장 레아텐도르 퍼센티 Leatendore Percentie는 불쌍한 아이티인들이 죽음을 불사하는 이유를 이렇게 설명했다. "아무것도 없는 사람은 잃을 게 없다."

박해받는 이들과 가난한 이들을 구분하는 도구가 없다면 국가들은 결국 이민자에게 문을 닫게 되고 적법한 난민 신청자들은 부수적인 피해를 당하게 될 것이다.

## Chapter 5

# 잃을 게 없다는 용기로
# 차별을 부수다

재봉사로 일했지만 도서관 사서처럼 테 없는 안경을 끼던 42세의 로자 파크스는 1955년 12월 1일 목요일, 앨라배마주 몽고메리의 버스에서 백인 승객에게 자리를 양보하라는 버스 기사의 요청에 굴복하지 않고 꿋꿋이 자리에 앉아 있었던 사건 이후 미국 인권 운동의 기수가 되었다. 60여 년이 지난 후 파크스의 변호를 맡았던 프레드 그레이 Fred Gray 는 파크스가 체포된 기념비적 사건은 "우연이 아니라 주도면밀한 계획과 생각을 바탕으로 일어난 것이다. 하룻밤 사이에 완성된 업적이 아니다"라고 표현했다.[1]

　　로자 파크스는 몽고메리의 버스 인종차별 철폐를 이루어낼 수 있었던 보이콧 운동을 주도한 용기를 인정받아 대통령 표창과 의회 명예 훈장을 받았다. 그러나 체포되고 한 달 뒤 직업을 잃었고 결국 새로운 일을 구하기 위해 오빠가 살고 있던 디트로이트로 이주해야 했다. 파크스는 흑인과 백인을 차별하던 짐 크로 법Jim Crow law에 대항해 싸웠던 지난날의 결단을 이렇게 회상했다.

"나는 두렵지 않았다. 우리가 인종차별적 관행을 받아들이는 한 인종차별은 계속될 것이라는 생각에 행동을 실행할 수 있었다. 난 잃을 게 없었다."[2]

늘 완벽한 자세를 유지하는 당당한 여성이었던 파크스는 몽고메리에서 살면서 지속적으로 인종차별을 경험했고 "'우리'가 인종차별적인 취급을 받아들이는 한"이라는 집단의식을 "'나'는 잃을 게 없다"라는 일인칭으로 전환해 저항을 개인적 문제로 받아들이게 되었다. 파크스는 할아버지 실베스터 에드워즈Sylvester Edwards가 구체화할 수 없었던 인종 정의의 실현이라는 유산을 간직하고 있었다. 파크스가 믿음을 통해 위험한 결단을 내릴 수 있었던 까닭에 다음 세대 모두가 그 혜택을 누리고 역사가 바뀌게 되었다.


## 터지기 전까지 분노는 오래 쌓였다

안경을 쓴 25세의 변호사 프레드 그레이는 남부 지역의 백인 기득

권층을 상대로 로자 파크스의 법적 문제를 감당하기에는 너무 어렸다.[3] 몽고메리에서 태어났지만 백인이 주류를 이루던 앨라배마 로스쿨에 들어갈 수 없었던 그레이는 1954년 클리블랜드의 웨스턴 리저브대학교를 졸업한 뒤 고향에서 단독으로 사무실을 열었다.[4]

4만 명이 넘는 흑인이 살고 있었던 몽고메리에 흑인 변호사는 단 두 명뿐이었기 때문에 몽고메리에서 성공할 수 있으리라는 확신이 있었다. '전국 흑인 지위 향상 협회National Association for the Advancement of Colored People, NAACP'의 지역 지부에 가입한 그레이는 생각하던 바대로 시민권 사건을 변호했다. 그레이는 몽고메리의 버스 인종차별 정책에 대한 흑인들의 분노가 마치 염증이 생긴 종기처럼 곪아 있다는 사실을 알고 있었다.

백인은 버스의 앞자리에 앉을 수 있었지만 흑인은 버스 뒤쪽에만 앉을 수 있었고 버스 앞쪽에서 요금을 내고 뒷문으로 탑승하도록 정해져 있었다. 백인들은 자동차를 가진 사람이 많았지만 대다수 흑인은 대부분 출근을 위해 버스를 이용해야 했기 때문에 버스 승객의 4분의 3은 흑인이었다.

그레이도 대학 시절 흑인이 주류를 이루던 몽고메리의 앨라배마 주립대학을 버스로 통학했고 신문 배달일을 위해 광고회사에 출근한 뒤 다시 도서관에 갔다가 귀가하는 동안 하루에도 몇 번씩 버스를 이용해야 했다.[5] 경찰이라도 된 듯 총을 휴대하고 인종차별적 태도를 일삼던 운전기사의 태도에 흑인 승객들은 불만이 가득했고 그 때문에 버스에는 늘 냉기가 감돌았다.

산파와 요리사로 일하던 조지아 길모어Georgia Gilmore는 남부 잭슨가에서 코트가로 가는 버스에 올랐던 당시 일을 이렇게 떠올렸다.

"버스 앞문으로 타려고 했지만 기사는 '절대 안 돼. 돈이나 내'라며 앞문에서 버스 요금을 내고 내렸다가 뒷문으로 타라고 명령했다. 그러나 내가 뒷문으로 이동하는 동안 버스는 나를 태우지도 않고 떠나버렸다."[6]

몽고메리 여성 협회 임원이었던 세이디 브룩스Sadie Brooks는 버스 기사가 권총을 뽑아들고 버스에서 내린 흑인을 추격하던 일을 떠올렸다. 에스텔 브룩스Estelle Brooks 부인은 "내 남편은 기사와 논쟁을 벌이다가 살해당했다"라고 자신의 경험을 털어놓았다. 물론 이 같은 사고는 흔치 않았겠지만 벨로 벨Veolo Bell 부인도 일상적으로 일어나는 인종차별에 분개했다. "버스 앞쪽에 빈자리가 아무리 많더라도 흑인들은 버스 뒤쪽에서 내내 서서 가야 했다." 오데사 윌리엄스Odessa Williams 부인은 "백인들은 우리 흑인을 개처럼 취급했다"라며 흑인 사회를 억누르고 있던 먹구름을 표현했다.

로자 파크스의 보이콧이 있기 아홉 달 전인 1955년 3월 2일 수요일 흑인들이 당하던 수모에 반기를 들 기회가 등장했다. 몽고메리 경찰이 백인 승객에게 자리를 양보하지 않았다는 이유로 15세 클로뎃 콜빈Claudette Colvin을 체포했던 것이다. 파크스에게 적용하게 될 혐의와 같은 이유였다. 몽고메리의 부커 T. 워싱턴 고등학교에 다니던 콜빈은 "역사 수업에서 헌법을 공부하면서 나는 선생님께 왜 흑인은 법이 보장하는 대로 백인과 같은 권리를 가질 수 없는지 물었다. 하지만 단 한 번도 만족할 만한 답을 듣지 못했다.[7] 그리고 시간이 지나고 나이를 먹으면서도 왜 흑인은 버스 뒷자리로 가야만 하는지 이해할 수 없었다"라고 설명했다. 소년 법원 판사 윌리 힐 주니어 Wiley Hill Jr. 는 아무리 밥을 많이 먹더라도 몸무게가 40킬로그램을 넘지 않을, 안경을 낀 아담한 소녀 콜빈에게 버스에서 경찰을 폭행했다는 혐의를 적용하고 유죄 판결을 내렸다.[8]

훌륭한 변호사로 자리잡을 기회를 찾고 있던 프레드 그레이는 콜빈을 만난 후 "이 사건을 계기로 몽고메리 인종차별 관행의 합헌성에 이의를 제기할 수 있을지도 모른다"라고 생각했다.[9] 그레이는 소송을 준비하기 시작했지만 몽고메리의 인권 분야를 대표하는 인물이었던 에드거 대니얼 닉슨 Edgar Daniel Nixon 은 10대 청소년인 콜빈이 흑인 사회를 대변하는 원고로 나서기에는 부족한 면이 있다고 생각했다. 누가 흑인 사회를 대변하는지는 중요한 문제였기 때문이다.[10]

침대 열차 노동자로 일하던 그는 흑인 철도 노동자를 대변하는 노동조합 '브라더후드 오브 슬리핑 카 포터스'의 지역 담당자였다. 직업상 기차로 여러 지역을 여행하던 닉슨은 다른 지역에서는 인종차별이 남부지방보다 훨씬 덜 엄격하다는 사실을 깨닫고 이를 계기로 고향에서 인권 운동가로 활동하게 되었다. 닉슨은 NAACP의 지부장과 전국 협회 간부를 맡으면서 몽고메리에서 흑인 유권자 등록 운동을 이끌었다. 닉슨이 지부장이고 로자 파크스가 몽고메리 NAACP의 총무로 활동할 때 닉슨은 파크스가 유권자로 등록하도록 도왔다. 파크스는 닉슨을 "용기 있고 신념이 가득하며 성품이 대쪽 같은 사람"이라고 표현했다.[11] 프레드 그레이는 1955년 당시 55세였던 닉슨에 대해 "경찰과 문제가 생기거나 인권이 침해당한다고 생각하는 일이 발생하면 사람들은 항상 닉슨을 찾았다"라고 말했다.[12]

닉슨은 콜빈을 만나 버스 회사에 저항한 인물이 맞는지 확인했다. 콜빈은 인종차별에 맞서 싸울 용기는 충분했지만 너무 어린 데다 감정적이고 흑인 사회를 대변하는 인물로 서기에는 지나치게 혈기왕성한 소녀였다.[13] 닉슨은 "사람들은 단순히 버스에서 차별을 당한 경험이 있는 인물이라면 소송 당사자로 나서기에 충분하다고 생각한다. 그러나 경험으로 얻은 내 결론은 좀 다르다. 나는 소송에서 이길 수 있는 사람을 원고로 내세워야 한다고 생각했다"라며 당시 일을 회상했다.[14]

법정 다툼에는 비용이 들게 마련이었고, 어린 나이에 임신 경험이 있고 미혼인 콜빈이 법정에서 신뢰감을 형성하기에는 부족하다고 닉슨은 생각했다.[15] 백인 중심의 언론사가 콜빈에 대한 사적 정보를 악용할 여지는 충분했다. "몽고메리 지역의 버스에서 발생하는 인종차별에 맞서는 데 필요한 50만 달러(약 6억 5,000만 원)의 비용을 끌어모으기 위해서 '우리가 내세우는 원고는 완벽한 인물이다'라고 말할 수 있어야 한다"라고 닉슨은 설명했다.

마침내 1955년 12월 1일 로자 파크스가 연행되었을 때 닉슨은 완벽한 인물을 찾았다는 사실을 알 수 있었다.

## 절대 굴복하거나 참지 말 것

1913년 2월 4일에 태어난 로자 파크스는 앨라배마주 파인 레벨에서 자랐다. 파인 레벨은 몽고메리 카운티의 작은 마을로 파크스의 어머니 쪽 가족들이 살던 곳이었다.[16] 유능한 목수였던 파크스의 부친 제임스 맥콜리James McCauley는 집 짓는 일을 하면서 남부 지역 일대로 출장을 다니느라 거의 집에 없었다. 파크스는 다섯 살 때 아버지를 본 이후로 성인이 될 때까지 한 번도 아버지를 만난 적이 없었다고 회상했다. 로자 파크스의 어머니 리오나Leona는 학교 선생님이었고 주중에는 학교가 있던 스프링 힐 마을에서 지낸 까닭에 로자는 조부모인 로즈 에드워즈Rose Edwards, 실베스터 에드워즈 부부와 함께 지냈다.

노예로 태어났던 로자의 조부모는 로자에게 깊은 인상을 남겼다. 로자의 할머니는 매우 차분하고 침착했던 반면 할아버지는 매우 치열하고 열정적인 분이었다. 로자는 어린 시절 농장 관리자에게 두들겨 맞았던 할아버지가 "누군가가 너를 함부로 대하면 절대 굴복하거나 참지 마라. 우리 흑인들에게 전해 내려오는 유전자가 있단다"라고 하신 말씀에 깊은 인상을 받았다.[17]

로자는 직모에 피부색이 옅었던 할아버지가 백인에게 조금이라도 가까운 자신의 피부색을 최대한 장점으로 활용하려고 노력했다는 사실을 기억한다.[18]

"할아버지는 백인을 당황하게 하거나 성가시게 하는 말을 늘 하곤 했다. 모르는 백인에게도 '제 이름은 에드워즈입니다'라고 소개했다."

로자의 할아버지는 백인의 이름을 부르거나 '미스터'라는 호칭을 생략하기도 했고 자신의 성으로 미묘한 '공격'을 하기도 했다. 당시 흑인은 성을 생략한 이름만을 쓰고 백인을 부를 때는 항상 '미스터'나 '미스'라는 호칭을 붙여야 했기 때문에 로자는 할아버지의 행동이 얼마나 위험했는지 이해할 수 있었다. 그러나 로자는 이러한 얘기들은 할아버지의 호전적 근성이 초래하는 위험에는 비교할 수 없을 만큼 사소한 것이었다는 사실을 깨닫게 되었다.

여섯 살 무렵 로자는 백인 우월주의 단체인 '쿠 클럭스 클랜Ku Klux Klan, KKK'에 맞서 자신의 집을 지키려는 할아버지의 강경한 태도를 목격했다. 제1차 세계대전이 끝난 후 흑인들은 인종차별이라는 장벽을 무너뜨리겠다는 꿈을 안고 집으로 돌아왔다. 그러나 그들은 인종차별적 폭력을 마주해야 했고 로자는 "백인이 인종차별을 무너뜨리겠다는 흑인의 태도를 좋아하지 않는다"라는 사실을 깨달았다.[19]

로자는 KKK가 "흑인 공동체를 돌아다니며 교회에 불을 지르고 사람들을 마구 때리거나 살인했다"라고 전했다. 폭력이 더욱 격해지자 "할아버지는 2연발식 산탄총을 항상 가까이에 두셨다"라고 로자는 기억을 더듬었다. 로자는 또한 할아버지가 "그놈들이 쳐들어왔을 때 내가 얼마나 버틸 수 있을지 확신은 없지만 가장 앞장서 들어오는 놈부터 처리하겠어"라고 말씀하셨다고도 했다. 실베스터 할아버지는 화를 자초하지는 않으셨지만 "가족을 반드시 지켜내실 분"이었다. KKK의 폭력은 더 이상의 사고 없이 진정되었지만 로자는 "나는 할아버지가 총을 쏘는 모습을 직접 보고 싶었다"라며 약간은 실망한 듯 말하기도 했다.

겨우 여섯 살이었던 로자 파크스는 방아쇠를 당기는 모습을 낭만적으로 생각했을지도 모르지만 청소년이 되고 나서는 자제력을 보였다. 19살이 되던 해 로자 파크스는 열 살 연상의 이발사 레이먼드 파크스Raymond Parks를 만났지만 파인 레벨에 있던 로자 어머니의 집에 들른 레이먼드를 피하기도 했다. 그러나 로자도 여느 십대와 마찬가지로 레이먼드가 타고 다니던 '뒷좌석이 접히는 붉은색의 작은 내쉬 자동차'에 홀딱 반해버렸다. 로자는 "젊은 흑인 남성이 자가용을 소유하고 있다는 건 정말 특별한 일"이었다고 당시를 회상했다.[20] 로자는 결국 1932년 12월 레이먼드와 결혼한 뒤 몽고메리로 이주했다. 로자에게 레이먼드는 만나본 사람 중 "최초의 제대로 된 사회 활동가"였다.[21]

레이먼드 파크스는 당시 남부 백인들 사이에서 체제 전복적 단체로 여겨지던 NAACP 몽고메리지역의 회원이었다. 로자는 이렇게 기억을 더듬었다.

"레이먼드는 항상 사람들과 잘 어울렸다. 그러나 백인을 상대할 때 만약 상황이 여의치 않다면 자신은 언제든 문제를 바로잡을 사람이라는 사실을 드러내고 싶어했다. 사람들은 당시 거리낌없이 말하는 사람에게는 대체로 성가시게 행동하지 않았다."

레이먼드는 1940년대 초기까지는 너무 위험하다는 이유로 로자가 NAACP에 가담하기를 원치 않았다. 몽고메리 지부에 여성 회원이 한 명도 없었기 때문에 로자는 회원이 되길 더욱 망설였다. 그러나 오랜 친구이자 몽고메리 여성직업학교에 같이 다니던 조니 카Johnnie Carr가 이미 회원으로 활동하고 있었다는 사실을 알게 된 후 로자도 NAACP에 동참하게 되었다. 조니와 로자는 1949년 젊은 회원을 모집하기 위해 NAACP 청소년 협의회를 설립했다.[22] 이 모험은 실패로 끝났지만 두 여성은 굴복하지 않고 짐 크로 법에 대한 저항을 계속했다. 조니는 갖가지 어려움과 협박과 폭력적 보복의 위험에도 불구하고 흑인들이 왜 반란을 지지했는지 익숙한 용어로 이렇게 설명했다.

"당시는 정말 힘든 시기였지만 우리는 잃을 게 없었다. 모든 것, 지역사회를 이루는 모든 것은 인종차별적이었기 때문이다."[23]

## *"일어나지 않겠습니다."*

로자 파크스는 1955년 12월 1일 목요일 저녁 평소처럼 일을 마치고 코트 스퀘어에서 클리블랜드 애비뉴 버스에 올라 10센트의 요금을 지불하고 중간쯤 되는 곳에서 맨 앞자리에 앉았다. 백인을 위한 앞쪽 열 개 자리와 흑인을 위한 뒤쪽 열 개 자리를 제외한 중간 지대와도 같은 위치였다. 몽고메리의 인종분리 원칙에 따라 백인들을 위해 양보해야 할 좌석이 충분했기 때문에 로자는 마땅히 가운데 자리에 앉을 권리가 있었다. 그러나 앞쪽 좌석이 다 찼을 경우 운전기사는 흑인에게 자리를 양보하라고 요청할 수 있었다. 그런 상황이 발생하기까지는 오랜 시간이 걸리지 않았다.

다음 정류장인 엠파이어 극장 역에서 백인 몇 명이 버스에 올랐고 그중 한 명은 빈자리가 없어서 서 있었다.[24] 운전기사는 뒤를 돌아보곤 앉아 있던 파크스에게 "백인에게 자리를 양보하시오"라고 말했다. 아무도 움직이지 않자 기사는 "앞자리는 백인에게 양보하는 게 낫지 않을까?"라고 다시 한 번 말했다. 로자 근처에 앉아 있던 흑인 승객 세 명은 결국 일어섰지만 로자는 할아버지의 2연발

식 산탄총을 떠올리며 기사가 다가오는 모습을 지켜보고도 꿋꿋이 자리를 지켰다.[25]

그로부터 몇 달 전 로자는 클로뎃 콜빈 사건을 의논하려고 에드거 닉슨과 프레드 그레이를 차례로 만났다. 그레이의 사무실은 파크스가 근무하던 몽고메리 페어백화점과 가까웠다. 닉슨이 콜빈을 원고로 소송을 준비하겠다는 결정을 접은 후 로자는 "소송을 위해선 나무랄 데 없는 원고가 있어야 한다"라면서도 "하지만 난 체포되고 싶은 생각은 없다"라는 의사를 표현했다.[26] 로자가 바로 그날 버스 인종분리법에 항의하겠다는 마음을 먹은 것은 아니지만 줄곧 계속되어 온 인종차별법에 대해 "난 이제 굴복하는 데 지쳤다"라는 심경을 토로했다.[27] 로자는 "사람들이 피부색을 이유로 부당한 대우를 받는 삶은 잘못되었다는 사실을 난 알고 있었다"라고 당시를 떠올렸다.[28]

로자는 이런 여러 가지 생각을 떠올리면서 동시에 다른 승객들의 걱정 어린 속삭임을 들을 수 있었고 그러는 동안 기사는 천천히 로자에게 접근했다. 로자는 큰 키에 떡 벌어진 몸집을 과시하며 위협적인 자세로 다가온 운전기사가 누구인지 기억해냈다.[29] 공교롭게도 12년 전인 1943년 겨울에도 같은 인물 제임스 블레이크James Blake는 로자에게 '내 버스'에서 내리라고 명령했다. 로자가 버스 앞쪽에서 요금을 내고 뒷문으로 탑승하라는 블레이크의 요청을 거절했기 때문이다.

그러나 이번에 블레이크가 바로 옆에 서서 자리에서 일어나라고 요청했을 때 로자는 할아버지의 산탄총을 떠올리며 "일어나지 않겠습니다"라고 답했다. 블레이크는 "그렇다면 난 당신을 연행하도록 경찰에게 연락하겠소"라고 말했고 로자는 그의 눈을 쳐다보며 학교 선생님 같은 말투로 "해보시던지"라고 대답했다.[30]

경찰 두 명이 로자 파크스를 노스 리플리가의 구치소로 연행했다. 경찰은 영화에서처럼 로자의 혐의를 기록하고 지문을 채취한 뒤 범인 식별용으로 앞모습과 옆모습 사진을 찍었다. 로자는 "나는 겁먹지 않았다. 오히려 더 차분해졌다. 내게 닥친 일이 무엇이든 받아들일 준비가 되어 있었다"라고 당시 감정을 떠올렸다. 형식적 절차가 끝나고 여성 경찰과 함께 감방으로 가면서 로자는 공중전화를 써도 되는지 묻고 어머니에게 전화했다.[31]

"여보세요?"

"엄마, 저 감옥에 갇혔어요. 혹시 레이먼드가 여기로 와서 제가 풀려나도록 도와줄 수 있는지 알아봐 주세요."

잠시 침묵이 이어진 뒤 어머니는 "경찰이 널 폭행했니?"라고 물었다. 로자는 경찰이 클로뎃 콜빈에게 폭력을 행사했던 사실을 잠시 떠올린 뒤 대답했다.

"아뇨. 폭력은 없었어요. 그러나 전 감옥에 갇혔어요."

어머니는 레이먼드를 바꿨다. 로자는 "여보! 경찰서로 와서 내가 감옥에서 나가도록 도와줄 수 있어요?"라고 물었다.

"금방 갈게요."

흑인 사회에서는 이미 많은 이가 NAACP와 유권자 등록 활동을 하던 로자를 알고 있었고 로자가 체포되던 당시 버스에 타고 있던 이들도 로자가 감옥에 갇혔다는 소식을 빠르게 서로에게 전했다. 경찰이 로자를 버스에서 연행하는 모습을 본 버사 버틀러Bertha Butler는 이웃에게 그 소식을 전했고 닉슨의 아내에게도 전해졌다. 그리고 닉슨은 아내로부터 로자의 체포 소식을 접했다. 닉슨은 즉시 프레드 그레이에게 로자를 보석으로 빼내도록 요청하려고 했지만 그레이는 다른 업무로 사무실을 비운 상태였다.

닉슨은 대신 이들의 사정을 잘 알고 있는 백인 변호사 클리퍼드 더르Clifford Durr에게 연락을 취했다. 더르의 아내 버지니아Virginia는 민권운동가로 활동하면서 재봉사인 로자를 예전부터 알고 있었고 또한 미국 역사상 가장 오랜 시간 대법관직을 수행해온 인물 중 한 명인 휴고 블랙Hugo Black의 형수이기도 했다. 대법관 블랙은 젊은 시절 앨라배마주 KKK 회원으로 활동했었지만 법정에 서면서 민권을 열렬히 지지하게 되었고 특히 1954년 공립학교의 인종분리 정책은 위헌이라는 만장일치의 결정을 내렸던 '브라운 대 토피카 교육위원회 재판'에 참여한 대법관이었다. 버지니아와 클리퍼드 더르는 닉슨과 함께 교도소로 갔다.

세 사람이 보석금을 내고 난 후 여성 경찰 두 명의 호위를 받으며 교도소 철문을 통해 걸어나온 로자는 눈물이 글썽한 채로 자신을 기다리던 버지니아를 발견했다. 자신이 경찰에게 무슨 일을 당했는지 버지니아가 모를 거라고 생각했던 로자는 "버지니아는 친언니처럼 다정하게 나를 꼭 끌어안았다"라고 회상했다.[32] 버지니아의 따뜻한 포옹은 로자에게 두툼한 털코트처럼 포근하게 느껴졌다. 레이먼드의 차를 타고 집으로 돌아가는 길에도 버지니아가 전해준 온기를 그대로 느낄 수 있었다. 로자는 "감옥에서 빠져나올 때까지 그곳에 갇혀 있다는 사실이 내게 얼마나 큰 스트레스였는지 깨닫지 못했다"라고 표현했다.

로자는 레이먼드에게 재판일이 4일 후인 12월 5일 월요일로 정해졌다고 전했다. 아무도 성공하리라고 기대하지 않았던 반란을 준비하는 그들에게 남은 4일간 일분일초가 소중했다. 다른 이들과 달리 몽고메리의 민권을 대표하던 닉슨만은 확신에 차 있었다. 이 사건으로 로자 파크스는 근대의 잔 다르크가 되었고 마틴 루서 킹 주니어 Martin Luther King Jr. 목사는 전 국민의 주목을 받게 되었다.[33]

## 버스 차별 정책을 깨부순 사람들

닉슨은 지난 수년간 함께 일해왔던 로자 파크스가 연행되었다는 소식을 듣고 이렇게 설명했다.

"로자 파크스는 NAACP의 지역 사무실에서 약 12년간 공식적인 비서로 근무해왔다. 내가 NAACP의 전국 대표를 맡았을 때도 함께 일했다. 대의를 충실히 따르는 여성 중 한 명을 꼽으라면 난 로자 파크스라고 얘기할 것이다. 파크스는 자신이 옳다고 생각하는 문제에 대한 확신이 있다. 파크스는 청렴한 인물이었다. 아무도 도덕적 문제로 파크스를 문제 삼을 사람은 없었다. 로자가 할 수 있는 얘기는 그저 그녀가 자리에서 일어나지 않았고 백인에게 자리를 양보하지 않았다는 사실이다. 그러므로 나는 우리가 이길 수 있다는 사실을 확신했다."[34]

닉슨은 로자가 몽고메리의 버스 인종차별법의 합헌성을 따질 완벽한 원고라고 말하며 이렇게 중얼거렸다.

"맙소사. 인종차별법이 이제 내 손에 달렸구나."[35]

하지만 모두가 닉슨처럼 낙관적이었던 것은 아니었다.

로자는 "레이먼드는 클로뎃 콜빈의 경험을 판례가 되는 소송으로 발전시키지 못했던 것처럼 내 경우도 사람들의 지지를 얻기는 힘들 거라고 생각했다"라고 기억을 더듬었다.[36] 닉슨은 콜빈이 원고가 되기엔 부족하다고 생각해 소송을 진행하지 않았지만 백인의 경제적 보복을 두려워하는 흑인들은 저항에 참여하지 않을 수도 있었다. 레이먼드는 로자의 안전을 염려하며 "로자, 백인들이 당신의 목숨을 위협할 수도 있어요"라며 여러 번 걱정을 털어놓았다.[37]

레이먼드가 걱정하는 것은 너무도 당연했다. 로자가 연행되기 약 석 달 전 1955년 8월 28일 일요일, 시카고 출신의 열네 살 소년 에멧 틸Emmett Till은 미시시피의 친척 집을 방문하던 중 백인 두 사람에 의해 잔혹하게 살해당했다. 백인 여성에게 휘파람을 불었다는 제대로 확인조차 되지 않은 이유로 끔찍하게 살해된 틸의 사건은 미국 전역의 신문 1면을 휩쓸었다.

그러나 사건이 발생하고 한 달 후 여성의 남편과 그의 이복 동생이었던 두 범인은 백인으로만 구성된 배심원단에 의해 무죄 판결을 받았다. 〈뉴욕 타임스〉는 "배심원단은 단 67분간 두 피고를 심의한 후 무죄를 선고했다. 나중에 밝혀진 사실에 따르면 배심원단은 심의 시간을 '조금이라도 늘려 그럴싸하게 보이기 위해' 중간에 음료를 마시며 휴식 시간을 갖기도 했다"라고 전했다.[38]

로자 파크스는 에멧 틸의 죽음이 "몽고메리에서 최근 일어난 사건과 아주 유사하다고 생각했다. 희생자가 젊은 흑인 목사라는 점이 다를 뿐이다"라고 털어놓았다.[39] "남성 몇 명이 피고를 앨라배마강 다리 위로 끌고 가 뛰어내리라고 말했다. 그리고 범인들은 목사의 모친에게 찾아가 사건에 대해 입을 다물라고 경고했고 모친은 어쩔 수 없이 그 약속을 지켰다"라고 전했다. 언론은 지방에서 발생한 이 사건에 대해 침묵했지만 로자는 NAACP의 몽고메리 지역 비서로 일하고 있었기 때문에 "그 사건에 대해 잘 알고 있었다"라고 전했다. 로자는 또한 "이외에도 많은 사건이 있었지만 흑인 희생자들은 진술서에 서명하거나 진술하는 절차를 두려워했기 때문에 사건은 모두 묻혀버렸다"라고 덧붙였다.

하지만 로자 파크스는 1955년 12월 1일 법정에서 버스 인종분리 정책에 저항하기에 앞서 겁먹지 않았고 다른 이들도 마찬가지였다. 프레드 그레이는 목요일 저녁 몽고메리로 돌아와 로자 파크스, 에드거 닉슨, 조 앤 로빈슨Jo Ann Robinson 세 사람을 만났다. 파크스는 그레이를 변호사로 선임했고 닉슨은 전략을 구성했으며 로빈슨은 버스 보이콧을 준비했다. 로빈슨은 앨라배마주립대학교 영문학과 교수이며 프레드의 지인으로, 흑인의 지위 향상을 위해 조직된 중산층 흑인 조직인 '몽고메리지역 여성정치협의회' 의장이었다. 로빈슨은 버스 앞쪽에 가까운 좌석에 앉았다는 이유로 버스에서 쫓겨난 경험을 한 이후로 몽고메리 버스회사에 엄청난 반감을 품고 있었다. 그 일을 떠올릴 때마다 얼굴이 붉어질 만큼 큰 상처로 남았기 때문이다.

로빈슨이 이끌던 이 조직은 약 1년 전 하루 동안 버스 보이콧 운동을 벌일 계획을 세웠다가 클로뎃 콜빈 사건이 발생하자 콜빈의 소송을 준비하고 있었다. 로빈슨은 다시 한번 좌절하고 싶지 않았다. 프레드 그레이는 로자 파크스가 싸울 준비가 되었다는 사실을 확인했고 에드거 닉슨도 성공을 축복했으므로 로빈슨도 최선을 다해 사건을 준비했다.[40]

로빈슨은 "그날 밤 잠자리에 들 수 없었다"라며 당시 일을 회상했다. 로빈슨은 밤새 등사판 인쇄기로 전단 3만 5,000장을 제작했다. 파크스의 재판이 열리는 날 버스 보이콧 운동에 동참해달라는 흑인 모두에게 전하는 메시지가 담긴 전단의 내용은 다음과 같았다.[41]

"12월 5일 월요일 버스 보이콧 운동에 동참합시다. 직장, 시가지 등 어디를 가더라도 버스를 타지 맙시다. 흑인 여성이 자리를 양보하지 않았다는 이유로 연행되어 유치장에 수감되었습니다. 직장에 갈 때 버스 대신 택시를 이용하거나 차를 나눠 타거나 걸어갑시다."[42]

로빈슨은 금요일 오전 3시 닉슨에게 전화를 걸었다. 그리고 자신이 제작한 전단을 당시의 소셜미디어라고 할 수 있는 지역 교회, 술집, 이발소 등에 배포해달라고 학생 두 명에게 부탁했다는 소식을 전했다.[43]

로빈슨의 계획은 훌륭했지만 닉슨은 모든 일을 더 확실히 해두고 싶었다. 흑인들이 과연 이번 투쟁에 동참할 것인지 염려스러웠다. 성공하더라도 결과가 불확실한 위험한 싸움이었기 때문이다. 닉슨은 지역 교회 목사들이야말로 신도들이 투쟁에 참여할지 결정하는 데 큰 영향을 줄 수 있다는 결론을 얻었다. 닉슨은 즉시 목사 18명의 명단을 작성해 오전 5시부터 전화를 걸었다. 모두가 투쟁에 동참하겠다고 약속했다. 그리고 닉슨은 그중 한 명과 특별한 일을 꾸미게 되었다.

조지아주 애틀랜타 태생으로 보스턴대학교에서 박사학위

를 받은 26세의 마틴 루서 킹 주니어 목사는 당시 몽고메리에 온 지 얼마 되지 않았다. 목사는 전국적으로 알려진 인물은 아니었지만 닉슨은 목사가 자신이 본 중 가장 정열적인 연설가라고 생각했다. 덱스터 애비뉴 침례 교회에 새로 부임한 킹 목사가 8월에 열린 NAACP 회의에서 연설하는 모습을 본 닉슨은 옆자리에 있던 다른 청중에게 "저 사람은 정말 전설적인 연설가로군요. 방법은 잘 모르겠지만 언젠가는 내가 저 사람을 엄청난 스타로 만들어줄 겁니다"라고 속삭였다고 한다.[44]

닉슨은 12월 2일 금요일 오전 킹 목사에게 전화를 걸어 보이콧을 지지한다는 내용의 연설을 할 수 있을지 물었다. 킹 목사는 몽고메리 지역에 온 지 얼마 되지 않았다는 이유를 들며 주저하다 다시 한번 연락을 부탁했다. 닉슨이 18명의 목사와 통화를 모두 끝내고 다시 연락하자 킹 목사는 연설에 동의했다. 닉슨은 "킹 목사, 연설에 동의해줘서 정말 고맙소. 왜냐하면 다른 목사들에게 오늘 밤 킹 목사의 교회에서 만나자고 이미 말했기 때문이오"라고 고백했다.[45]

닉슨에게는 마지막 일이 남아 있었다. 아마 가장 중요한 일이기도 했다. 아무리 전단을 돌리고 목사들에게 부탁했더라도 보이콧에 참여하지 못하는 흑인이 있을 수 있었기 때문이다. 닉슨에게는 더 큰 메가폰이 필요했다. 그는 몽고메리 지역에서 가장 큰 신문사인 〈몽고메리 애드버타이저Montgomery Advertiser〉에서 근무하는 백인

기자 조 아즈벨Joe Azbell에게 전화를 걸었다. 닉슨은 광고 전단을 들고 유니언 역에서 아즈벨을 만났다.[46] 닉슨은 신문의 일요판 첫 페이지를 통해 버스 보이콧에 대해 알리고 싶었고 편집장인 아즈벨이라면 충분히 영향력을 행사할 수 있는 일이었다. 〈몽고메리 애드버타이저〉는 흑인 사회에 특별히 친화적인 매체는 아니었지만 이 사건이 특종이라는 사실을 직감한 아즈벨은 최선을 다하겠다고 약속했다.

닉슨은 이제 보이콧 운동의 성공을 위해 할 수 있는 모든 일을 했다. 마지막으로 닉슨은 로자 파크스의 소녀 시절 친구인 조니 카에게 전화를 걸었다. 닉슨이 NAACP의 회장을 맡고 있을 때 회원이었던 카의 설득으로 로자도 회원이 되었기 때문이었다. 카는 인종차별에 저항하면서 여러 번 실패를 경험했고 파크스와 관점을 공유하고 있었던 까닭에 진행 상황을 알 권리가 충분했다. 카는 "이제 경찰은 파크스를 체포했던 사실을 후회하게 될 거요"라는 닉슨의 말을 기억했다.[47] 닉슨의 말은 매우 절제된 표현이었다.

〈몽고메리 애드버타이저〉 일요판 첫 페이지 상단부는 마치 닉슨이 직접 작성한 것 같은 표현이었다.

"흑인들이 버스 보이콧을 계획하다."[48]

아즈벨이 작성한 기사의 서두는 은밀한 CIA 작전 같았다.

"몽고메리 지역 흑인들의 버스 보이콧 운동에 대한 '일급 비밀' 작전은 홀트가 침례교회에서 저녁 7시에 열린다. 버스의 인종

분리 정책에 대항하는 '경제적 보복' 캠페인에 대한 '추가 지시사항'이 전달될 예정이다."⁴⁹

닉슨은 일요일 아침 신문을 보고 목사를 격려하기 위해 전화를 걸었다.

"오늘 아침 신문 보셨어요? 읽어보세요. 제가 갖고 가겠습니다. 무슨 일이 일어나고 있는지 사람들에게 얘기하세요."

닉슨은 숫자가 추가된 목표를 제시했다.

"우리가 원하는 바가 무엇인지 얘기하세요. 흑인들이 더는 항복하지 않겠다는 뜻을 밝히기 위해 2,000명의 사람이 내일 밤 홀트가 침례교회에 모일 겁니다."⁵⁰

마틴 루서 킹 목사는 그 신문 기사가 '보이콧의 성공을 위한 엄청난 추진력'을 발휘했다고 표현했다.⁵¹

## 모든 흑인이 함께한 버스 보이콧

에드거 닉슨의 목표는 아마추어 다트 플레이어처럼 과녁을 크게 벗어났다. 월요일 밤에 모인 인파는 닉슨이 예상했던 2,000명을 훌쩍 넘어선 5,000명이었다. 〈몽고메리 애드버타이저〉의 표현에 따르면 인파는 교회를 꽉 채우고 거리로 이어졌으며 '교통을 마비'시켰다.⁵² 로자 파크스와 법정에 함께 있었던 프레드 그레이는 파크스의 무죄를 주장하고 14달러의 벌금을 냈다. 그레이는 "6시 무렵 홀트가 침례교회에 도착한 나는 교회에서 세 블록 이내에는 차를 세울 데가 없다는 사실을 깨달았다"라고 회상했다.[53]

그날 밤 록 콘서트 현장과도 같았던 교회는 버스 보이콧 운동에 대한 참여율이 얼마나 대단했는지 입증하고 있었다. 언론에서는 "평소 버스를 이용하던 흑인의 약 80~90퍼센트가 보이콧에 동참했다"라고 전했다.[54] 버스를 타는 대신 걷는 이들도 있었고 버스 요금과 동일한 10센트만 받는 흑인이 운영하는 택시를 이용하는 이들도 있었다. 엄청난 인파를 본 닉슨은 12월 5일 버스에 남아 있던 몇 안 되는 흑인은 보이콧에 대해 몰랐던 게 아닐까 생각했다. 닉슨은 이렇게 결론내렸다. "우리는 모두를 놀라게 했다."[55]

로자 파크스를 지지하기 위해 벌인 쇼는 성공을 거두었지만 그에 뒤따르는 조치가 없다면 변화가 일어날 리 없었다. 그날 이른 시각 프레드 그레이와 에드거 닉슨은 퍼스트 침례교회의 목사 랄프 애버내시Ralph Abernathy와 다른 지도자들을 만나 몽고메리 개선협회를 새로 구성했다. 그날 저녁 교회 모임에 대한 계획을 세우고 마틴 루서 킹 목사를 대표자로 선임했다. 닉슨은 킹 목사가 신참자였기 때문에 대표자로 선출되었다고 했다.

"킹 목사는 몽고메리에 온 지 얼마 되지 않아 지역 유지들이 아직 그에게 영향력을 행사할 수 없었다. 일반적으로 유지들은 젊고 새로운 인물이 등장하면 어깨에 손을 얹으며 얼마나 좋은 교회를 담당하게 되었는지 설명한다. 그런 말을 들으면 침묵할 수밖에 없기 때문이다."[56]

아무도 킹 목사를 침묵하게 만들 수 없었고 이 젊은 목사는 자신에게 쏟아진 세상의 엄청난 관심을 최대한 활용할 수 있게 되었다.

로자 파크스는 홀트가 침례 교회에 모인 관중으로부터 기립 박수를 받았고 환호는 우르릉거리는 천둥소리처럼 울려 퍼졌지만 로자는 다른 이들이 연설할 수 있도록 자리를 넘겼다. 에드거 닉슨은 그 자리에 모인 군중들에게 "혹시라도 아직 불안한 마음이 남아 있다면 모자와 코트를 챙겨 이 자리를 떠나주세요. 우리 앞에 펼쳐진 여정은 매우 험난하고 길게 이어질 것이기 때문입니다"라고 충고했다.[57] 닉슨의 말이 끝나고 연단에 선 킹 목사는 먼저 로자 파크스에게 감사의 말을 전했다.

"이미 일어난 일이지만 전 파크스 부인 같은 분에게 이런 일이 일어나서 행복합니다. 왜냐하면 파크스 부인의 진실성을 의심할 사람은 없기 때문입니다. 아무도 부인의 인격이 얼마나 올바른지 의심하지 않으며 아무도 부인이 가진 주를 향한 신념의 깊이에 의문을 품지 않습니다."[58]

곧이어 킹 목사는 비폭력 저항 운동을 부탁했다.

"친애하는 여러분. 우리는 모두 굴욕이라는 구렁에서 염증을 느끼거나 끊임없이 이어지는 절망이라는 적막함을 경험할 때가 있습니다. 눈부신 태양 밖으로 밀려나는 삶에 지칠 때가 있습니다. 우리는 모두 지쳤기 때문에 오늘 밤 이 자리에 모였습니다. 그러나 우리는 폭력을 옹호하려고 이 자리에 모인 게 아니라는 사실을 강조하고 싶습니다. 우리는 한 번도 그렇게 해본 적이 없습니다. 우리는 기독교를 믿습니다. 오늘 밤 우리가 가진 유일한 무기는 저항입니다."

그날 밤 모임이 마무리되기 전 애버내시 목사는 킹 목사의 말씀을 실천하기 위해 몽고메리 개선협회의 지도자를 대표해 불평등한 대우가 중단될 때까지 시민들이 실천해야 할 행동 수칙을 제안했다.

"우선 몽고메리 시민은 몽고메리시가 소유하고 운영하는 모든 버스의 이용을 중단한다. 둘째, 자동차를 가진 사람은 누구나 무료로 다른 흑인이 출근할 수 있도록 돕는다. 셋째, 고용주는 직원을 위해 이동 수단을 제공한다."[59]

애버내시 목사는 앉아 있던 청중에게 자신이 제안한 행동 수칙에 동의한다면 일어나달라고 부탁했다. 청중의 동의를 간절히 바라며 연단에서 지켜보고 있던 로자는 "사람들은 하나둘씩 일어나기 시작했다. 점점 더 많은 사람이 자리에서 일어났고 교회에 있던 청중 모두가 한 사람도 빠짐없이 일어섰다. 바깥쪽에 있던 이들은 '찬성합니다!'라고 환호했다"라고 당시를 회상했다.[60]

로자 파크스는 할아버지도 자신을 응원하고 있으리라는 생각에 미소를 지었다.

## 폭력적인 위협을 견디며 단결하다

그 싸움은 모두가 예상했던 것보다 훨씬 더 오래 걸렸고 폭력적으로 변했다. 12월 8일 목요일 보이콧이 시작되고 4일째 되던 날 킹 목사, 닉슨, 조 앤 로빈슨을 비롯한 몽고메리 개선협회 대표자들은 협상을 위해 버스 회사 임원진을 만나 "흑인들이 주로 이용하는 구간의 운전기사를 흑인으로 고용하고 '먼저 탄 사람이 자리에 앉을 수 있다'라는 원칙을 바탕으로 운영하도록" 제안했다.[67] 마틴 루서 킹 목사는 그 미팅에서 유화 정책으로 잘 알려진 영국 전 총리 네빌 체임벌린Neville Chamberlain처럼 이렇게 말했다.

"우리는 인종분리법을 변경하려는 게 아니다. 평화적으로 흑인에게 더 나은 환경을 제공하고 싶은 것이다."

하지만 버스회사 쪽 변호사들은 이 온건한 제안을 백인과 흑인의 자리를 분리하도록 한 앨라배마주법에 어긋난다는 이유로 거절했고 이 판단은 결국 큰 실수가 되고 말았다. 흑인의 인격도 존중해달라는 메시지를 전하고 사소한 충돌로 끝날 수 있었던 사건이 인종차별 폐지라는 전면전으로 발전하게 된 것이다.

몽고메리 개선협회는 장시간에 걸쳐 지속할 수 있는 실행 계획을 연구하게 되었다. 킹 목사는 108명의 택시 운전사와 200대의 자가용뿐만 아니라 보이콧에 참여하는 시민들의 이동을 돕는 자동차 소유주에게 특별 할인을 제공할 여덟 곳의 주유소를 포함하는 네트워크를 공개했다.[62] 이 네트워크를 통해 흑인들은 버스를 전혀 이용하지 않아도 불편이 생기지 않았고 결국 버스 회사는 하루에 3,000달러 정도의 매출 손실을 감당해야 했다. 이는 하루 수입의 절반이 넘는 금액이었다. 12월 말이 되자 보이콧 운동은 더 강력해졌다. 킹 목사는 "보이콧 운동 초기에는 버스에서 흑인을 한두 명 발견할 수 있었지만 운동이 계속되자 온종일 한 명도 볼 수 없게 되었다"라고 회상했다.[63] 목사는 흑인 공동체에 자랑스러움을 느꼈다.

"몽고메리에 사는 흑인 모두는 한마음으로 단결했다. 이런 경험은 정말 처음이었다."[64]

버스 회사는 회계장부의 손실을 메꾸기 위해 1956년 1월 중순 버스 요금을 50퍼센트 인상했다.[65] 버스를 이용하는 나머지 백인들이 인상된 요금을 전적으로 감당할 수밖에 없게 되자 분개한 윌리엄 게일 William Gayle 시장은 흑인들의 수송 체계를 무너뜨리기 위해 강경한 매표 시스템을 시작하도록 지시했다.[66]

이 불친절한 캠페인의 첫 희생자 중 한 명은 바로 킹 목사였다. 1월 30일 월요일, 킹 목사는 시속 25마일 구간에서 시속 30마일로 운전했다는 혐의를 받고 연행되었다. 킹 목사는 혐의를 부인하며 승차 공유 네트워크에서 주로 사람들을 픽업하는 장소였던 맥도날드가와 먼로가에서 차를 세웠다. 그는 주차된 순찰차에 타고 있던 경찰관이 동료에게 "킹 목사가 있네"라고 말하는 것을 우연히 들었다고 했다.[67] 킹 목사는 상황이 악화하는 일을 막으려고 경찰관의 말 중에서 욕설은 생략했겠지만, 그날 저녁 목사가 풀려난 뒤 목사의 집 앞마당에서 폭탄이 터지는 사건이 발생했다. 킹 목사는 집에 없었고 다친 사람은 아무도 없었지만 목사의 부인 코레타Coretta 여사와 겨우 7주밖에 되지 않았던 아기는 폭발음에 온몸을 떨어야 했고 콘크리트로 된 현관이 훼손되었다.

그로부터 이틀 뒤 에드거 닉슨의 집 앞 잔디에서 또 폭탄이 터졌다. 이번에도 다친 사람은 없었지만 폭탄이 전한 경고 메시지는 강력했다.[68] 킹 목사는 몽고메리시에서 두 가지 프로그램을 시작했다고 언론에 전했다.

"첫째, 흑인의 단합을 저해하기 위해 체포를 일삼아 위협하고, 둘째, 폭탄으로 폭력 사태를 일으키려고 시도하고 있다."[69]

킹 목사는 흑인들의 저항을 저지하려는 시도에 굴복할 의도가 전혀 없었다.

흑인들을 위협하는 무기는 폭탄만이 아니었다. 몽고메리 페어 백화점은 1956년 1월 7일 토요일 로자 파크스를 해고했고 레이먼드가 운영하던 맥스웰 공군기지 근처의 이발소는 백인 손님의 발길이 끊어져 문을 닫아야 했다.[70] 두 사람은 몽고메리에서는 직업을 구할 수가 없었다. 로자는 버스에서 체포된 날로부터 이상한 전화에 시달려야 했고 괴롭힘은 계속되었다.

"사람들은 전화로 내가 너무 큰 문제를 일으켰으므로 폭력에 시달리거나 살해당해야 한다고 말했다."[71]

로자와 레이먼드를 비롯해 보이콧을 주도한 이들은 저항 운동을 일으켰다는 이유로 고통을 겪었다. 승차 공유 프로그램에 참여했던 자가용 소유주들도 차 타이어가 망가져 있거나 연료탱크에 설탕이 채워져 있는 등 다양한 피해를 겪어야 했다.

여러 가지 압박에도 불구하고 다양하고 폭넓은 지원 네트워크가 있었기 때문에 무릎을 꿇는 흑인은 거의 없었다. 조산사였지만 버스를 타는 대신 걸어다닌 이들을 위해 요리사가 된 조지아 길모어는 "파이를 만들고 정식을 만들고 매일 고기 요리를 준비했다. 닭요리나 감자를 곁들인 미트로프나 치즈와 마카로니, 순무, 오크라와 완두콩, 상추와 토마토, 애플파이와 아이스티를 준비했다. 우리는 버스를 못 타고 걸어야 했지만 배고프진 않았다"라고 기억을 더듬었다.[72] 버스 운전기사에게 모욕을 당한 적도 있었지만 보이콧의 대의를 생각하며 마음을 가다듬기도 했다.

"그렇게 힘들진 않았다. 우린 가끔 욕을 먹기도 하지 않는가. 창문 밖으로 '멍청이들아. 걸어다니는 것보다 버스를 타는 게 낫지 않나?'라고 소리치는 사람도 있었다. 우린 속으로 '멍청한 백인들아. 짐 크로 법이 사라질 때까지 절대 버스는 안 탈 거야'라고 중얼거리곤 했다."

# 잃을 게 없는 사람이 남긴 유산

1년 이상 계속된 보이콧 운동은 대법원이 버스 인종분리법 금지 명령을 시행하기 시작한 1956년 12월 21일 금요일 종료되었다.[73] 〈뉴욕 타임스〉는 대법원의 결정을 축하하는 흑인들의 모임을 1면 기사로 다루었다.

"보이콧을 주도하던 마틴 루서 킹 주니어 목사는 버스 이용 금지를 촉구하면서도 폭력을 자제하도록 당부했다."[74]

1년에 걸쳐 지속된 투쟁으로 카리스마 넘치는 지역 목사는 전국적으로 유명한 인물이 되었지만 킹 목사 말고도 운동의 시발점이 되었던 로자 파크스를 비롯해 공로를 인정받아야 할 인물은 너무도 많았다. 에드거 닉슨은 "만약 파크스 부인이 그 백인 멍청이에게 자리를 양보했다면 우린 아무도 킹 목사의 존재에 대해 들어보지도 못했을 것이다"라며 약간은 과장된 표현으로 킹 목사라는 인물을 탄생시킨 로자 파크스의 희생을 칭찬했다.[75] 하지만 로자 파크스는 세간의 주목을 피하고 공로를 모두 킹 목사에게 돌렸다.

"나는 어떤 상황에서라도 비폭력을 유지해야 한다는 원칙을 절대적으로 지지하는 사람은 아니다. 그러나 1950년대와 1960년대의 민권 운동은 킹 목사와 비폭력에 대한 목사의 군건한 믿음 없이는 절대 성공할 수 없었을 것이라는 사실을 굳게 믿고 있다."[76]

킹 목사는 1968년 멤피스에서 백인 인종차별주의자 제임스

얼 레이<sub>James Earl Ray</sub>에게 살해되기 전까지 1년 넘게 무력 시위를 피한다는 원칙을 널리 전했다.

"폭동은 견딜 수 없는 상태에서 생겨난다. 폭력적인 저항은 끔찍한 상태에서 생겨난다. 자신의 사회와 아무 관련 없다고 느끼는 사람들, 잃을 게 없다고 느끼는 사람들이 사는 사회만큼 위험한 곳은 없다."[77]

로자 파크스는 '잃을 게 없다'라는 생각으로 짐 크로 법을 무너뜨리기 위해 전부를 건 도박을 할 수도 있었지만, 마틴 루서 킹 목사의 도움으로 평화적으로 목표를 향해 나아갈 수 있었다.

2005년 10월 24일 로자 파크스가 92세의 나이로 숨을 거두었을 때 네바다주 민주당 상원의원 해리 리드<sub>Harry Reid</sub>는 이 같은 성명을 발표했다.

"로자 파크스는 용맹함으로 몽고메리 버스 보이콧을 일으켰다. 보이콧 운동은 전국적 관심을 얻었고 변화를 주도했으며 민권법과 선거권법 같은 획기적 법안의 선도자가 되었다."[78]

참으로 감명 깊은 유산이 아닐 수 없다.

## Chapter 6

# 팬데믹이 불러온
# 진정한 위기

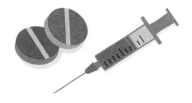

2020년 4월 도널드 트럼프 대통령은 '아직 증거가 부족하다'라는 앤서니 파우치 Anthony Fauci 미국 국립알레르기·전염병연구소 소장의 경고에도 불구하고 하이드록시클로로퀸 Hydroxychloroquine 이 코로나 19와의 싸움에서 '게임체인저'가 될 것이라고 발표했다. 하이드록시클로로퀸은 말라리아, 루푸스, 류머티즘 관절염 치료제로 사용되어왔다. 트럼프 대통령은 코로나19로 지친 환자들에게 "원한다면 처방을 받을 수 있다. 처방을 받아라. 어떻게 처방받는지 잘 알고 있지 않은가? 도대체 잃을 게 뭐란 말인가?"라는 주장을 펼쳤다.[1]

치명적인 질병을 앓고 있는 환자들은 실험적 약물을 시도하기도 한다. 이런 환자들을 나무랄 수는 없다. 그러나 한 나라의 대통령이라는 사람이 의학적 치료에 헤일 메리 접근법을 권장하는 실수를 저지른 것이다. 트럼프 대통령은 하이드록시클로로퀸이 코로나19 바이러스에 효과가 없고 심지어 해로울 수도 있다는 사실 때문만이 아니라 폭넓은 지지층을 거느린 까닭에 실수를 저지른 것이다.

　　가망 없는 환자에게 기적을 불러올 치료법은 아주 작은 목표에 돈과 의학적 재능이 집중되도록 한다. 환자의 절박함에 의료진과 제약 회사들이 대응하기 때문이다. 그러나 사회에서는 한정된 의료 자원을 새로운 항생제 개발 같은 더 큰 규모의 프로그램에 이용하는 편이 낫다. 심각한 질병을 치료하기 위한 실험적 치료법을 다룬 머리기사는 계절 독감을 물리치는 항생제나 팬데믹을 대비하는 일 같은 대중의 이목이 덜 집중되는 주제를 밀어낸다.

　　연방 정부는 국방이나 국립공원이나 깨끗한 공기 제공과 같이 대중의 이익을 위한 프로젝트를 홍보해야 한다. 그렇지 않으면 아무도 대중의 이익을 신경 쓰지 않을 것이기 때문이다. 또한 공공의 이익을 도모하기 위해 개인의 생명을 희생시켜서는 안 되므로 효과가 확인되지 않은 약물이나 추측에 근거한 의료 시술에 대한 접근을 제한해야 한다. 전투에서 부상자 분류와 같다고 생각하면 된다. 아무도 원하지 않는 일이지만 제한된 자원을 효율적으로 이용하기 위해 꼭 필요한 전략이기 때문이다. 우수한 의료 자원은 항상 부족하다.

## 불치병 환자가 실험용 약을 마다하지 않는 이유

미국 식품의약국은 시험 약품에 대한 접근을 제한하고 있지만 의사들은 종종 다른 방법이 없는 환자에게 아직 검증되지 않은 방법을 권유하기도 한다. 실험적 약물에 대한 접근이 너무 쉬울 경우 철저하게 만들어진 과학적 임상 실험에 참여할 환자 수가 줄어들어서 새로운 치료법의 개발이 억제될 가능성을 염려하기 때문이다.

그러나 환자를 낫게 할 가능성이 있는 치료법을 적용하지 않으려는 의사는 없다. 미국 국립암연구소 신경종양학과 학과장으로 근무했던 하워드 파인Howard Fine은 죽어가는 아이의 부모가 "이 약을 주세요. 어차피 밑져야 본전이잖아요!"라고 간청하는 전화를 여러 번 받았다고 털어놓았다.[2] 파인은 한 해 약 2,000명에서 3,000명에 이르는 뇌종양 환자를 접하지만 그중 '대다수'가 12개월 이내에 사망하리라는 사실을 알고 있다. 또한 공식적 의견은 아니라는 사실을 강조하며 "윤리적 차원에서 말하자면 환자에게 '당신은 지금 죽어가고 있지만 이 약물을 시도할 권리는 없다'라고 말할 권리를 가진 이가 있는가?"라는 말도 덧붙였다.

말기 암 환자에게 입증되지 않은 요법을 제공하는 것은 환자들의 절박함을 악용하는 행위라고 염려하는 이도 있다. 그러나 영국 맨체스터대학교 생명윤리학과 교수인 존 해리스John Harris는 "어차피 죽음을 앞두고 있고 실험적 요법에 마지막 희망을 걸고 있는 환자의 기대치를 지나치게 낮춘다는 게 가능한가?"라고 의견을 말했다.[3]

　　문제를 직접 처리하기로 마음먹은 의사들은 자신을 실험대상으로 삼기도 한다.[4] 벗어진 머리에 안경을 쓴 64세의 피터 바긴스키Peter Baginsky는 캘리포니아주 포레스트빌에서 근무하는 당뇨병 전문의로 5년 전 교아종을 제거하는 수술을 하고 살아남은, 역경을 극복한 인물이다. 교아종은 진단 13개월 만에 테드 케네디Ted Kennedy 상원의원의 목숨을 앗아간 뇌종양과 같은 유형이다.

　　2014년 1월 암이 재발했을 때 바긴스키는 좌절했다.[5] 하지만 바긴스키에게는 한 가지 희망이 남아 있었다. 스위스 취리히에서 실행하는 실험적 치료법으로 높은 강도의 초음파를 뇌 깊은 곳에 있는 약 2.5센티미터 길이의 종양에 집중시켜 발생하는 열로 종양을 태우는 열 소작 치료술이었다.

　　3명의 신경외과의사가 투입되고 6시간에 걸쳐 진행되는 수술은 비용이 들지 않았지만, 수술 후 치료와 기타 서비스를 위해서 2만 2,000달러(약 2,800만 원)라는 거금이 필요했고 취리히까지 이동하는 데 드는 경비까지 포함해야 했다. 바긴스키는 자신의 결정에 대해 "실제로 밑져야 본전인 상황이었다. 큰돈이 들긴 하지만 손

해 볼 게 없는 상황이었다"라고 설명했다.[6]

하버드대학교에서 영문학을 전공했던 바긴스키는 대학 졸업 후 평화봉사단에서 활동하다가 하버드 의학전문대학원에 진학했지만 자신의 질환에 승산이 없다는 사실을 깨달았다.[7] 아내 셰릴 핸슨Cheryl Hanson과 함께 2014년 3월 4일 화요일 취리히에 도착한 바긴스키는 머리가 "거의 참을 수 없을 만큼 뜨거워졌다"라는 느낌을 제외한다면 별다른 통증 없이 긴 시간에 걸친 수술을 끝냈다.

신경외과 전문의들이 일주일간 바긴스키의 상태를 주시했지만 유해한 부작용은 발견되지 않아 성공적인 결과로 받아들이고 안심할 수 있었다. 언론에서는 "버지니아주에 본사를 두고 있는 '집속 초음파 재단'은 바긴스키의 수술 사례를 수술과 방사선 치료의 대안이 될 수 있는 초음파를 이용한 비침습성 뇌종양 치료 분야 발전의 '획기적 사건'"이라고 보도했다.[8]

이는 과장된 표현이었다. 피터 바긴스키는 수술이 끝나고 9개월이 지난 2014년 11월 14일 금요일, 아내와 딸과 아들을 뒤로하고 숨을 거두었기 때문이다.[9] 2018년 12월, 미국 식품의약국은 초음파 치료술을 파킨슨병 치료에 이용하도록 승인했지만 뇌종양에 대해서는 승인하지 않았다.[10]

대중에게 잘 알려진 환자가 성공 확률이 적은 획기적인 치료법을 시도하면서 실험을 부추기기도 한다. 미국의 최장수 퀴즈쇼 프로그램 〈제퍼디!〉를 오랜 시간 동안 진행했던 알렉스 트레벡Alex

Trebek은 2019년 3월 6일 수요일에 췌장암 4기 진단을 받았다고 발표했다. 깊은 주름이 이마를 덮고 백발이 풍성한 모습에도 불구하고 여전히 활기 넘치는 78세의 트레벡은 "예후가 그다지 좋지 않지만 나는 싸울 것이고 일도 계속할 것이다. 생존율이 낮은 병이지만 난 이길 자신이 있다"라며 의욕을 보였다.[11] 그러고는 〈제퍼디!〉에 출연한 참가자 중 한 명과 이야기를 나누는 것처럼 분위기를 띄우려고 했다.

"진실을 밝혔기 때문에 이제 난 최선을 다해야 한다! 계약서에 기재되어 있는 대로 난 앞으로 3년 더 〈제퍼디!〉를 진행해야 하기 때문이다. 도움이 필요하다. 믿음을 지킨다면 승리할 수 있을 것이다."

〈제퍼디!〉의 알렉스 트레벡을 지켜보는 일은 2,000만이 넘는 시청자에게 밤마다 치르는 의례로 자리 잡았다. 〈제퍼디!〉의 최다 우승자인 켄 제닝스Ken Jennings는 신뢰감을 주는 트레벡의 목소리가 CBS 방송국 뉴스 진행자 월터 크롱카이트Walter Cronkite의 목소리와 비슷하지만 트레벡은 풍자적 유머 감각을 더 갖추고 있다고 표현했다. 〈제퍼디!〉의 지난 회 우승자들이 출연하는 토너먼트 결승전에서 트레벡은 프로그램을 시작하기 위해 백스테이지에서 나오면서 재킷과 셔츠와 넥타이를 갖추고도 바지를 입지 않은 모습으로 등장했다. 제닝스를 포함한 세 명의 참가자들도 긴장감 완화를 위해 편안한 옷차림으로 출연하겠다고 말했지만 그 약속을 실행한 사람은 알렉스뿐이었다.[12] 암 진단을 받은 후 아홉 달 동안 트레벡은 장난기가 줄어들었다. 병이 차도를 보이면서 희망에 부풀기도 했지만 암이 재발하면서 전투의 강도는 거세졌다.

"다른 화학 요법이나 아직 시행단계에 있는 방법 등 새로운 계획을 시도할지도 모른다. 실험도 두렵지 않기 때문에 뭐든 시도해볼 예정이다."[13]

알렉스 트레벡은 2020년 11월 8일 80세의 나이로 세상을 떠났다.


## '죽는 것보다는 낫다'라는 간절함

실험적 치료는 성공하는 데 시간이 걸리기도 해서 희소한 의료 인재들이 독점적으로 투입되더라도 상당한 수준의 지지를 얻는다. 심장 쇠약을 앓고 있던 케이프타운 출신의 55세 루이스 워시칸스키Louis Washkansky는 1967년 인류 최초로 심장 이식 수술을 받았다. 남아프리카공화국의 심장외과 전문의 크리스티안 바너드Christiaan Barnard 박사가 수술을 집도했고 30명의 의사가 보조했다. 워시칸스키는 수술 후 단 8일밖에 생존하지 못했지만 그로부터 50여 년이 지난 지금 전 세계적으로 한 해 5,000건 이상의 심장 이식 수술이 시행되며 환자들은 평균 12년 이상을 생존한다.[14]

뱅가드 그룹의 창업주 존 보글John Bogle은 부정맥 유발성 우심실 심근병증이라는 심장 결함을 가지고 태어나 21세라는 어린 나이에 심장마비를 일으켰고 그 이후로도 다섯 번 이상 심장마비를 겪었다. 1995년 10월, 66세의 보글은 심장 이식 수술을 위해 필라델피아 하네만대학병원에 입원했다.[15] 보글은 병원에 들어서자마자 걱정을 시작했다.

"그 무렵 내 심장은 거의 작동을 멈출 것 같았다. 심장 이식 수술을 찾아보기 시작했고 순서에 따라 이식을 받을 수 있도록 기다렸다. 편파적인 방법은 없었다. 차례대로 정맥 주사로 연명하며 순서를 기다리고 또 기다렸다."[16]

보글은 기다리는 동안 다시 고민에 빠졌음을 시인했다.

"기다리면서 심각한 생각에 빠져들었다. 나이 많은 사람이 젊은 사람의 심장을 이식받아도 되는지 고민했다. 그러나 병원에서 알아서 하리라 믿었다. 어쩌면 나는 그저 한 사람의 시민이자 인간으로 살면 되리라고 결론내렸다."

수술을 받은 지 정확히 21년 후인 2017년 2월 21일 화요일 보글은 담당 의사였던 로힌턴 모리스Rohinton Morris, 루이스 새뮤얼스Louis Samuels를 비롯한 직원들과 지난 일을 의논하기 위해 모였다.[17] 보글은 병원에서 31세의 환자가 기증한 심장을 자신의 흉강에 이식받기 전 병원에서 기다리던 128일을 회상했다.

"나는 당시 이식 수술이 가능한 나이의 한계에 도전하고 있었다. 이제는 슈퍼 노인이 되려고 노력하고 있다. 88세를 힘차게 살아가고 있고 89세에도 도전할 계획이다."

훌륭한 외과 전문의이면서 환자를 기분 좋게 하는 방법을 알고 있었던 모리스 박사는 "보글의 인덱스 펀드가 뮤추얼 펀드 평균 수익을 넘은 것처럼 잭의 심장도 역경을 이겨냈다."

보글은 투자자들이 지난해 어느 뮤추얼 펀드보다도 많은 3,000억 달러(약 390조 원)가 넘는 금액을 뱅가드 그룹에 쏟아부었다는 사실을 떠올리며 미소 지었다. 그러나 담당 의사인 모리스와 새뮤얼스는 자신의 수명을 연장해주었고 모두의 기대를 뛰어넘는 훨씬 큰 이득을 주었다. 잭은 눈물을 글썽이며 마음으로부터 우러나오는 인사와 함께 그 자리를 마무리 지었다.

"나는 내 꿈이 실현될 때까지 살 수 없었을지도 모른다. 여러분의 노고에 정말 감사드린다."

존 보글은 그 후 식도암에 걸려 2019년 1월 16일 수요일에 89세의 나이로 숨을 거두었다.

생명이 위독한 환자들은 1996년 2월 21일 실시된 존 보글의 심장 이식 수술 같은 의학적 성공 신화를 접하게 되면 자신에게도 보글처럼 기적과도 같은 결과가 일어나기를 기대하며 새로운 치료법을 찾는다. 버지니아대학교 3학년이면서 명망 높은 제퍼슨 문학토론회 회원인 아비가일 버로스 Abigail Burroughs 는 1999년 두경부

편평세포암을 진단받았을 때 이미 혀에 전이된 상태였다.[18] 볼티모어에 있는 존스홉킨스병원에서 수술과 방사선 치료와 화학 요법을 진행했고 결과는 성공적이었다. 치료 결과에 만족한 버로스는 신문 기자와의 인터뷰에서 "경과가 그다지 좋지 않다는 사실은 알고 있지만 포기할 생각은 없다"라며 친한 친구 세 명과 카리브해 유람선 여행을 계획 중이었다.[19]

2001년 초, 암이 폐로 전이되었을 때 버로스의 담당 의사였던 존스홉킨스대학의 마우스 길리슨Maura Gillison 박사는 당시 최초로 사용될 예정이고 미국 식품의약국의 사용 승인을 아직 얻지 못했던 두 가지 실험적 약물 이레사Iressa와 C225의 성공 가능성이 크다고 언급했다.

"버로스에게 적용할 수 있는 다른 치료법은 이제 없다. 따라서 실험적 약물을 시도하는 방법이 가장 합리적이라고 생각된다."[20]

하지만 이레사를 만든 런던의 아스트라제네카나 C225를 개발한 뉴욕의 임클론 시스템은 버로스의 사례에 적용할 수 있는 프로그램을 보유하고 있지 않았다. 아스트라제네카 대변인은 "이레사를 두경부에 사용한 자료가 없어서 버로스의 사례에 적용하기 힘들 것으로 생각된다"라고 발표했다.[21] 버지니아대학교에서 6,000명 이상이 청원에 서명하고 버지니아 폴스 처치 시의회가 결의안을 통과시켰으며 상원의원 존 워너John W. Warner와 조지 앨런George Allen Jr.이 개입하면서 아스트라제네카의 결정을 뒤집을 수 있었다.

그러나 때는 이미 늦었다.[22] 아비가일 버로스는 폴스 처치에 있는 자신의 집에서 2001년 6월 9일 토요일, 수면 중 숨을 거두었다.[23] 아비가일의 부친 프랭크 버로스는 "아비가일은 죽기 전 자신을 위해 애써준 모든 이에게 감사의 말과 편지를 전하고 싶다고 말했다"라고 전했다.[24]

## 의료 서비스를 어떻게 배분할 것인가

대부분의 의사는 비록 장점이 제한적이더라도 생명을 연장하려는 시도를 멈추기 어렵다. 〈저널 오브 크리티컬 케어Journal of Critical Care〉에서 주관한 조사에 참여한 한 간호사는 "환자가 숨지게 되면 의사는 자신의 실패로 받아들인다"라고 언급했다.[25] 아비가일이 9개월 더 살 수 있도록 도왔던 길리슨 박사는 실험적 치료법에 대해 "아비가일의 삶을 연장할 수 있었을지도 모른다"라고 의견을 전했다.[26] 한 심장병 전문의는 중환자를 치료하는 의사가 접하는 어려움은 "환자를 실망시키고 싶지 않아서 새로운 시도를 하려고 하고 그 새로운 시도가 가능할 때"라고 전했다.[27] 외과 상담사는 "내 생각에 외과 전문의들은 가능성이 조금이라도 보이면 손해 볼 게 없으니 시도해보려고 한다. 죽음보다 나은 결과를 바라는 마음이다"라고 덧붙였다.

그러나 〈저널 오브 메디컬 에식스Journal of Medical Ethics〉에 실린 '의사가 말기 환자에게 무의미한 치료를 제공하는 이유'라는 제목의 기사에는 가혹한 댓글이 달렸다. 기사는 의사가 자신의 행동을 설명할 수 있어야 하며 아무리 동정심에 의한 행동이었더라도 '부족한 의료 자원을 낭비'하고 있다고 지적했다.

위독한 환자는 일말의 희망이라도 저버릴 수 없다는 사실을 알기 때문에 의사들은 한계를 뛰어넘는 시도를 하게 된다. 그러나 누군가는 환자 개개인을 넘어서는 더 큰 관점의 공익을 염려해야 하며 만약 이에 실패하면 부수적 피해가 발생한다.

예를 들어 한 대학 소속 병원에서 시행한 연구는 집중 치료 병동에서 실행되는 무의미한 치료의 '기회비용'을 점검했다. 회복 기미가 보이지 않는 환자에게 숙련된 의료진이 투입되면 순서를 기다리는 다른 환자의 치료 시기를 늦춘다. 연구는 그 비용을 산출하고 이렇게 결론내렸다.

"중환자실 침대를 이용하더라도 아무런 효과가 없는 환자들 때문에 다른 환자들이 중환자실을 이용할 기회를 얻지 못하는 것은 부당하다."28

기회비용을 간과하는 것은 비효율적이며 낭비일 뿐만 아니라 사회 전체를 위해 의료 자원을 최대한 활용한다는 책임에 반한다. 의료진 한 사람 한 사람은 의료 서비스를 어떻게 할당하는지에 관심을 두지 않으며 그럴 필요도 없다. 그러나 의회와 대통령은 반드시 의료 서비스 할당 문제에 관심을 가져야 하며, 팬데믹 같은 발생 가능성이 낮은 문제도 여기에 포함된다.

## 팬데믹에 대응하는 것이 곧 국가 안보다

미국은 사전에 경고가 있었음에도 코로나19 바이러스에 무방비로 당하고 말았다. 〈뉴잉글랜드 저널 오브 메디신New England Journal of Medicine〉은 창간된 지 200년이 넘은 의료계에서 가장 저명한 학술지로, 매주 60만 명의 독자에게 의학에 관한 동료 심사 논문과 임상 실습을 전달해 독자들이 장래성 있는 새로운 치료 방법과 획기적 의학 발전을 파악할 수 있도록 한다. 의료전문가에게는 마치 성경과도 같은 존재다. 2016년 3월 31일에는 '국제 안보에 있어서 간과되고 있는 영역 – 전염병 위기에 대응하는 체계'라는 제목의 기사를 통해 인플루엔자 팬데믹의 위험성에 대해 경고했다.[29]

하버드대학교 케네디스쿨의 피터 샌즈Peter Sands 교수가 주관하고 미국 의학한림원에서 참여한 이 연구는 1918년 스페인 독감에 대한 언급을 시작으로 예언자 예레미아처럼 이렇게 경고했다.

"전염병이 특정 지역에서 유행하거나 전 세계적으로 확산하는 팬데믹의 형태로 많은 생명을 앗아가거나 엄청난 경제적 혼란을 초래할 수 있다."[30]

하지만 이는 시작에 불과했다. 기사에서는 또한 "전염병의 위협에 대처하기 위한 투자 강화"를 제안했고 군사적 체계에 비유하며 "앞으로 일어날 수 있는 팬데믹은 중요한 경제 위기뿐만 아니라 전 세계 경제와 안보에 심각한 위협으로 평가되어야 한다"라고 경고했다.[31]

팬데믹을 적절한 조치를 요구하는 사태라고 바라본 시각은 2016년 대선 당시 일간지의 첫 페이지에 실렸어야 할 만한 기사이지만 비즈니스 영역에서 대수롭지 않은 기사로 실렸다.[32] 피터 샌즈와 공동 저자들은 이런 사실에 만족할 수 없었겠지만 "민간 부문은 팬데믹에 대한 투자 수익률이 비교적 낮을 것으로 예견하고 있다"라고 덧붙인 걸 보면 이런 반응을 어느 정도 예측했던 것으로 보인다.[33] 하지만 팬데믹은 정부가 개입해야 할 영역으로 일반 세수입을 이용해 전염병 관리 같은 공공재에 투자할 수 있다. 팬데믹은 드물게 발생하므로 "정부는 비교적 발생 가능성이 낮은 위기에 대응하기 위한 예산 투자를 정당화하기가 쉽지 않다."

미국 재무장관을 지낸 로렌스 서머스Lawrence Summers는 "시급한 문제가 매우 중요한 문제를 밀쳐내는 상황이라고 볼 수 있다. 단기적 필요와 예산 압박으로 공공 보건을 위해 꼭 필요한 공공 기반 시설 설립이 억제되는 현상은 많은 국가에서 겪고 있는 문제다"라

고 지적했다.[34]

　　팬데믹은 아무도 그 비용을 감당하지 않는 공적 영역과 사적 영역 사이의 블랙홀에 속한다. 샌즈의 보고서는 다음과 같이 결론 내렸다.

　　"팬데믹은 틀림없이 전쟁, 테러, 자연재해보다 더 큰 위협이 될 것이다. 그런데도 팬데믹에 투자를 아끼는 우리의 모습에 관심을 기울여야 한다."[35]

　　두 번째 경고는 코로나19가 중세의 유행병과 같이 퍼지기 석 달 전인 2019년 9월 등장했다. 미국 대통령실 산하기관으로 약 100명 미만의 전문가로 구성된 대통령 경제자문위원회는 '백신의 혁신을 통한 팬데믹 인플루엔자의 영향 최소화'라는 제목의 주목할 만한 보고서를 발표했다.[36] 〈뉴잉글랜드 저널 오브 메디신〉의 기사를 바탕으로 한 40페이지로 된 보고서는 "가장 최근에 발생한 심각한 팬데믹은 약 100년 전에 일어난 까닭에 소비자와 보험사들은 발생 가능성과 미래의 인플루엔자 팬데믹의 잠재적 영향력을 과소평가하고 있다"라고 지적했다.[37]

　　이 보고서는 사기업들이 백신의 보험가액을 산정할 수 없고 이는 팬데믹이 발생하지 않더라도 사람들이 더 안전하다고 느끼도록 함으로써 사회에 유익하게 작용한다며 미묘한 반전을 덧붙였다.[38] 저자들은 정부가 사적 부문과 협력해 새로운 백신 기술을 개발하고 채택해 팬데믹 인플루엔자의 위험성을 최소화하도록 권고

하면서 결론을 내렸다.[39]

미 의회는 1946년 고용법을 통과시키면서 대통령 경제자문 위원회를 설립해 "대통령이 자유 경쟁 기업을 양성하고 촉진하는 정책을 개발하도록 추천하며 경제 변동을 피하고 고용, 생산, 구매력을 유지할 수 있도록" 자문하도록 했다.[40] 도널드 트럼프 대통령의 경제자문위원회는 이 특별 보고서에서 팬데믹을 제대로 대비하지 못한 경우의 잠재적 피해를 다음과 같이 예언처럼 자세히 기술해 기대를 뛰어넘는 임무를 수행했다.

"심각한 팬데믹 상황에서는 질병에 노출된 사람과의 접촉을 줄여 건강한 사람이 일과 일상적·사회적 상호작용을 피할 수도 있다. 사회 기반 시설이나 국방 부문을 담당하는 주요 인력을 포함해 인구의 상당수가 제대로 일할 수 없는 상황이 온다면 팬데믹 인플루엔자는 미국 국가 안보를 위협할 수 있다."[41]

이들의 수정 구슬은 팬데믹이 일으킬 대변동을 발생 6개월 전에 이미 예견했던 것이다.

## 제한된 자원을 효율적으로 사용하기

경고에 대한 적절한 후속 조치가 있었다면 코로나19가 초래한 엄청난 혼란을 막을 수 있었을 것이다.[42] 의사들은 매우 드물게 발생해서 재앙을 초래할 팬데믹을 통제하는 일보다는, 단 몇 개월이라도 환자의 생명을 연장하길 원한다.

텍사스대학교 보건과학센터의 초대 학장 류엘 스텔론스Reuel Stallones 박사는 "유행병은 보상 체계라는 서열에서 낮은 위치를 차지하더라도 인류에게 미치는 고난의 강도를 낮추는 열쇠를 쥐고 있다"라고 언급한 바 있다.[43] 박사의 말이 맞았다. 〈미국의사협회저널Journal of the American Medical Association〉에 실린 기사는 "미국이 앞으로 대처해야 할 것으로 예측되는 자원 고갈 위기 중 자원 분배의 문제는 의학계에서 가장 고통스럽고 큰 문제를 초래할 것으로 예측된다"라고 전했다.[44]

트럼프 대통령은 팬데믹의 잠재적 위험을 최소화하기 위해 자문가들의 조언을 따랐어야 한다. 대통령은 공공의 이익에 관심을 가져야 하며 이는 확실하지 않은 의학적 조언을 제공하는 것보다 훨씬 가치 있는 일이기도 하다.

새로운 바이러스에 대비할 백신을 개발하는 일은 과학적으로 불가능했겠지만 산소 호흡기, 수술용 마스크, 안면 보호대 등을 비축하는 일은 훨씬 수월했을 것이다.[45] 대통령은 미국 전역에 걸쳐 시골 지역에 핵 사일로(미사일 격납고)를 배치하는 것처럼 개인용 보호구 저장을 위한 시설을 지을 (핵 사일로보다 훨씬 적은 금액의) 예산 확보를 의회에 요청할 수 있었다. 시설을 마련하고도 팬데믹이 발생하지 않는다면 당혹스러울 수 있겠지만 팬데믹이라는 쓰나미가 강타한 후 중국에서 마스크를 수입하는 일보다는 덜 당혹스러우리라는 것만은 분명하다.

이제 다음 팬데믹을 대비해야 할 때다.

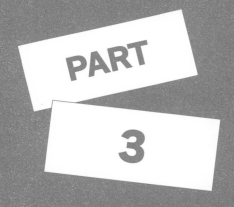

PART

3

악수를

둔

사람들

The Power

of Nothing

to Lose

## Chapter 7

# 역사상 최악의
# 트레이더

미주리주 케이프지라도에 있는 사우스이스트미주리주립대학교
4학년 잭 랭킨Zac Rankin은 2015년 TD아메리트레이드가 후원한
대학생 주식 경연대회 우승팀의 리더였다. TD아메리트레이드는
200만 명 이상의 고객을 보유한 미국의 대표적인 온라인 증권사
다.1

랭킨과 세 명의 팀원은 아이비리그와 전 세계 경영대학원 출
신 인재를 비롯한 475개 팀을 상대로 우승을 거두었다. 랭킨의 팀
은 한 달 동안 자본금 50만 달러(약 6억 5,000만 원)를 130만 달러(약
16억 9,000만 원)로 키워 약 160퍼센트의 수익을 기록함으로써 참가

팀 중 가장 큰 수익률을 거두었다. 랭킨의 팀원 중 금융 전공자는 단 한 명도 없었지만 금융 옵션이라는 복잡한 수학의 전문가처럼 50만 달러를 운용했다. 랭킨은 "밑져야 본전이라는 사실을 쉽게 깨달았다. 50만 달러를 전부 잃을 수도 있었다. 그러나 우리는 기본적으로 최대한 위험한 방법을 적용하기로 했다"라고 밝혔다.[2]

랭킨과 그의 팀원인 첼시 윈저 Chelsey Winsor, 벤 애셀마이어 Ben Asselmeier, 존 라카넬리 John Racanelli가 적용했던 전부를 거는 접근법은 TD아메리트레이드 주식시장 게임의 구조를 적극적으로 이용한 방법이었다. 그들은 가장 큰 수익을 낸 팀만이 우승하고 손실은 아무리 큰 금액이더라도 모두 0이 된다는 사실을 이해했다. 10억 달러 손해도 10달러 손해와 같이 취급되는 구조였다. 랭킨의 팀은 이 원칙에 가장 적합한 전략은 안전한 투자를 외면하는 방법이라는 결론을 내렸고 최종적으로 우승을 거머쥘 수 있었다.

다운사이드 프로텍션이라는 개념은 실제 증권 투자자가 손해를 무시하도록 부추긴다. 그리고 그 투자자들을 제대로 감독하지 못한 결과로 발생한 피해는 큰 비용이 드는 긴급 구제라는 형태로 납세자에게 부과된다.

# 베어링스 은행을 파멸시킨 악마의 손

다부진 체격의 25세 청년 니컬러스 리슨은 1992년 7월 처음으로 싱가포르 국제금융거래소Singapore International Monetary Exchange, SIMEX에 들어섰다.[3] 리슨은 마치 권투 시합의 결승전처럼 끊임없이 소리치는 트레이더들의 목소리를 들었다. 트레이더들은 일본 주식시장의 다우존스 지수 같은 닛케이 주가지수에서 선물을 사고팔아 이득을 남기려고 애쓰는 중이었다. 리슨은 베어링스 은행에서 3년째 일하면서 큰돈을 벌 거래의 기회를 엿보고 있었다. "난 돈 냄새를 맡을 수 있었다"라고 리슨은 당시 일을 회상했다.[4]

싱가포르에 1995년까지 머물렀던 리슨은 자신이 소비할 수 있는 금액보다 훨씬 더 많이 잃고 더 나아가 베어링스 은행을 파산시키게 되리라는 사실을 당시에는 전혀 몰랐다. 1762년 문을 연 베어링스 은행은 19세기 토머스 제퍼슨의 루이지애나 매입을 도왔고 20세기 들어서는 엘리자베스 2세의 개인 재산을 관리했던 유서 깊은 영국의 명문 은행이었다.

니컬러스 리슨은 영국 왓포드의 노동자 계층 출신으로 모친은 간호사였고 부친은 미장공이었다. 리슨의 친구들은 대부분 배관공, 전기 기사, 목수 등으로 건축과 관련된 일을 했지만 리슨의 어머니는 1985년 그가 처음 직업을 찾을 무렵 폭넓은 시각을 갖도록 권유했다. 리슨은 어머니께서 손수 프라이빗 뱅크이자 자산관리업체

쿠츠앤코Coutts & Co.의 지원서를 작성해주었던 일을 기억했다. 평균 수준의 성적에 수학 과목 낙제에도 불구하고 리슨이 쿠츠앤코 런던 지점으로 출근하게 되자 어머니는 그가 매일 '다림질한 셔츠에 반짝이는 신발' 차림을 유지하도록 공을 들였다.[5]

어머니는 리슨에게 앞으로 나아가야 할 길을 제시하고 나서 2년 뒤 숨을 거두었고 열세 살, 열 살이었던 그의 어린 여동생들은 어머니의 부재로 삶의 방향을 잃었다. 리슨은 어머니를 떠나보내며 "반드시 내 가족을 보살필 것이다. 동생들을 위해서라면 무엇이든 할 수 있다"라고 스스로 다짐했다. 그는 베어링스 은행으로 직장을 옮겨 트레이더로 일하면서 큰돈을 벌어 포르쉐 차를 사고 어머니와의 약속을 실현할 수 있으리라 믿었다.

니컬러스 리슨은 베어링스로 직장을 옮기기 전 금융 분야의 기술을 익혔다. 1987년 쿠츠앤코를 그만둔 후 미국 투자은행 모건스탠리Morgan Stanley의 런던 지점으로 옮겨 선물과 옵션이라는 복잡한 금융의 세계에 발을 들여놓았다. 그리고 여기에는 큰돈을 벌기 위해 은행의 자금을 이용한 트레이더의 거래 확인 작업도 포함되어 있었다. 리슨은 비영업 부서 활동으로 불리는 거래 확정 업무가 축구팀의 장비를 관리하는 일처럼 매력적이라는 사실을 알았다. 돈을 잃은 사람에게서 번 사람에게로 현금을 송금하는 업무를 날마다 하면서 종합증권회사의 이익과 손해를 추적하는 일은 지루한 작업이라고 생각했다. 또한 그는 자신이 친구들 기준에는 엄청난 거금인 2만 파운드(약 3,200만 원)를 월급으로 받는다는 사실을 안다면 왓포드 출신의 친구들이 깜짝 놀랄 것이라 생각하며 뿌듯해하기도 했다.[6]

구매자와 판매자 사이에 수백만 달러를 이체하면서 거래에 거금이 오간다는 사실을 이해한 리슨은 한 친구가 1989년 트레이더가 되면 큰돈을 벌 수 있다며 베어링스 은행 일자리를 제안했을 때 큰 기회를 잡기 위해 뛰어들었다. 기존 월급보다 5,000파운드(약 800만 원)가 줄어드는 일임에도 개의치 않았다. 적절한 기회를 포착하기 위해 3년을 기다렸고 베어링스가 SIMEX 고객을 위해 싱가포르에 지점을 열었을 때 자원해서 그곳으로 갔다. 베어링스는 리슨의 전문성을 참작해 싱가포르 지점 비영업 부서 활동 담당자로 임명했고 다이너마이트처럼 폭발적인 열정을 가진 그가 트레이더로 활동하도록 허락했다.

베어링스는 이미 100여 년 전 대재앙에 가까운 사태를 겨우 피했던 적이 있었지만 다른 대부분의 실수에서 그러하듯 역경을 딛고 재건했다. 1886년 베어링스 은행을 이끌었던 에드먼드 네드 베어링 Edmund 'Ned' Baring은 1885년 레블스토크 경 Lord Revelstoke의 칭호를 받은 인물로 아일랜드의 양조회사 기네스가 런던 증권거래소에 주식을 상장하는 과정을 관리했다. 베어링스 은행을 통해 공모로 주식을 배당받은 운 좋은 소수의 투자자들이 거래 첫날 50퍼센트 이상의 수익을 거두면서 베어링스라는 이름은 일확천금과 동의어가 되었다. 베어링스의 요령 있는 투자에 대한 명성이 높아지면서 프랑스 리슐리외 공작Duc de Richelieu은 19세기 초 "유럽에는 6개 강대국이 있다. 영국, 프랑스, 러시아, 오스트리아, 프러시아, 그리고 베어링가(家)다"라는 말로 베어링스 은행을 높이 평가했다.⁷ 하지만 네드 베어링은 언론 기사에 발이 걸려 넘어졌다.

1890년 베어링스 은행은 아르헨티나라는 신흥 시장의 공공기업인 부에노스아이레스 상하수도회사를 200만 파운드(약 32억 원)에 인수했다.⁸ 대부분의 인수계약에서 베어링스 같은 투자회사는 유럽의 투자은행을 불러 자금을 발행인에게 지급하기 전 유가증권을 선매한다. 이는 손실을 피하고 마케팅 서비스에 대한 인수 수수료를 챙기려는 방법이었고 이 거래에서 발행인은 아르헨티나의 상하수도회사였다.

그러나 기네스 거래로 돈이 넘쳐나던 네드 베어링은 200만 파운드를 부에노스아이레스 상하수도회사에 선지급했다. 주식을 고객에게 선매하고 비교적 적은 금액이라고 할 수 있는 인수 수수료를 버는 대신 가격 상승을 예상하고 주식을 보유했던 것이다. 부에노스아이레스 상하수도회사 주식의 가치가 기네스처럼 크게 상승했다면 네드 베어링은 영웅이 되었겠지만 기존의 여러 실패 사례에서처럼 부에노스아이레스 상하수도회사의 주가는 폭락했고 베어링스 은행은 감당하기 힘들 만큼 큰 손해를 보았다.

베어링스의 파트너들은 도움을 청하기 위해 영국 중앙은행으로 달려갔고 '대마불사too big to fail'라는 표현대로 베어링스는 영국 중앙은행의 구제로 위기를 모면했다.⁹ 이 사건을 계기로 베어링스 은행은 20세기 들어 위험한 투자를 자제하는 듯했지만 누군가 구제해주리라는 기대로 인해 결국 최후의 종말을 맞게 된다.

## 제한 없는 장점과 제한이 있는 단점

니컬러스 리슨 같은 트레이더는 거래소에서 일어나는 다양한 갈등을 조정하기 위해 여러 가지 준비를 한다. 그의 주된 업무는 베어링스의 고객을 위해 SIMEX에서 고객의 지시에 따라 닛케이 선물을 사고파는 것이다. 부동산 중개업자가 집을 팔고 수수료를 챙기듯 베어링스는 이 절차를 완료하고 수수료를 벌었지만 리슨은 이런 일에 싫증을 느꼈다.

리슨은 은행이 자기자본을 활용해 선물을 사고파는 '프랍 트레이딩proprietary trading'으로 큰돈을 벌 수 있다는 사실을 알고 있었다. 가격 상승과 하락에 도박을 거는 것이다. 베어링스를 포함한 대부분의 투자은행은 큰 손실을 막기 위해 어느 정도 한계를 정해두고 트레이더가 고객 비즈니스와 투기를 할 수 있도록 허락한다. 100여 년 전의 네드 베어링 같은 제멋대로인 투기꾼은 기업의 존립을 위협할 수 있기 때문이다.

리슨은 1992년 7월 SIMEX에서 일하기 시작하자마자 수익률에 따라 지급되는 연말 보너스를 얻기 위해 투기를 시작했다.[10] 5만 파운드(약 8,000만 원)의 급여에 15만 파운드(약 2억 4,000만 원)의 보너스라면 포르쉐를 사고도 파티를 벌일 수 있었다.[11] 그는 "연말이 가까워지면서 직원들의 입에 가장 자주 오르내리는 주제는 보너스였다"라고 당시를 회상했다.[12] 트레이더가 손실을 내더라도 은행에 상환하도록 한 적은 없었으므로 아무리 최악의 경우라도 보너스가 마이너스가 될 가능성은 없다는 사실 또한 잘 알고 있었다. 너무큰 손실을 낸다면 해고될 수는 있지만 많은 이가 그러하듯 다른 은행에서 새로이 시작하면 되리라고 생각했다. 제한 없는 장점과 제한적인 단점으로 트레이더가 큰 수익을 낼 수 있도록 보너스를 제공하는 체계는 손익 비대칭을 만들어내 결국 TD아메리트레이드 투자 경연대회처럼 도박을 장려하게 된다.

리슨은 잭 랭킨과 경연대회 참가 동료들처럼 "최대한 위험성을 높이기로 결심했다"라고 말한 적은 단 한 번도 없었다. 위험성이 커지면 베어링스에서는 리슨에게 제공했던 트레이딩 자격을 박탈할 것이기 때문이었다. 그러나 리슨은 손실에 대해서 "어차피 내돈도 아니고 고객의 돈도 아니다. 베어링스의 돈이다"라는 시각을 가지고 있었다.[13]

베어링스도 다른 은행과 마찬가지로 위험성을 알고 있었으므로 트레이더들을 모니터했고 특히 무모한 행동을 저지하기 위해

리슨 같은 신참 트레이더를 더 주의 깊게 지켜보고 있었다. 한때 리슨의 상관이었던 미국의 유서 깊은 투자은행 뱅커스트러스트컴퍼니 Bankers Trust Company의 전문가 론 베이커 Ron Baker는 리슨을 제지하는 대신 유혹의 희생자가 되도록 만들었다.

리슨은 SIMEX와 일본 오사카 증권거래소 양쪽을 오가면서 안정적인 이익을 얻을 수 있었다. 닛케이 선물은 양쪽에서 거래되고 있었고 구매자와 판매자 간의 지역 내 불균형 때문에 근소하게 다른 가격에 거래되기도 했으므로 이를 통해 리슨은 차익거래를 할 수 있었다. 예로 오사카 거래소에서 닛케이 선물을 싸게 사 SIMEX에서 즉시 좀 더 높은 가격에 팔아 차액을 챙길 수 있었다.[14] 가격 차이가 크지 않았기 때문에 이 거래를 통해서는 아주 적은 이익을 낼 수 있었지만 인내심과 꾸준함 덕택에 수익은 차츰 쌓여갔다.

베어링스의 최고 관리직은 주가지수 선물거래라는 복잡한 세계에 대해 아는 바가 거의 없었지만 17세기부터 런던 은행가들에게 부를 가져다준 차익거래라는 원칙만은 쉽게 이해할 수 있었다.[15] 리슨의 거래로 베어링스의 수익은 늘어났다. 그리고 베어링스 은행장 피터 베어링 Peter Baring은 은행 활동을 감시하는 정부 기관인 영국 중앙은행의 은행 감독 부문 전무 브라이언 퀸 Brian Quinn을 만났다. 피터는 베어링스의 실적을 제시하면서 놀라운 성과에 대해 이렇게 자랑했다. "증권업으로 돈을 버는 일은 별로 어렵지 않다."[16] 영국 중앙은행은 피터의 허풍을 위험 신호로 받아들였어야 했다.

평소 말이 별로 없는 피터 베어링은 행운의 홀인원hole in one 을 한 후 다음 홀에서 쿼드러플 보기quadruple bogey를 기록하고 골프 는 쉬운 게임이라고 말하는 것 같은 엄청난 판단 착오를 범했다. 리 슨은 1996년에 출간한 회고록에서 자신의 견해를 밝혔다.

"피터 베어링은 너무 순진했다. 돈을 버는 일은 절대 쉽지 않 다. 은행을 세우고 위험을 부담해가면서 운하와 철도를 오가던 피 터의 조상들은 절대 그런 식으로 말하지 않을 것이다. 늘 성실히 일 하는 내 부친은 4분의 1평만큼 미장공사를 하고 20파운드를 벌면 서도 고객을 항상 만족시켜야 한다. 길모퉁이의 세탁소 직원이나 신문을 배달하는 소년 혹은 부동산 중개업을 관리하는 변호사조차 도 돈을 버는 일이 쉽지 않다는 사실을 잘 알고 있다. 만일 돈 버는 게 쉽다면 그건 도박이다."[77]

니컬러스 리슨이 한 일은 실제로 도박이었다. 차익거래로 버 는 하찮은 수익에 만족할 수 없었던 그는 투기로 큰돈을 벌기로 했 다. 리슨은 차익을 노리는 매매인처럼 오사카나 SIMEX 중 싼 쪽에 서 닛케이 선물을 샀고, 즉시 팔아서 이익을 고정하기보다 주사위 돌리기나 행운의 7을 기대하며 가격이 상승하길 기다렸다. 기도는 교회에서는 효과가 있을지 모르지만 카지노나 주식시장에서 돈을 잃으면 불안과 우울감을 유발한다.

리슨은 가격이 상승하는 대신 하락해 거래가 틀어지면 구역

질이 났다. "내 이마에 맺힌 땀을 재킷 소매로 닦았다. 손해 봤다는 끔찍함이 위장으로 타고 들어가는 느낌이었다."

손실이 계속되자 점점 그 무게가 가중되었다.

"가끔 수익이 나기도 했지만 그보다 더 자주 잃었다. 그래서 판돈을 두 배로 늘리기로 했다."

리슨은 그 결과를 알 수 있었다.

"이는 단순한 투기에 불과했다. 판돈을 두 배로 늘리면 잃은 돈을 돌려받는 데 필요한 금액은 반으로 줄어든다."

이를테면 카지노의 룰렛 테이블 블랙 넘버에 1,000달러 대신 2,000달러를 올리면 돈을 두 배로 벌 수 있지만 잃을 수 있는 금액도 두 배가 된다. 리슨은 "누구나 이렇게 해서는 안 된다는 사실을 알면서도 계속하게 된다"라고 덧붙였다.[18] 누구나 할 수 있는 일이었지만 오직 리슨만이 거의 3년간 무사할 수 있었다.

## 손해를 보았는데도 발각되지 않는다면

리슨은 1992년 200만 파운드(약 32억 원)의 손해를 보았고 그다음 해 손실은 2,400만 파운드(약 384억 원)로 늘어났다. 차후의 기준으로는 적은 금액이었고 자본금 4억 5,000만 파운드(약 7,200억 원)의 베어링스 은행의 존재를 위협할 정도는 아니었다. 그러나 손해를 본 사람은 보너스를 얻을 수 없었기 때문에 리슨은 자신이 담당자로 있던 싱가포르 지점에서 손실을 은폐해 이익으로 전환했다.[19]

리슨은 자신이 관리하고 있던 대차 대조표에 가짜 항목을 더해 손실을 숨겼고 런던의 베어링스 은행 본점에 현찰을 요청해 손실을 일으킨 거래를 정산하고 차익거래에서 일어난 차익을 지불한 내용이라고 주장했다. 런던 본사의 누구도 리슨의 주장이 무슨 말인지 (이 글을 읽고 있는 여러분과 마찬가지로) 정확히 이해하지 못했지만 다들 그가 은행을 위해 엄청난 거금을 벌어들이고 있으리라고 짐작했기 때문에 자세한 사항에 대해 의문을 가진 사람은 거의 없었다.[20]

베어링스 은행은 트레이더인 리슨에게 손익 비대칭을 제공하고 같은 인물에게 자신의 거래 명세를 정산하는 일을 책임지도록 해 사태를 악화시켰다. 그는 "당시 업무구조는 정말 특이했다. 어느 누구의 간섭도 없이 나는 혼자 쇼를 담당할 수 있었다"라고 털어놓았다.[21]

리슨의 범죄는 1994년 베어링스의 내부 감사에서 들통날 수도 있었다.[22] 그의 상관 론 베이커가 베어링스의 내부 감사 책임자 애쉬 루이스Ash Lewis와 함께 장부 정리를 위해 SIMEX를 방문했던 것이다. 리슨은 루이스가 문제점을 눈치챌 거라고 생각했다.

"애쉬 루이스는 철저하기로 유명한 인물이었다. 나는 치과 진료실 의자에 묶여 치아가 모두 뽑히기 직전과 같다고 느꼈다. 나는 거대한 구멍을 숨기려 했고 루이스가 그 구멍을 발견한다면 금속으로 스파이크를 박아 구멍을 메우려 할 것 같았다."

루이스는 "아하! G3에 충치가 있군요"라고 말했다.[23] 리슨은 이를 닦으면서 불소를 사용했던 게 분명했다. 런던 본사에서는 루이스가 감사를 시작하기 전 다시 불러들였고 그 후의 회계 감사에서는 대차 대조표에서 의심스러운 항목을 발견하지 못했다. 그러나 근본적인 문제점을 지적하기도 했다.

"총괄 관리자의 통제력이 지나치게 작용할 수 있다는 심각한 위험이 존재한다. 관리자는 영업부서와 비영업 부서를 동시에 담당하는 핵심 관리자이며 그룹 차원에서 거래를 시작하고 본인의 지시에 따라 결산과 기록을 정리한다."[24]

회계 감사에 따른 최종 권고안은 싱가포르 지점의 "총괄 관리자가 앞으로는 비영업 부서를 직접 담당하지 않도록 재정비되어야 한다"였다. 이 권고를 따랐다면 베어링스 은행을 구할 수 있었겠지만 아무런 조치도 일어나지 않았다.[25]

니컬러스 리슨이 초래한 누적 손실액은 1994년 말에 1억 6,400만 파운드(약 2,624억 원)로 커졌지만 아직 베어링스 은행을 무너뜨릴 정도는 아니었다.[26] 하지만 그는 손실금을 되찾기 위해 투기금액을 또다시 두 배로 늘려야 했다. 리슨은 자신이 도박을 하고 있다는 사실을 누구보다 잘 알고 있었다. "카지노에 들어서면 룰렛 테이블에서 매우 단호해 보이는 사람이 블랙 베팅에 실패할 때마다 투기금을 두 배로 늘리고 또다시 두 배로 늘리는 모습을 흔히 볼 수 있다."[27]

컬럼비아대학교 법학과 존 코피 John Coffee 교수는 이렇게 정리했다. "일단 손해를 보기 시작하고 나서 그만두어야 할 이유가 없다면 투기금을 두 배로 늘리게 된다. 손해가 발각된다면 리슨은 회사를 그만두면 된다. 따라서 그의 관점에서 유일하게 이성적 선택은 금액을 두 배로 늘려 손해를 이득으로 전환하는 것이다."[28]

리슨의 극단적 거래는 재앙을 초래했다.[29] 일본에서 고베 지진이 일어나고 3일이 지난 1995년 1월 20일 금요일, 리슨은 경제 회복을 기대하며 엄청난 분량의 닛케이 선물을 샀다가 이틀 새 1억 파운드(약 1,600억 원)가 넘는 금액을 잃었고 이는 지난 2년간 누적 손실액과 맞먹는 규모였다.[30] 2월 6일 월요일에 시작한 마지막 투기에서 리슨은 일본 주식시장에서 포지션을 4배로 늘렸고 이는 200만 주 대신 800만 주를 사는 것과 같았다. 또한 손실을 회복하기 위해 다른 일본 유가증권 포지션을 추가했다. 그가 마지막으로 거래했던 1995년 2월 23일 목요일이 되자 누적 손실액은 8억 파운드(약 1조 2,800억 원) 이상이 되었고 이는 베어링스 은행 총자산의 두 배에 가까웠다.[31]

리슨은 금요일에 출근하지 않았다. 대신 SIMEX 거래소에 동료에게 전하는 메모를 남겼다. 생일을 기념하기 위해 태국 푸켓으로 간다는 내용이었다. 2월 25일 토요일은 리슨의 28세 생일이었지만 베어링스 은행은 1995년 2월 27일 월요일 미국의 파산법 제11조와 유사한 사법 관리 절차에 들어갔다.[32]

## 손실을 감추었을 뿐인데 회사가 무너졌다

니컬러스 리슨은 악덕 트레이더였다. 그는 거래 전략을 속이고 손실을 감추어 자신을 비롯한 4,000명의 동료가 일하던 회사를 무너뜨렸다. 그러나 베어링스 은행도 책임이 있다. 대부분의 다른 은행과 마찬가지로 손익 비대칭은 트레이더가 부정적인 결과를 무시하고 무모하고 저돌적인 투자가가 되도록 부추긴다. 베어링스 은행은 손익 비대칭을 없애고 트레이더에게는 세일즈맨처럼 급여를 지급해 고객 비즈니스에 집중하도록 할 수 있었다.

베어링스 은행은 트레이더와 마찬가지로 프랍 트레이딩의 장점을 취하는 대신 트레이더의 투기를 막기 위해 감시하는 방법을 택했다. 그러나 베어링스 은행은 바로 이 부분에서 턱없이 부족했다. 베어링스 은행은 리슨을 싱가포르 지점 비영업 부서 책임자로 임명해 거짓 내역으로 장부의 손실을 숨기도록 방치했고 이는 1931년 소득세 탈루 혐의로 유죄를 선고받은 전설적인 마피아 두목 알 카포네Al Capone에게 소득 신고 조사를 맡기는 것과 같은 치명적 실수다. 베어링스 은행의 직원 중 한 명은 이렇게 한탄했다.

"가장 수치스러운 부분은 우리가 매우 보수적으로 운영했다는 점이다. 가장 최소화하려고 노력했던 프랍 트레이딩으로 우린 완전히 무너졌다."[33]

1993년과 1994년 사이 런던의 고위 간부들은 리슨이 기대 이상의 성과로 전하는 경고 메시지를 무시했다. 황금 거위의 깃털을 건드려 흐트러뜨리고 싶지 않았던 것이다. 리슨의 사고와 직접적으로 관련되지 않았던 베어링스 은행의 한 간부는 "리슨의 일과 관련된 간부들은 그가 내는 성과와 손실에 매우 만족해했고 누군가 그에 관한 질문을 던지면 매우 방어적인 태도를 보였다"라고 밝혔다.[34]

사후 평가에서 영국 중앙은행 측은 "이른바 '안전한 차익거래'에서 그 정도의 수익이 나왔다면 비정상적이거나 의심스러운 상황으로 반드시 검토되었어야 한다"라고 평가했다.[35] 리슨은 "내가 제시한 장부는 전혀 말이 안 되는 숫자로 채워져 있었지만 아무도 나를 저지하는 사람은 없었다. 베어링스 은행의 런던 본사는 싱가포르에서 벌어지고 있는 상황에 대해 논의했던 걸로 보이지만 무슨 이유에서인지 문제를 내버려 두었다"라고 표현했다.[36]

많은 이가 베어링스 은행 본사의 간부들이 1994년 12월 누적 손실액을 파악하고 조치를 취할 수 있었겠지만 리슨이 스스로 손실을 메울 수 있으리라 기대하며 계속해서 투기하도록 내버려 두었던 걸로 추측한다. 전 세계에서 가장 큰 파생상품 시장인 시카고

상업거래소 소장이었던 레오 멜라메드Leo Melamed는 "손실이 약 1억 달러(1,300억 원)에 가까워졌다면 베어링스 본사 간부들은 틀림없이 문제를 파악했을 것이다"라고 의견을 보탰다.[37] 베어링스만큼 유서 깊은 독일계 투자회사 '안홀드 앤 블라이드뢰허Arnhold and S. Bleichroeder'의 자산관리 매니저 앨런 라파엘Allan Raphael은 "베어링스 본사에서 이 사태에 대해 몰랐다는 말은 신뢰성이 떨어진다. 문제를 묻어둔 간부는 한 사람이 아니었던 것으로 보인다"라고 전했다.[38]

사태를 파악하기 위해 하원의 지시로 영국 중앙은행이 작성한 보고서는 "베어링스 런던 본사의 경영진은 1995년 1월 베어링스 투자 활동의 규모와 관련된 우려와 소문이 시장에 퍼지고 있다는 사실을 인지했다. "베어링스 본사는 1995년 1월 27일 국제결제은행으로부터 한 통의 전화를 받았다. 베어링스 은행의 닛케이 선물계약에서 마진 손실이 발생했으며 추가 증거금을 채우지 못하는 상황이 초래할 결과에 관한 내용이었다.[39]

베어링스 본사의 경영진은 태만과 희망 사이에서 갈등하며 100년 전 그러했듯이 영국 중앙은행이 구제해주리라 기대했을지 모른다. 1995년의 베어링스 은행의 규모는 '대마불사'의 원칙에 해당하지 않았지만, 왕실 은행으로 불리며 오랜 전통을 자랑하던 까닭에 마치 큰 가문비나무를 보호하듯 보호받을 수 있으리라 생각했을 것이다. "증권업계에서 돈 버는 일은 그다지 어렵지 않다"라고 생각했던 피터 베어링 회장은 동정심에 호소하며 비난을 면하려고 애썼다. 베어링 회장은 리슨이 베어링스 은행을 파멸시키려는 음모를 꾸미며 그의 공범이 공매도했고 "베어링스 은행이 예상대로 무너지면 그들은 이득을 챙길 계획이었다"라고 설명했다.[40] 하지만 음모의 증거를 찾을 수 없었던 영국 중앙은행은 베어링스 은행을 구제하지 않기로 결정했다. 〈월스트리트 저널〉은 영국 중앙은행의 이런 결정에 대해 "유서 깊은 베어링스 은행의 사례를 통해 교훈을 전하겠다"라는 의미로 해석했다.[41]

리슨은 하방보호의 한계를 깨달았다. 1995년 12월 싱가포르 법원은 리슨이 '거래에서 발생한 손실을 불법으로 은폐해 베어링스 은행을 몰락하게 한 혐의'에 대해 유죄를 시인한 후 6년 6개월 형을 선고했다.[42] 리처드 매그너스Richard Magnus 판사는 "피고는 신임을 받는 자리에서 정직과 진실성을 담보로 이용했다. 판결은 대중을 상대로 한 범죄의 심각성을 충분히 반영할 수 있어야 한다"라는 이유를 들며 법정 최고형인 8년에 근접한 선고를 내린다고 밝혔다. 리슨은 선고 중 눈물을 흘리거나 표정의 변화 없이 조용히 서 있었지만 그가 손실을 은폐해가면서 어떻게든 상황을 반전시키려고 애썼다는 사실을 아는 사람은 많지 않았다. 돈을 잃은 사실은 용서받을 수 있었겠지만 손실을 감추는 행위는 원죄이며 적어도 증권가에서 추방되리라는 사실을 트레이더는 누구나 알고 있다.

리슨은 이렇게 나쁜 결과가 생길 거라는 사실을 진작 알았어야 한다. 꼭 그렇지 않을 수도 있지만……

# 천문학적 손실을 내고도 멀쩡한 트레이더들

하워드 루빈Howard Rubin은 1980년대 수익성이 높기로 유명한 미국의 투자은행 살로몬 브라더스Salomon Brothers의 모기지 트레이더 중최고 스타였다. 하워드는 라파예트대학교에서 화학공학을 전공했고, 라스베이거스 카지노에서 블랙잭 테이블의 카드를 세는 일로돈을 벌었으며, 하버드비즈니스스쿨을 졸업했다. 트레이더로 성공하기에 완벽한 경력이었다. 특히 카지노의 블랙잭 테이블을 담당할때 하워드는 유리한 상황에서만 거액의 판돈을 걸었고 이는 트레이더가 성공하는 수완과도 일치했다.

1982년 살로몬에 입사한 하워드는 첫해 2,500만 달러(약 325억 원), 그다음 해에는 3,000만 달러(약 390억 원)의 기록적인 수익을 올렸다. 하워드는 "살로몬 브라더스의 거래소는 라스베이거스카지노처럼 느껴졌다. 나는 집중을 방해하는 수천 가지의 요소들이 오가는 상황에서 내기를 걸고 위험 요소에 대처했다"라고 표현했다.[43] 주택저당증권을 개발한 살로몬 브라더스의 상무이사 루 라니에리Lewis Ranieri는 하워드를 '재능을 타고난 젊은 트레이더 중에서가장 뛰어난 인재'라고 표현했다.

하워드는 1985년 초 보상금을 둘러싼 논란으로 살로몬을떠나 미국 최대 증권회사 메릴 린치Merrill Lynch로 자리를 옮겨 주택담보대출 거래부서를 세우는 일을 담당했다. 메릴 린치에서는 하워드와 3년 계약을 맺으면서 매년 100만 달러(약 13억 원)와 수익에 따른 추가 보상금을 지급하기로 약속했다.[44] 하워드의 연봉은 3배로 늘었고 수익의 일부가 제공되는 손익 비대칭을 보장받았다. 제한 없는 장점은 하워드에게 무료 복권과도 같았다.

메릴 린치는 시장을 이해하고 돈을 버는 방법을 아는 하워드에게 모기지를 이용해 투기할 수 있도록 허가했다. 그러나 1987년 4월 하워드는 지나치게 멀리 갔다. 대박을 기대하고 자신에게 허가된 트레이딩 제한금을 벗어났던 것이다. 메릴 린치의 고위 간부에 따르면 하워드는 자신이 '모기지 시장에서 가장 위대한 천재'라며 자신만만했다. 하워드는 상관을 아무것도 모르는 사람 취급하며 무시했다. 자신이 옳다는 사실을 증명하고 나면 그는 영웅이라도 된 것 같이 느꼈다.[45]

하지만 하워드는 주택저당증권에서 돈을 잃은 뒤 트레이딩 전문가답게 손실을 줄이는 대신 회복을 기대하며 아무에게도 말하지 않고 주식을 보유하고 있었다. 메릴 린치 간부는 "하워드는 서랍에 물건을 넣어두듯이 주식을 보관하고 있었다. 회사에서는 아무도 그 사실을 알지 못했다"라고 털어놓았다.[46]

하워드 루빈은 1985년 12월 4,500만 달러(약 585억 원)를 잃었고 메릴 린치는 하워드에 대한 감독을 강화했다. 하워드의 트레이딩 성과는 향상되었지만 1987년 2억 5,000만 달러(약 3,250억 원)의 손실을 막지는 못했다. 증권업계 역사상 가장 큰 손실금이었다.

이 사건 이후 메릴 린치의 예상 수입을 절반으로 삭감한 한 애널리스트는 "주택저당증권 트레이더에 대한 감독을 강화했어야 한다. 방심하지 않았더라면 손실을 절반으로 줄일 수 있었을 것이다"라고 평가했다.[47]

하워드가 거래를 숨기는 데 어떻게 성공했는지 설명한 사람은 없었지만 메릴 린치는 그 사건 이후 하워드를 해고했고 하워드에 대한 감독을 소홀히 한 직속상관을 정직 처분했다.[48] 30억 달러(약 3조 9,000억 원)의 자본금을 보유한 메릴 린치는 하워드가 초래한 손실로 파산 위기에 처하지는 않았지만 더 큰 사고를 막기 위해 조직을 재정비했다. 세계은행의 재무 책임자였던 유진 롯버그Eugene Rotberg를 여섯 명 중 한 명의 부사장으로 임명하고 위험이 따르는 직위를 감독하고 관리하며 통제하는 특별한 임무를 부여했다.[49]

은행과 증권업계 트레이더들은 1987년 4월 메릴 린치가 하워드 루빈을 해고했던 유명한 사건을 접하고 안전망의 한계에 대한 교훈을 얻었어야 한다. 니컬러스 리슨은 지나친 손실과 그에 따른 적자를 은폐하는 범죄가 결합되면 그 범죄에 알맞은 해고라는 형벌을 받을 수 있다는 사실을 알았어야 한다. 그러나 1987년 11월 줄거리가 바뀌면서 그에 따른 교훈도 훼손되었다.

모기지 시장을 지배하고 싶었던 또 다른 투자은행 베어 스턴스Bear Stearns는 하워드 루빈에게 다시 한번 기회를 주었다.[50] 하워드가 이끌었던 모기지 그룹이 몇 년 후 베어 스턴스 연간 수익의 약

절반에 달하는 1억 5,000만 달러(약 1,950억 원)를 벌어들이면서 하워드의 도박은 다시 한 번 성과를 낸다. 베어 스턴스의 CEO 제임스 케인James Cayne은 '하워드는 슈퍼 스타'라고 칭찬했다.[51] 베어 스턴스가 투기성 거래를 모니터하기 위해 '내부 스파이'를 고용했다는 소문과 내부적 통제에 관한 질문에 대해 케인은 "사람들은 다들 정직하지만 누군가 독수리처럼 지켜보는 상황에서는 더욱 정직해진다"라고 답했다.

　　제임스 케인에게는 유감스러운 일이지만 이야기는 여기서 끝나지 않는다. 금융 위기가 시작될 무렵인 2008년 3월, 베어 스턴스의 투기성 투자에 대한 신뢰를 잃어버린 시장 투자자들이 베어 스턴스가 일상 업무에 필요로 하는 자금을 회수하면서 베어 스턴스의 파산은 코앞으로 다가왔다. 구제금융 당시 미국의 중앙은행인 연방준비제도Federal Reserve는 JP모건JP Morgan Chase & Co.이 베어 스턴스를 벼룩시장 가격에 해당하는 한 주당 10달러에 사도록 조정했다. 1년 전만 해도 베어 스턴스의 주식은 한 주당 150달러에 거래되었다. 베어 스턴스의 경영진 중 다수는 헐값에 판매되는 일을 막으려고 했지만 제임스 케인은 "디트로이트에서 브리지 게임을 하고 있었다"라고 인정했다.[52] 제임스 케인이 부임하기 전 베어 스턴스를 이끌었던 앨런 그린버그Alan 'Ace' Greenberg는 "위기 상황에서 그는 업무를 제대로 수행하지 않았다"라고 말했다.[53]

　　아무리 엑스레이 판독기 같은 도구를 동원하더라도 모니터를 통해 트레이더를 통제하는 방법으로는 투기를 숨기려는 영리한 작전을 절대 잡아낼 수 없다. 트레이더는 자신의 업무를 매우 잘 파악하고 있어서 마치 스파이계의 대부처럼 원한다면 기록을 철저히 숨길 수 있다. 트레이더에게 고정된 급여를 지불한다면 인센티브를 챙기려고 도박을 벌이는 문제를 해결할 수 있겠지만 은행들은 이런 단순한 해결책을 원하지 않는다.

베어링스, 베어 스턴스, 메릴 린치 같은 회사들은 트레이더들과 마찬가지로 장점을 최대한 활용하길 원하므로 계속해서 금융계의 총잡이를 고용하고 큰 수익을 낼 때 보너스를 지불해가면서 행운이 지속되길 희망할 것이다. 그러나 그들의 도박이 잘못되어 긴급 구제가 필요한 상황에 이르렀을 때 그 비용은 모두 납세자의 몫이다.

# 히틀러의
# 마지막 승부수

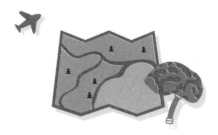

1944년 7월 20일, 독일 귀족 가문의 자손 클라우스 폰 슈타우펜베르크Claus von Stauffenberg 대령은 독일이 아직 협상력을 발휘할 수 있을 때 아돌프 히틀러를 암살하고 제2차 세계대전을 끝내려고 했다.[1] 1943년 전투 도중 입은 부상으로 해적 안대를 하고 있던 당시 36세의 대령은 나치 지도자 미팅이 열리는 히틀러의 '늑대 소굴Wolf's Lair' 본부의 두꺼운 오크 테이블 아래에 폭탄이 든 서류 가방을 숨겨두었다. 그 시한폭탄은 네 사람의 목숨을 앗아갔지만 표적을 명중하지는 못했다. 그 허술한 음모는 그날 산산조각이 났고 곧바로 보복이 뒤따랐다. 히틀러의 생명을 노린 시도가 이 사건이 처

음은 아니었지만 군 고위 장교가 연루된 음모로 히틀러는 피해망상에 사로잡히기 시작했고 슈타우펜베르크를 포함한 200여 명이 처형되고 말았다.[2]

히틀러는 고기를 매다는 갈고리에 시신을 매다는 고문과 교수형이 등장하는 영화를 시청했고 자신의 적들이 응징당했다는 사실을 확인하길 원했다. 독일 장교단의 반란을 의심해왔던 히틀러는 1944년 6월 6일 연합군의 노르망디 상륙작전이 성공한 직후 7월 20일 폭탄 사건마저 터지자 분노가 폭발했다. 영국군과 미군을 주축으로 한 연합군은 80킬로미터에 걸쳐 펼쳐진 노르망디 해변으로 진격해 1940년 6주 동안 프랑스 전역을 급습한 이후로 나치가 점령하던 영토를 되찾았다. 히틀러 나치 정부에서 군수부장관을 지낸 알베르트 스피어 Albert Speer는 "디데이 D-day 노르망디 상륙작전의 성공 이후 내가 아는 모든 군 지휘관들은 전쟁이 10월이나 11월에는 끝나리라고 예측했다"라고 전했다.[3]

히틀러는 반대론자들의 의견을 무시하고 독일군에게 전투를 계속하도록 명령했고 1944년 12월 16일, 비틀거리던 권투선수가 카운터 펀치를 날리듯 연합군을 기습 공격했다. 연합군 최고사령관 드와이트 아이젠하워 대령은 '벌지 전투'라는 이름을 얻은 독일군의 기습 공격에 대해 "독일군은 연합군에게 빼앗긴 것을 전부 되찾기 위해 맹렬히 싸우고 있으며 연합군을 기만하고 죽이려고 위험한 기술을 총동원하고 있다"라고 장병들에게 전했다.[4] 프랭클린

루스벨트 대통령은 아이젠하워 대령을 5성 장군으로 승격시켰다. 벌지 전투가 발발하자 루스벨트 대통령은 이 기회를 이용하기 위해 "독일군은 그들의 도박을 최악의 패배로 전환할 기회를 우리에게 주고 있는 것일지도 모른다"라고 말했다. 그러나 대령의 노력에도 불구하고 히틀러는 유럽에서 미군을 상대로 최악의 전시 만행을 자행했다.

## 늑대 소굴에서 내린 결정

1944년 7월 31일 월요일 자정 7분 전, 아돌프 히틀러는 철저하게 요새화된 '늑대 소굴'의 벙커에서 나치 독일 최고사령부에서 작전 참모장을 맡고 있던 54세의 알프레트 요들Alfred Jodl과 1시간에 걸친 미팅을 시작했다.[5] 프로이센 동쪽 숲과 위장망과 콘크리트 벙커로 둘러싸인 히틀러의 은신처는 11일 전 발생한 암살 시도 이후 보안이 한층 강화되었다.

오래전부터 히틀러를 지지하던 요들은 여전히 신임을 얻고 있었고 전쟁 기간 내내 '늑대 소굴'의 개인 벙커에서 지냈다. 7월 20일 폭발로 부상을 당한 요들은 뉘른베르크에서 열린 연합군 재판에서 비인도적 범죄 혐의로 1946년 처형되었다.

히틀러의 생각을 군사 작전으로 실행하는 역할을 담당했던 요들은 아첨하는 다른 부하들과는 달리 자신감 있는 태도로 히틀러를 대했다. 그러나 이날 요들은 반격을 제안하는 히틀러의 말을 조용히 듣기만 했다.

팔순 노인처럼 허리가 굽었고 파킨슨병의 후유증을 앓고 있던 55세의 히틀러는 7월 20일 폭발에 가담한 이들에 대해 장황하고 두서없는 비난을 늘어놓기 시작했다.⁶

"음모가 진행되고 있었던 것은 우리의 탓이기도 하다. 우리는 반역자에 대해 소위 군대라는 이유로 너무 늦게 대응해왔기 때문이다. 우리는 그런 저급한 인간들을 내쳐야 한다. 그놈들은 역사상 가장 저급한 인간들로 절대 군인의 제복을 입어서는 안 된다."

히틀러는 요들에게 "우리의 작전을 전개하되 절대 군대 내 다른 이에게 발설해서는 안 된다. 우리 내부 보안이 약해진 틈을 타 언제라도 적군에게 기밀이 유출될 수 있기 때문이다"라고 덧붙였다. 히틀러는 나머지 자세한 사항은 요들이 정하도록 했지만 대담한 공격을 원한다는 뜻을 분명히 전달했다.

"전투는 우리에게 주어진 운명이다. 피할 수 없으므로 운명처럼 받아들여야 한다. 훈족의 전투처럼 우리는 끝까지 저항하거나 실패하고 죽음을 맞이한다."

히틀러는 전투라는 도박에 나설 준비가 되어 있었다. 그리고 "결과가 어떻게 될지 알 수는 없지만 아직 우리에게 변화의 가능성이 있다면 그 기회를 활용해야 한다"라며 이야기를 마무리했다.

1944년 7월 31일, 전세(戰勢)를 뒤집기 위해 요들에게 내린 히틀러의 비밀 지시는 사실 가장 유능한 부하들의 조언을 무시하고 내린 결정이었다. 작은 키에 히틀러처럼 콧수염을 길렀던 69세 독일 육군 원수 게르트 폰 룬트슈테트 Gerd von Rundstedt 는 전사 기질을 가진 인물이었다. 룬트슈테트는 1870년 프랑스·프로이센 전쟁에 참전했던 부친의 뒤를 이어 직업 군인의 길을 택했다. 제1차 세계 대전에서 참모 장교로 근무했던 룬트슈테트는 1940년 프랑스 급습을 이끌었고 디데이에는 서부 총사령관을 맡았다. 룬트슈테트는 군수의 힘과 군사 작전의 힘을 이해하고 있었고 노르망디 상륙작전의 성공 이후 물밀듯이 밀려온 미국과 영국군 탱크와 군대는 독일 군에게 재앙을 예고한다는 사실 또한 잘 알고 있었다.

6월 말 룬트슈테트는 독일군을 염려하는 자신의 심정을 전하기 위해 오스트리아 국경 부근 바이에른 알프스로 후퇴한 히틀러를 만나기 위해 베르히테스가덴으로 갔지만 히틀러를 설득하는 데 실패했다.[7] 룬트슈테트는 프랑스에 있는 본부로 복귀했고 최고사령관인 상관 빌헬름 카이텔 Wilhelm Keitel 에게 전화를 걸어 "전쟁을 계속하려면 좀 더 젊은 인재를 찾을 필요가 있다"라고 전했다. 히틀러의 절친이었던 카이텔은 군에 어떤 요소가 필요하다고 생각하는지 물었다. 룬트슈테트는 "전쟁을 끝내야 한다. 멍청이들아!"라고 소리 질렀다.

히틀러는 1944년 7월 3일 월요일, 룬트슈테트의 솔직함에 해고로 보답했다. 그러고는 폴란드전, 러시아전, 프랑스전을 승리로 이끌었던 퀸터 폰 클루게Gunther von Kluge를 육군 원수로 임명했다. 클루게는 1940년 당시 부대장으로 모시던 룬트슈테트보다 겨우 일곱 살 어렸지만 키가 더 크고 더 낙관적이었으며 같은 훈장을 달고 있었다. 새로운 본부에 도착한 지 얼마 되지 않아 클루게도 같은 결론에 도달했지만 7월 20일의 히틀러 암살 시도가 무산되자 다시 진지하게 생각하게 되었다. 클루게는 암살 음모를 미리 눈치채고 있었지만 히틀러에게 보고하지 않고 위험에 노출시켰다. 그러나 그로부터 며칠 뒤 룬트슈테트의 의견과 유사한 내용의 메모를 히틀러에게 보냈다.[8]

"어떤 상황에서라도 신속하게 명령을 수행하겠다는 굳은 다짐을 하고 이곳에 왔습니다. 그러나 우리 군대가 서서히 계속 희생되어야 한다는 결론을 얻게 되었습니다. 가까운 미래에 어떤 일이 발생하게 될지 어두운 생각에 빠지지 않을 수 없습니다."

클루게는 무덤에 한 발 더 가까이 간 셈이었다.

그로부터 한 달도 채 되지 않아 클루게는 전방으로 가던 중 사라졌다. 비관적 내용이 담긴 편지를 받은 이후로 클루게의 충성심을 의심하던 히틀러는 클루게가 휴전 협상을 위해 비밀리에 영국군과 접촉했을 거라고 추정했다. 몇 시간 뒤 본부에 모습을 드러낸 클루게는 적군의 항공기가 자신의 지프차를 폭격했다고 설명했다. 그러나 히틀러는 클루게의 서부 총사령관직을 빼앗고 독일로 다시 소환했다. 자신의 운명을 예견했던 클루게는 8월 18일 베를린으로 돌아가는 길에 히틀러에게 편지를 쓰고 독약으로 스스로 목숨을 끊었다.[9]

"독일 국민은 말 못할 고통을 참아왔고 이제 이 공포를 끝내야 할 때가 왔습니다. 나의 총통이여. 당신의 위대함을 항상 흠모해왔습니다. 그러나 군대는 이 엄청난 고통을 견디고 있습니다. 당신은 훌륭하고 명예로운 싸움을 이끌어왔습니다. 이제는 그 희망 없는 전쟁을 끝내는 것으로 당신의 위대함을 증명해주십시오. 나의 총통이여. 나는 마지막까지 내 의무를 다하고 지금 당신을 떠나겠습니다."

히틀러는 죽어가던 클루게의 마지막 절규를 무시하고 카이텔에게 이렇게 말했다.

"아직은 정치적 결정을 내릴 때가 아니다. 나는 일생 동안 내가 정치적 성공을 거둘 수 있다는 사실을 충분히 증명해왔다. 나는 기회를 지나치지 않을 거라는 사실을 아무에게도 설명할 필요가 없다. 물론 지금 같은 군사적 패배가 이어지는 시기에 정치적 결정을 내린다는 생각은 유치하고 순진하다. 우리가 성공을 거두고 나면 그러한 순간이 찾아오리라."[10]

히틀러는 요들이 계획한 역습이 승리를 불러오리라 기대했다. 그리고 이렇게 덧붙였다.

"우리는 독일이 받아들일 수 있고 다음 세대의 삶에 안정이 보장되는 합리적인 평화를 찾을 기회가 도래할 때까지 전투를 계속할 것이다."

히틀러가 받아들일 수 있는 평화는 독일 국민의 이익에서 크게 벗어났지만 7월 20일의 작전 실패로 평범한 국민의 삶을 위해 싸우는 사람은 아무도 남지 못했다. 히틀러는 개인적 영광을 위해 도박을 벌였고 군인과 시민이 그 비용을 감당해야 했으며 이 간극은 다른 독재자의 경우와 마찬가지로 국가에 대한 히틀러의 의무를 왜곡하게 되었다. 히틀러는 무모한 모험이 초래할 해악을 외면했고 극도로 병적인 자기중심주의를 취했다.

"만일 독일 국민이 전쟁에서 패배한다면 그들이 내게 아무런 가치가 없었다는 사실을 증명하는 것이다."[11]

## 독일의 아르덴 대공세

1944년 9월 16일 토요일, 히틀러는 늑대 소굴 벙커에서 신뢰할 수 있는 군사 고문 몇 명을 만나 비밀을 지키도록 당부했다.[12] 요들과 카이텔을 비롯해 기동력과 기계력을 갖춘 기갑사단을 초기부터 지지했던 하인츠 구데리안Heinz Guderian 장군도 포함되어 있었다. 공군 대장 베르너 크라이페Werner Kreipe는 초대되지 않았던 루프트바페(공군)의 수장 헤르만 괴링Hermann Göring을 대신했다. 연합군을 상대로 한 공군의 성과 감소로 히틀러가 실망했기 때문이었을 것이다.

히틀러는 크라이페가 강박적으로 일기를 쓰던 사람이었다는 사실을 알았다면 더 불쾌하게 여겼을 것이다. 히틀러의 기쁨을 위해 변조되었던 공식 문서를 제외하고는 미팅에 관련된 기록을 엄격히 금지했던 조항을 어긴 행동이었기 때문이다. 검열받지 않은 크라이페의 메모는 내부자가 벌지 전투에 대해 어떻게 생각하고 있었는지에 대한 정보를 제공하게 된다.

요들이 서부 전선의 상황을 평가하면서 미팅이 시작되었다. 연합군이 몇 주 전 파리를 탈환하고 독일군을 라인강 인접 지역까지 밀어낸 상황이었기 때문에 다루기 불편한 주제였다. 요들은 영국군과 미군의 우수한 군사력을 독일군과 비교한 평가 사항을 전달하면서 목소리를 낮추었다. 히틀러가 7월 20일 폭발로 더욱 나빠진 청각 때문에 불쾌한 소식을 제대로 듣지 못하길 기대했기 때문이다. 그러나 '중화기, 탄약, 탱크의 부족'이라는 대목에서 히틀러는 거만한 손짓을 하며 요들의 말을 끊었고 잠시 어색한 침묵이 흘렀다. 히틀러는 "방금 중대한 결정을 내렸다"라며 말을 시작했다. 테이블에 놓인 지도에 손가락을 가리키면서 "이곳 아르덴을 벗어나 안트베르펜을 목표로 역습을 시작해야만 한다"라고 말했다.[13]

자세한 세부 사항을 담은 히틀러의 발표에 모두 놀라움을 감추지 못했다. 그러나 7월 말 히틀러와 이 계획을 세워왔던 요들만은 예외였다. 장군은 무대 장치처럼 침묵으로 일관했지만 히틀러는 연합군이 주요 항구로 사용하고 있던 벨기에의 도시 안트베르펜을 목표로 한 계획을 계속 설명했다. 안트베르펜은 적지 깊숙이 자리 잡은 멀기만 한 목표였다. 히틀러는 또한 "영국군과 미군을 잇는 봉합선을 절단해버리겠다"라며 비밀스럽게 말했다. 그리고 크라이페를 쳐다보며 세부 사항을 명령했다. "적들이 비행할 수 없도록 공격은 날씨가 안 좋은 날을 골라 진행되어야 한다."[14]

히틀러의 엄청난 계획은 독일의 과거를 따른 것이었다. 히틀러의 역습 계획은 제1차 세계대전 기간의 '춘계공세'와 공통점이 많았다. 1918년 3월 21일 시작된 춘계공세는 에리히 루덴도르프Erich von Ludendorff가 대규모 미군 지원군이 도착하기 전 영국군과 프랑스군을 격파하도록 파울 본 힌덴부르크Paul von Hindenburg에게 명령한 작전이었다. 미국은 1917년 4월 제1차 세계대전에 참전했지만 준비가 덜 되었던 탓에 거의 1년 가까이 전투병을 투입하지 못했고 루덴도르프는 독일군이 완벽하게 준비된 미군을 이겨내지 못하리라는 사실을 알고 있었다. 제1차 세계대전 당시만 해도 아직 상등병에 불과했던 히틀러는 루덴도르프가 이끈 공격에 합류했던 사실을 자랑처럼 늘어놓았다.

"나는 운 좋게도 1918년의 최초 두 차례의 공격과 마지막 공격에 참여했지. 내 생애 가장 인상 깊은 일이었다네. 그 공격은 1914년 초와 마찬가지로 방어에서 공격으로 바뀌면서 엄청난 사건이 되었지. 독일군은 지옥 같은 3년을 견뎌냈고 원한을 풀 기회가 드디어 찾아왔다네."[15]

하지만 루덴도르프의 도박은 실패했고 독일군은 1918년 11월 11일 항복했다. 그러나 히틀러는 더 나은 결과를 기대할 만한 이유로 두 가지를 꼽았다. 히틀러가 보기에 영국군과 미군의 관계는 허술했기 때문에 만약 공격의 대상이 된다면 쉽게 갈라서리라 판단했다.

"우리의 적은 상상할 수 있는 가장 극단적인 경우에 해당한다. 세계를 주름잡는 대국이었지만 점차 힘을 잃고 있는 영국과 유산을 물려받으려는 식민지 미국이다. 몇 번의 심각한 공격이 이어진다면 인위적으로 유지되고 있던 영국과 미국의 연합 최전방은 우레 같은 한 방에 순식간에 무너질 것이다."[16]

하지만 히틀러는 적을 오해하고 있었고, 더 심각한 것은 자신이 오해하고 있다는 사실을 전혀 몰랐다는 점이었다. 히틀러는 할리우드 영화, 특히 로렐과 하디Laurel and Hardy의 슬랩스틱 코미디를 통해 미국을 접했지만 프랭클린 루스벨트 미국 대통령과 윈스턴 처칠 영국 총리가 결합할 수밖에 없을 만큼 공통된 증오의 대상이었던 독일의 이미지를 거울로 확인했어야 한다. 그뿐만 아니라 히틀러는 불도그같이 호전적이었던 미 육군 대장 조지 패튼George Patton과 공작같이 자기중심적이었던 버나드 몽고메리Bernard Montgomery 영국 사단장 간의 경쟁 관계를 스크린에 그려진 흥미로운 모습으로만 이해하고 있었지만, 실제 전투에서는 드와이트 아이젠하워 장군의 중재로 두 사람의 갈등은 전혀 찾아볼 수 없었다는 사실을 까마득히 모르고 있었다.

히틀러는 루덴도르프와 다른 성공을 기대했다. 아르덴의 숲에서부터 공격할 예정이었고 충분한 이유가 있는 결정이었기 때문이다. 강과 개울과 가파른 골짜기와 우거진 숲이 교차하는 아르덴은 마치 거미줄에 얽히는 것처럼 현대식 탱크와 대포가 함정에 빠지도록 할 수 있었다.

군사 전략가 대부분은 프랑스, 벨기에, 룩셈부르크, 독일에 걸쳐 펼쳐진 기복이 심한 지형을 빠져나오는 일은 불가능하다고 생각했다. 이런 평가에 따라 아르덴의 숲 지대에 대한 방어를 소홀히 한 프랑스는 1940년 대가를 지불했다. 독일이 단 6주 만에 아르덴 숲 지대를 가르고 침투해 정복했기 때문이다. 게르트 폰 룬트슈테트 육군 원수는 1940년 프랑스를 가로지르는 기습 공격 명령을 내렸던 인물이었으므로 9월 16일 '중대한 결정'을 내렸던 미팅에서 룬트슈테트에게 역습을 이끌도록 요청한 것은 충분한 이유가 있는 행동이었다.[17]

나이 많은 장군은 또 한 번 적군을 놀라게 할 예정이었다.

# 모든 것을 걸고 주사위를 던지다

1944년 11월, 전 세계 신문은 머리기사를 통해 연합군의 성과에 환호했다. 연합군은 라인강 바로 앞까지 진격해 제3제국을 위협했고 히틀러의 마지막 도박의 영향력은 더 커졌다. 〈뉴욕 타임스〉는 '라인강으로'라는 제목을 내세웠고 〈아이리시 타임스Irish Times〉는 첫 페이지에 '미국이 라인강 입구로 진격하다'라는 제목의 기사를 실었다. 〈가디언Guardian〉은 독일에서 가장 유명한 라인강을 언급하는 대신 '두 번의 11월'이라는 제목으로 히틀러를 자극했다.[18] 〈가디언〉은 독일의 당시 군사적 위치를 독일의 항복으로 제1차 세계대전의 종말을 불러왔던 1918년 11월과 비교했다.

"과거 독일 군대는 대규모 공격작전을 수행할 여력이 있었다. 하지만 오늘날의 독일군은 매우 지쳐 있어서 최대 전력을 내지 못한다. 제대로 들어맞지 않는 톱니바퀴와도 같다. 1918년 11월 휴전 협정이 체결될 당시 독일군의 상황은 지금과 비교할 수 없을 정도로 더 우호적이었다."[19]

〈가디언〉의 기사는 히틀러의 반격 의지를 더욱 강화했다.

참모총장 요들은 11월 3일 금요일에 아르덴 공세의 개요를 서술하기 위해 상급 장교 몇 명을 집결시켰고 히틀러의 명령에 따라 보안을 철저히 유지하도록 지시했다. 북아프리카와 러시아 전투에서 용맹성을 인정받아 훈장을 받고 히틀러에게 제5기갑군 지휘를 명받은 단신의 하소 폰 만토이펠Hasso von Manteuffel 장군은 미팅을 시작하면서 서명했던 공식 서약을 기억했다.

"그날 회의도 정례적인 모임이리라 생각하고 참석했다. 그러나 서명해야 할 서류를 보자마자 이례적인 미팅이라는 사실을 알 수 있었다. 참석한 모든 장교는 회의 내용에 대해 절대 침묵하겠다고 서약해야 했다. 약속을 어긴다면 사형될 운명이었다."

만토이펠도 "1944년 7월 20일 전후로 베르히테스가덴이나 늑대 소굴에서 히틀러가 주재한 극비회의에 참석한 적은 많지만 서약을 한 적은 이번이 처음이었다"라고 생각하며 서류에 서명했다.[20]

회의 중 요들은 반격 실행일을 11월 25일 토요일로 정하고 만토이펠의 의견을 구했다. 작은 체구의 만토이펠 장군은 "공격이 12월 15일 이전에 성공할 수 있을지 모르겠다"라고 의견을 말했을 때 공포에 사로잡힌 요들의 표정을 보았다.[21] 하지만 장군은 의구심에도 불구하고 작전 실행을 위해 최선의 노력을 다할 것을 맹세했다. 만토이펠은 자신의 주장을 굽히지 않았지만 요들은 "히틀러는 만토이펠의 주장에 절대 동의하지 않았다"라고 표현했다. 공격 날짜에 대한 만토이펠의 의견이 옳았기 때문에 결국 히틀러는 그 의견을 받아들였고 독일의 디데이는 12월 16일 토요일로 정해졌다.[22]

12월 2일 토요일의 브리핑 후 만토이펠은 히틀러와 긴 시간

밀담을 나누었다. 히틀러는 역습에 성공한다면 독일 국민의 사기를 진작시키고 연합군이 독일을 보는 시각도 달라질 수 있는 대중을 위한 쿠데타가 될 것이라고 설명했다. 히틀러가 덧붙인 이야기를 들은 만토이펠의 온몸에는 소름이 돋았고 160센티미터가 조금 넘는 몸집은 더 오그라들었다. 히틀러는 "난 위험을 무릅쓰고 작전을 개시하기로 했다. 만약 연합군의 공격으로 영토와 요새 진지를 크게 상실하더라도 이 공격을 감행하겠다"라고 덧붙였다.[23] 히틀러는 "마지막으로 모든 걸 걸고 주사위를 던질 때가 왔다"라고 표현했다고 만토이펠은 전했다.


## 속임수와 야만성과 비탄으로 물든 벌지 전투

기밀 유지에 대한 히틀러의 집착은 성과를 거두었다. 극비 사항을 외부에 유출하는 사람을 죽음으로 협박했을 뿐만 아니라 계획에 '라인의 감시'라는 이름을 붙였다. 공격보다는 수비의 의미를 담은 '여왕 폐하 대작전'에 걸맞은 교묘한 속임수였다. 요들은 작전 세부 사항을 '가을 안개 Autumn Fog'로 이름 붙여 이바지했다. 그 이름에는 궂은 날씨로 연합군 항공기가 이륙하지 못하도록 해 공격이 성공하길 바라는 독일군의 마음이 담겨 있었다.

　　1944년 12월 16일 토요일 새벽 5시 30분, 독일군이 아르덴 공격을 시작했을 때 연합군 지휘관들은 대부분 반가운 내용을 담은 신문 기사를 읽느라 바빴을 것이다. 영국 육군 원수 몽고메리는 아이젠하워 최고사령관에게 영국으로 돌아가 아들과 크리스마스를 함께 보낼 수 있도록 허가를 요청하는 편지를 보냈다.[24] 또한 두 사람이 1년 전 5파운드를 걸었던 내기를 언급하기도 했다. 몽고메리는 1944년 크리스마스가 오기 전 전쟁이 끝나리라고 예측했고 아이젠하워 최고사령관은 끝나지 못하리라고 확신했다. 몽고메리는 편지에 자신이 내기에서 이겼으니 "돈은 크리스마스에 받겠다"라고 덧붙였다. 아이젠하워는 "크리스마스 양말에 내깃돈을 넣어주겠지만 크리스마스 전에는 안 된다"라고 답했다. 크리스마스까지는 아직 9일이나 남았으니 어떤 일이라도 일어날 수 있었다. 독일군의 공격 소식이 연합군 본부에 도달하기 전까진 몽고메리가 내기에서 이길 확률이 높았다.

12월 16일 오전 11시, 연합군이 도청한 룬트슈테트의 명령은 경종을 울리기에 충분했다.

"서부 전선의 제군들이여! 위대한 시간이 도래했도다. 오늘 연합군을 상대로 싸울 공격 부대가 집결했다. 더 이상 설명은 필요 없다. 직접 보면 알 수 있을 것이다! 우리 독일군은 모든 것을 걸었다! 신성한 의무를 위해 모든 걸 걸고 초인적 노력을 다하라. 우리의 조국과 우리의 총통 히틀러를 위해!"[25]

룬트슈테트는 히틀러의 엄청난 도박을 선거 캠페인처럼 성공적으로 전달했다. 그러나 아이젠하워 최고사령관은 예정대로 베르사유의 트리아농 팰리스 호텔에서 열린 미키 매커 Mickey McKeogh 병장과 신부 펄리 하그레이브 Pearlie Hargrave의 결혼식에 주례로 참석해 있었다.[26] 그날 오후 연합군 최전방 여러 곳이 공격당했다는 보고를 받은 아이젠하워는 부하들에게 이렇게 경고했다.

"지금 상황은 지엽적 공격으로 끝날 문제가 아니다. 적군의 아르덴 공격이 소규모에 그칠 거라는 예상은 타당하지 않다."[27]

아이젠하워는 위험한 상황을 직감할 수 있었다.

"독일군이 1940년 대규모 공격을 시작한 장소도 아르덴이다. 당시 공격을 이끈 인물도 룬트슈테트였다. 히틀러는 4년이 훨씬 지난 지난번의 성공적인 공격을 또 한 번 실현하겠다는 희망을 품고 있을 가능성이 매우 크다."

공격 초반 며칠 동안 독일군은 짙은 안개와 하층운이 탱크의 움직임을 가려준 덕분에 미군과 영국군 항공기 공격으로부터 무사히 진격할 수 있었다. 독일군은 연합군 영토의 중심부 약 80킬로미터까지 침투해 지도상 전열에서 벌지 bulge(돌출부)를 형성할 수 있었고 이는 나중에 전투의 이름이 되었다. 그러나 독일군은 성공 고지인 벨기에 안트베르펜 항구에 도달하지는 못했다. 만토이펠 장군은 연합군이 크리스마스이브에 '종기를 제거했다'고 표현했다. 장군은 이렇게 말했다.

"우리의 작전이 절정에 도달한 것만은 분명했다. 그러나 절대 목적을 이룰 수 없다는 사실도 깨닫게 되었다. 날씨 변동이 가장 결정적 요소였다. 12월 23일과 24일 양일간 연합군 공군은 자유롭게 비행할 수 있었다. 연합군 공군은 독일군 공격 부대 전역에 걸쳐 목표물을 쉽게 적중할 수 있었고 결국 독일군의 기동성은 서서히 감소했다. 눈이 내리기 시작했고 기온이 급강하했으며 산길이 얼음으로 뒤덮였고 마침내 이동 자체가 불가능해졌다."[28]

독일군은 악명 높은 아르덴 삼림지대의 거미줄처럼 복잡하고 좁은 길과 미끄러운 지형에서 오도 가도 못하는 상황에 부닥쳤다. 히틀러가 항복을 거부했던 까닭에 맹렬한 전투는 1945년 1월 말까지 계속되었고 가장 끔찍한 전쟁 중 하나로 남게 되었다.[29] 당시 전쟁부장관(1947년 국방장관으로 명칭이 변경됨)이었던 헨리 스팀슨Henry Stimson은 독일군은 미국에 '엄청난' 사상자를 유발했지만 "마지막 주사위를 던진 독일군도 참혹한 결과를 맞아야 했다"라고 전했다.[30]

스팀슨의 말이 맞았다. 속임수와 야만성과 비탄이 벌지 전투를 물들였지만 가장 엄청난 악행은 두 번째 날이었던 12월 17일 일요일 벨기에의 아주 작은 말메디 마을 근처에서 일어났다. 이 사건은 필사적 도박의 결과로 발생하는 2차적인 피해의 또 다른 의미를 전한다.

# 말메디 마을에서 벌어진 잔혹사

히틀러는 기습 공격의 성공 여부는 속도와 신중함에 달려있다는 사실을 알았기 때문에 무장친위대(바펜 슈츠슈타펠)로 구성된 제6기갑군을 조직했다. 다른 일반 군대와 달리 무장친위대를 구성하는 방위군 베어마흐트는 친위대(슈츠슈타펠)에 속해 있었다. 친위대를 지휘한 하인리히 힘러Heinrich Himmler는 악명 높은 게슈타포를 함께 이끌었다. 게슈타포 대원과 마찬가지로 무장친위대도 나치당 소속이었고 광신적 종교 집단을 신봉하는 이들처럼 히틀러를 위해 목숨을 바치겠다고 맹세했다. 히틀러에게 양쪽 모두 필요한 이들이었지만 7월 20일 히틀러 암살 시도 뒤부터 히틀러는 직업 군인들보다 이 광신도 집단을 더 신뢰하게 되었고 무장친위대에게 가장 최신식 무기를 제공했다.

십대 시절 히틀러 청소년단으로 활동했고 힘러의 행정 보좌관이었으며 무장친위대의 베테랑 장교였던 요하임 파이퍼Joachim Peiper 대령은 히틀러의 편집증으로 이득을 보게 되었다. 당시 29세였던 180센티미터가 넘는 호리호리한 체격의 파이퍼는 12월 16일 100여 대의 탱크 부대를 이끌고 있었다. 그중 새로 제작된 70톤에 육박하는 킹 타이거King Tiger는 철옹성 같은 중기갑차량이었고 목표는 안트베르펜으로 가는 첫 번째 길목인 뫼즈강이었다.[31]

12월 17일 일요일 오전, 파이퍼의 부대는 말메디 마을 근처에서 미군 부대의 저항을 맞닥뜨리게 되었다. 총격전이 있었지만 수적으로 열세였던 미군은 항복했다. 파이퍼는 무장친위대 보병에게 포로를 맡겨둔 채 더는 시간을 지체하지 않으려고 탱크 부대를 이끌고 진격했다.³² 대령의 지시를 들은 사람은 아무도 없었지만 파이퍼 대령이 떠나자마자 무장친위대는 100명이 넘는 미군 포로를 눈 덮인 들판에 세우고 권총과 기관총으로 사격하기 시작했다. 포로 중 몇 명은 숨진 다른 장병 아래에 몸을 숨겨 살아남았지만 약 71명의 미군이 사살되고 말았다. 운 좋게 살아남은 21세의 테드 팔룩Ted Paluch 상병은 "난 정말 운이 좋았다"라고 기억을 더듬었다.

"난 맨 앞줄에 있었지만 약간의 부상만 당했다. 신음이 조금이라도 들리면 독일군은 다가와 총구를 들이댔다. 나는 죽은 척하고 꼼짝없이 누워 있었다."³³

팔룩 상병은 두드러진 체형과 칼라의 반짝이는 계급장을 통해 그들이 무장친위대라는 사실을 알 수 있었다. 거의 두 시간 동안 눈밭에 꼼짝도 하지 않고 누워있었던 팔룩 상병은 살아남은 다른 몇 명의 장병과 함께 그곳을 벗어났다.

"트럭과 군대가 모두 지나간 그곳에는 적막함만이 남아 있었다."

말메디 마을에서 일어난 대학살 소식으로 미군 장병들은 충격에 휩싸였다. 불신과 공포에 휩싸였던 미군은 약 1개월 뒤 말메디 마을을 탈환한 후 눈으로 덮인 시체를 보고는 분노에 치를 떨었다. 항복의 신호로 머리 위로 손을 들어 올린 채 얼어붙은 시체도 있었고 한 위생병은 적십자 팔찌에 총알이 박힌 채로 죽어 있었다.[34] 벨기에의 작은 시골 마을 말메디를 대량 학살 현장으로 만든 혐의로 독일이 항복하고 1년 뒤인 1946년 5월 73명의 무장친위대는 전범으로 법정에 서게 되었다.

나치 강제 수용소가 있던 곳으로 악명 높은 다하우에서 열린 군사 재판에 요하임 파이퍼와 무장 친위 대원들이 피고로 섰다.[35] 증인으로 나섰던 미군 생존자 세 명 중 켄터키주 렉싱턴 출신 버질 래리Virgil Lary 중위의 증언은 충격적이었다.[36]

"기관총 사격이 시작되자 내 옆에 서 있던 병사들이 사망하거나 부상당했다. 사격은 약 3분간 계속되었고 한 남자가 내 곁으로 왔다. 가까이에서 권총 발사음이 들렸고 권총에 총알이 새로 장전되는 소리가 다시 한번 들렸다."

래리는 잠시 침묵했다가 손을 들어 피고 중 한 명을 가리키면서 증언을 이어갔다.

"저 사람이 미군 포로에게 두 발을 쏜 사람이다."

이등병 게오르그 플렙스George Fleps는 버질 래리가 자신을 살인자로 지목하자 눈을 깜박였다.[37]

플렙스는 낮은 계급의 기갑병이었고 더 큰 범위의 책임을 확인할 수 있는 인물은 그보다 상급 장교였으므로 자신은 명령을 따른 것뿐이라고 생각했겠지만 변명이 될 수는 없었다. 무장친위대중위 베로니 융커Benoni Junker는 법원에 제출한 진술서에서 자신이 탱크 지휘관에게 "포로를 대할 때 공포를 주는 방법을 택하라"라고 명령했으며 "여건이 허락한다면 포로를 잡지 말라"라는 명령을 받았다고 말했다.[38] 전투 전날 사병 네 명은 요하임 파이퍼 대령으로부터 "난폭하게 운전하고, 가차 없이 공격하며, 적을 몰살시켜라"라는 명령을 직접 받았다고 진술했다.[39] 하지만 유죄를 가장 확실하게 할 증언을 한 사람은 본인을 변호하기 위해 직접 증언대에 선 파이퍼였다.

파이퍼는 계급장이 없는 어두운 색의 군인 재킷을 입고 다리를 꼰 채로 앉아 있었고 바로 옆에는 여성 통역사가 있었다. 검사가 질문을 던지고 답변을 기다리는 동안 파이퍼의 날카로운 콧날은 통역사를 향하고 있었지만 영어를 독일어로 통역하기 전에도 이미 내용을 알아듣고 있는 것처럼 보였다.[40] 파이퍼는 미군 포로를 살해한 사실은 부인했지만 상사로부터 "상황에 따라, 만약 필요하다면 전쟁 포로를 사살해도 좋다"라는 명령을 받았으며 하급 지휘관에게 그대로 지시했다는 사실은 인정했다.[41] 파이퍼는 말메디 마을에서 단 한 명도 직접 사살하지 않았지만 그가 내린 노골적 명령은 마치 파이퍼가 직접 방아쇠를 71번 당긴 것과 같다는 혐의가 적용되어 유죄를 선고받았다. 파이퍼의 지휘관 제프 디트리히 Sepp Dietrich 대령은 전투가 시작되기 직전 "히틀러 총통은 우리에게 잔혹하게 행동하며 적에게 인간적 연민을 보이지 말라고 명령했다"라고 덧

붙었다.[42]

　　게오르그 플렙스 같은 군인들은 상관의 명령을 따르도록 훈련받아왔지만 2주 전에 내려진 히틀러의 위협적인 명령은 사건에 무게를 더했다.

　　"이번 전투는 독일 국민의 생사 여부를 결정하게 될 것이다. 우리 한 사람 한 사람의 온전한 헌신이 반드시 필요하다. 장병은 죽음을 불사하는 용기를 보여야 하며 지휘관은 양보할 수 없는 권위를 보여야 한다. 우리가 처한 절박한 상황은 장병과 지휘관들의 자질을 통해 재정립될 것이다."[43]

　　군인들은 아르덴 전투가 성공하게 되면 아무도 처벌받지 않으며 실패한다면 그들의 죄는 그들과 함께 묻히게 되리라고 생각했다. 무장친위대 소속의 한 젊은 보병은 1944년 12월 16일 이른 새벽 누이동생에게 이런 편지를 썼다.

　　"우리는 적들을 우리 땅에서 몰아내기 위해 공격한다. 이는 신성한 업무다."[44]

　　무장친위대 기병 장교 필립 프라이허 폰 보셀라거 Philipp Freiherr von Boeselager는 "장병들은 자신의 죽음을 거의 당연하게 받아들이고 있었다. 그리고 살인에 대해서도 인정사정없었다"라고 표현했다.[45]

　　1946년 7월 미 군사 법정은 파이퍼를 비롯한 말메디 대학살 피고 43명에게 사형죄를 선고했다. 피고 측 변호인이 항소했고

1951년 두 번째로 열린 미 군사 법정은 기술적 오차를 들며 형을 감했다. 결국 피고인들은 1956년 크리스마스에 전부 풀려났다.[46]

요하임 파이퍼는 말메디 학살 혐의로 감옥에서 12년을 보냈으므로 살해된 71명 한 사람 한 사람에 대해 약 2개월을 감옥에서 지낸 셈이다. 파이퍼는 출소한 뒤 포르쉐와 폭스바겐에서 영업사원을 훈련하는 업무를 담당했다.[47] 파이퍼는 1972년 독일 국경에서 약 130킬로미터 떨어져 농장으로 둘러싸인 프랑스의 조용한 마을 뜨하브Traves로 갔다. 4년 뒤 프랑스 혁명 기념일이었던 1976년 7월 14일 파이퍼는 총살당했고 그의 집은 흔적도 없이 타버렸다. 그다음 날 어벤저스Avengers(복수자들)라는 그룹을 대표하는 한 남성이 파리의 신문사로 전화를 걸어 자신의 혐의를 이렇게 털어놓았다.

"나는 프랑스와 독일에 숨어지내는 모든 나치에게 경고했을 뿐이다."[48]


## 헛된 도박의 결과는 처절한 패배뿐

히틀러의 필사적인 내기로 인한 파괴의 바람은 30년 이상 지속되었다. 물론 막을 수 있는 일이었다. 히틀러는 공격이 있기 전 신뢰하는 보좌관들에게 이렇게 말했다.

"프리드리히 대왕이 얘기했듯이, 우리는 어떤 대가를 치르게 되더라도 우리의 저주받은 적이 지치고 앞으로 50년 혹은 100년 동안 우리 독일인의 삶이 보장될 때까지 이 싸움을 계속할 것이다."⁴⁹

협상을 통한 평화를 얻겠다는 히틀러의 꿈은 무조건적 항복이라는 프랭클린 루스벨트 대통령의 요청으로 산산이 조각나고 말았다. '무조건적 항복'은 미국 남북 전쟁 초기 북군의 총사령관이었던 율리시스 S. 그랜트Ulysses S. Grant가 썼던 구호에서 따온 표현으로 미국 정치판에서 유행하던 문구였다. 나치 정부에서 대중 계몽 선전 장관을 지낸 조지프 괴벨스Joseph Goebbels는 1943년 1월 처음 '무조건적 항복'이라는 표현을 듣고 동료에게 이렇게 털어놓았다.

"이토록 자극적인 구호를 단 한 번도 생각해보지 못했다. 이 구호를 독일인이 듣는다면 좋든 싫든 온 힘을 다해 싸우지 않겠는가?"⁵⁰

괴벨스는 "독일인에게 득이 되면 됐지 손해 볼 건 없다"라는 말로 히틀러의 1944년 무모한 역습을 자극했다.⁵¹

연합군 최고사령관으로 34대 미국 대통령으로 당선된 드와이트 아이젠하워 장군은 괴벨스의 생각에 동의했다. 장군은 1944년 11월 워싱턴의 합동 참모 본부에 전보를 쳐 "독일군의 계속되는 군건한 저항은 무조건적 항복이 독일의 완전한 파괴와 소멸을 뜻한다는 나치의 흑색선전에 따른 것"이라는 경고를 전했다.⁵² 아이젠하워는 모든 항복에 조건이 있어야 한다는 사실을 이해한 것이다. 그랜트 총사령관도 남북 전쟁이 끝날 무렵 항복하는 남군 병사들이 자신의 말과 무기를 지킬 수 있도록 했기 때문이다.[53]

괴벨스나 괴링 같은 나치 전범들이 벌을 받지 않길 바라는 사람은 아무도 없지만, 만일 루스벨트가 적어도 공개적으로 협상의 의지를 보였다면 독일군의 태도에 변화가 있었을지도 모른다. 확신할 수 있는 것은 아무것도 없지만 1944년 협상 가능한 평화가 존재했다면 히틀러의 마지막 승부를 피하고 치명적인 결과를 만든 헛된 도박과 미군에게 일어난 최악의 잔혹사를 막을 수 있었을지도 모른다.

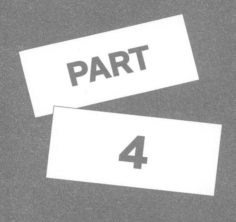

PART

4

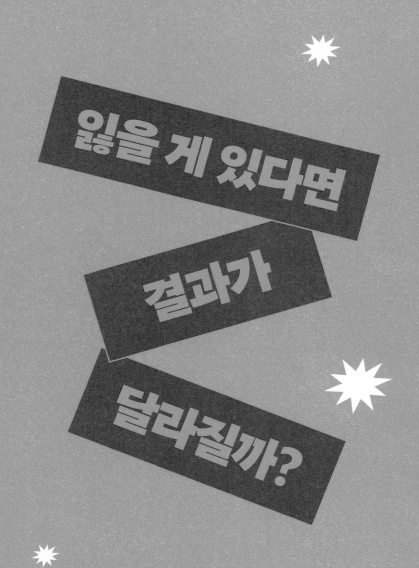

The Power

of Nothing

to Lose

# 절망에 빠진 사람에게
# 희망을

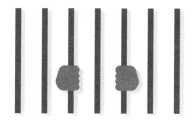

"판사가 '수명'을 언급했을 때 종신형을 선고받으리라 생각했다.
내가 평생 감옥에서 빠져나갈 수 없다는 사실을 알고 있었기 때문
이다."

시카고에서 남서부 방향으로 약 110킬로미터 떨어진 일리
노이주 드와이트 여성 교도소에 수감 중인 로라 바워스Laura Bowers는
이렇게 말했다. 이곳은 1등급 보안 시설을 갖춘 여성 재소자 수용
교도소로 일리노이주 드와이트에 자리 잡고 있다.[1]

메이컨 카운티 법원의 로드니 스콧Rodney Scott 수석 판사는
일리노이주 경찰로 근무하던 남편 데이비드 바워스David Bowers를

살해한 혐의로 로라 바워스에게 가석방 없는 22년형을 선고했다. 로라는 1990년 6월 애인 벤 매크리디 Ben McCreadie와 살인을 공모한 혐의를 인정했다. 로라와 벤은 요양 시설 간호조무사로 일하면서 알게 된 사이로 결혼을 위해 로라의 남편을 살해하기로 계획했다. 로라와 마찬가지로 가석방 없는 종신형을 선고받은 매크리디는 1990년 3월 25일 일요일 룸메이트와 함께 데이비드 바워스를 납파이프로 구타하고 헤어드라이어 코드로 목을 조른 뒤 칼로 목을 베어 살해했다.

로라 바워스는 남편 데이비드와 함께 살던 아파트에서 일어난 살해 행위에 가담하지 않았지만 사건 당일 남편의 총을 은밀히 숨겨 범죄를 도왔다. 로드니 스콧 판사는 "로라에게 유죄가 인정되지 않는다고 생각할 수도 있다"라고 했다.[2] 검사는 "범죄의 잔인함이나 냉혹함과 더불어 끔찍한 살해를 면밀히 계획했다는 점에서 가석방 없는 종신형에 대해 이의를 제기할 사람은 없다고 판단된다"라고 발언했다.

최고형 방침에 따라 수용 가능 인원을 초과한 미국의 교도소에서 교도관들은 로라 바워스나 벤 매크리디 같은 가석방 없는 종신형 장기수들을 화약통과 같다고 여긴다. 애틀랜타 교도소에서 일하던 31세 교도관 드안토니오 워싱턴 D'Antonio Washington은 1994년 12월 22일 목요일, 재소자가 휘두른 망치에 맞아 숨졌다. 교도관 워싱턴 살해 사건을 담당했던 조지아주 검사 켄트 알렉산더 Kent B.

Alexander는 "교도소 폭력 증가는 미국의 가장 큰 미스터리 중 한 가지가 아니다. 더 폭력적인 범죄자가 많이 있다. 그들은 어차피 복역해야 할 형기가 길어서 잃을 게 없다고 생각하고 범죄를 저지르는 것이다"라고 설명했다.[3]

## 잃을 것이 없는 자들의 폭력성

재소자는 절망이 얼마나 큰 힘을 발휘하는지 보여준다. 랭캐스터에 있는 캘리포니아 주립교도소 중 경비가 가장 삼엄한 빌딩에 수용된 1,000여 명의 재소자들은 일하는 시간과 휴식 시간, 식사 시간에 감방에서 나오기를 거부했다. 살인, 배우자 학대, 성범죄 등으로 수감 중인 죄수 가족의 1박 2일 방문을 금지하기로 한 새로운 규칙에 항의하기 위해서였다.[4]

    캘리포니아는 범죄에 대해 엄격한 규율을 적용한 로널드 레이건 정부하에서 1968년 교도소에 가족 방문을 허가한 7개 주 중하나였고 이는 재소자들 간에 동성 강간 범죄를 줄이기 위해 고안된 방안 중 하나였다. 유괴와 강간 혐의로 복역 중인 45세 로버트 파커 Robert Parker는 가족 방문을 줄인다면 교도소 담장 내의 갈등을 높일 뿐이라고 말했다. 살인죄로 36년 형을 살고 있는 48세의 남편을 둔 마사 라일리 Martha Riley는 "남성 재소자들이 잘살아야겠다고 마음먹을 이유가 있을까?"라고 말했다. 마사는 지난 11년간 약 4개월에 한 번 남편을 만나러 교도소에 갔다. "가족 방문 기회를 줄인다면 죄수들은 자포자기하게 될 것이다"라고 덧붙였다.

캘리포니아 교도소의 시위는 나흘 만에 끝났고 가족의 1박 2일 방문 금지 법안을 검토하기 위한 공청회가 열릴 예정이었지만 성 관련 범죄 수감자는 재소자의 상당수를 차지하고 있다. 절도와 성기 노출 혐의로 15년 형을 살고 있는 23세 흉악범 랜디 페인Randy Payne은 텍사스 리빙스턴 근처 테럴 유닛 교도소로 이송되리라는 사실을 알게 된 후 어머니께 이런 내용의 편지를 썼다.

"칼에 찔리지 않고 그곳을 빠져나올 수 있다면 상당히 운이 좋다고 할 수 있어요. 치아가 한 개라도 빠지지 않고 그곳을 벗어날 수 있다면 어머니는 정말 씩씩한 아들을 둔 사람이죠."

1995년 8월 5일 토요일 테럴 유닛 교도소에 도착하자마자 페인의 두려움은 악몽으로 변했다. 사건 발생 후 작성된 보고서에 따르면, 샤워장에서 재소자 여러 명이 한꺼번에 다가와 랜디 페인에게 성관계를 요구했다. 페인이 거부하자 약 20여 명의 재소자가 성폭력을 가했고 출혈은 두 시간 이상 지속되었다. 재소자들은 주먹과 자물쇠가 들어있는 양말로 폭행하고 군용 부츠를 신은 발로 찼으며 적어도 다섯 군데를 번갈아가며 폭행했다. 교도관은 폭행이 이루어지는 장소에서 겨우 18미터 정도 떨어져 있었지만 아무 조치도 이루어지지 않았다. 야만적인 행위가 끝난 후 페인은 머리에

심각한 부상을 입어 의식불명 상태가 되었고 일주일 뒤 휴스턴 병원에서 사망하고 말았다.[5]

국제인권감시기구 휴먼라이츠워치가 미국 재소자 남성 강간을 주제로 2001년 작성한 보고서에 따르면, 페인의 사망은 비극적이고 폭력적인 사건이지만 공공연하게 벌어지고 있는 폭력적 강간은 교도소에서 가장 빈번하게 발생하는 범죄다.[6] 대부분의 사건에서 상대적으로 약한 재소자는 최초 가해자나 다른 재소자로부터 지속적인 성적 착취의 희생자가 된다.[7]

이름을 밝히지 않은 채 제이디J.D.라는 이니셜로만 알려진 한 텍사스의 재소자는 다른 재소자 동료로부터 처음 무자비하게 성폭행당한 뒤 "재소자 동료들 사이에서 동성애자로 인식되어 다른 죄수들로부터 차례로 강간당하게 되었다"라고 조사관에게 밝혔다.[8] 휴먼라이츠워치는 "텍사스 교도소의 상황이 가장 최악"이라고 밝혔지만 재소자가 성노예로 전락하는 현실은 미국 전역에 걸쳐 발생하고 있다.[9] 텍사스 교도소를 운영하는 에이전시의 책임자 앤디 콜린스Andy Collins는 상황이 매우 폭넓고 심각하다고 전한다.

"약한 사람을 착취하는 폭력적인 재소자는 사회의 다른 이들과 소외된 삶을 살고 있다. 그들은 자신을 꺾을 사람은 아무도 없다고 생각한다. 그들은 잔인한 범죄로 긴 형량을 살고 있다. 잃을 게 없는 자들이다. 이런 재소자는 계속해서 문제를 발생시킬 것이고 그 수도 점점 늘 것이다."[10]

종신형을 사는 재소자들은 죽을 때까지 감옥에 살아야 한다고 생각하기 때문에 바람직한 행동을 한다고 해서 얻을 게 별로 없다. 콜린스 같은 교도소 관계자나 조지아주의 켄트 알렉산더 같은 검사에 따르면 종신형 재소자는 결국 극도로 포악해질 수밖에 없고 공포 영화에 등장하는 끔찍한 이야기로 그 견해를 뒷받침한다.

그러나 종신형 재소자들의 잔인함에도 불구하고 그들의 주장에 반하는 기록이 존재하기도 한다. 입증되지 않은 증거는 머리기사를 장식하지만, 폭넓은 객관적인 자료에 따르면 가석방 없는 종신형 재소자들은 마피아보다는 지역 상공회의소 회원에 가깝다. 바람직한 행동에 보상이 주어지면 대부분의 종신형 재소자는 잘못된 행동을 상쇄할 장려책이 주는 놀라운 힘을 입증한다.

## 일말의 희망도 없는 종신형 수감자들

1980년 이래 미국 교도소 수용 인원은 거의 5배 늘었다. 범죄 건수는 줄어든 반면 투옥률은 전 세계에서 가장 높다.[11] 냉전 시대 적국이었던 러시아에서는 10만 명당 355명이 투옥되는 반면 미국에서는 10만 명당 655명이 투옥되며 이는 종교재판 시기의 중세 스페인과 비슷한 비율이다. 마약과 관련된 범죄가 증가하고 1990년대 들어 범죄에 대한 형벌이 강화되어 최고 형량 기준이 늘어난 것도 투옥률 증가의 요인으로 꼽히고 있다.

연방교도소와 주립교도소를 통틀어 종신형을 사는 죄수는 2016년 16만 명 이상이며 이는 전체 수감자 수의 약 10퍼센트에 달한다. 그들 중 3분의 1에 해당하는 5만 3,000명은 가석방의 가능성이 없는, 잠재적으로 가장 위험한 그룹으로 지목되고 있다. 종신형 죄수들의 폭력은 신문 첫 페이지에 자주 등장해 대중의 인식에 영향을 미치고 리처드 코너Richard Conner, 코리 폭스Corey Fox, 또는 가장 악명 높은 토머스 실버스타인Thomas Silverstein의 행동을 떠올리게 한다.

2009년 시카고 출신의 38세 리처드 코너는 일리노이주 탬스에 위치한 최고 보안 등급의 탬스 교도소에서 종신형을 살고 있었다. 탬스 교도소는 2013년 폐쇄되기 전까지 일리노이주에서 가장 위험한 범죄자들을 수용한 곳이다.[12] 코너는 1991년 보석상을 절도하면서 약 200달러를 갈취하고 점원을 살해한 혐의로 수감 중이었다. 코너는 가게에 들어가 시계를 구매하는 척하다가 권총을 꺼내 들고 점원에게 "죽여버리겠어!"라고 소리쳤다. 점원은 가슴에 총을 맞고 숨졌다.

원래 쿡 카운티 교도소에 수감되었던 코너는 교도소 직원을 폭행한 혐의로 2006년 8월 경비가 삼엄한 탬스 교도소로 이송되었다. 코너는 탬스 교도소에서 자살을 시도한 후 경비가 더욱 삼엄한 졸리엣 인근의 스테이트빌 교도소로 재이송되었다. 코너는 자동차 도난 혐의로 5년 형을 거의 끝내가고 있던 37세의 경범죄자 제이미슨 리저Jameson Leezer와 함께 큰 장롱 크기의 감방에 수감되었다. 2주 뒤인 2009년 4월 2일 목요일 코너는 감방에서 나오면서 "내 감방 동료를 목 졸라 죽였다"라고 말했다.

이 살인은 전혀 놀라운 일이 아니었다. 코너는 감방 동료 리저와 분리된 다른 방으로 배치해달라고 요청했었고 교도소 직원에게 감방 동료를 살인하겠다고 선언하기까지 했었기 때문이다. 리저의 가족은 소송을 제기하고 합의금을 받았고 코너는 두 번째 종신형을 선고받았다. 주 검사보 스티브 플라텍Steve Platek은 선고 직후 "이 두 사람을 한 방에 수용했다는 사실 자체가 미친 짓이었다"라고 표현했다.

스테이트빌 교도소 교도관들은 5년 전 메나드 교도소에서 일어난 치명적 사고를 보고도 같은 사건이 일어나도록 방치했다. 메나드 교도소는 일리노이주 체스터에서 남쪽으로 약 480킬로미터 떨어진 곳에 있으며 안드레 크로포드Andre Crawford, 밀턴 존슨Milton Johnson을 비롯해, 1970년대 33명의 젊은 남성을 살해한 사건으로 악명 높은 존 웨인 게이시John Wayne Gacy 등의 연쇄 살인범들을 수용하고 있었다. 메나드에 수용되어 있던 34세의 코리 폭스는 비행 청소년처럼 빈집털이에 실패한 후 살인을 저지른 혐의로 종신형을 살고 있었다.[13] 교도소에서는 드문 독방에서 지내길 원했던 폭스는 교도소에 근무하던 사회복지사에게 "감방 동료를 살해하고 시신을 훼손할 계획이다"라고 언급했다. 폭스는 2002년 위협하던 대로 감방 동료를 폭행했고 결국 독방을 얻었다.

그다음 해 이루어진 재평가 과정에서 폭스는 방화 혐의로 7년 형을 살고 있던 통통한 체격의 젊은 죄수 조슈아 다체비츠Joshua Daczewitz와 같은 방을 쓰게 되었다. 폭스는 이번에도 감방 동료를 거부하고 교도관에게 다체비츠를 '없애버리겠다'고 위협하는 메모를 전했다. 2004년 2월 28일 토요일 조슈아 다체비츠가 출소하기 2주 전 코리 폭스는 침대 시트를 꼬아 만든 줄로 다체비츠의 목을 졸라 살해했다. 폭스는 자신의 범행에 대해 이렇게 설명했다.

"방에서 다른 사람과 같이 지내게 되면 그 사람의 존재 자체나 습관 혹은 행동에서 벗어나기 힘들고 마치 못과 폭약으로 만들어진 코르셋을 입고 있는 것과 같이 느껴진다."[14]

이런 변명에도 불구하고 폭스는 두 번째 종신형을 선고받았고 일리노이주는 다체비츠의 가족에게 15만 달러(약 1억 9,500만 원)의 합의금을 지불하게 되었지만 일리노이 교도소와 메나드 교도소를 상대로 한 방임죄는 기각되었다. 메나드 교도소의 당시 책임자 유진 맥도리 주니어Eugene McAdory Jr.는 잘못된 판단이었다는 점을 인정했다.

"메나드 교도소 수감자 중 약 60퍼센트는 사회로 복귀하지 못하는 중범죄자들이다. 다체비츠를 수용하기에는 적절하지 못한 곳이었다."[75]

사건이 있고 나서 7개월 뒤 교도소장 맥도리는 결국 해고되었다. 이 사건은 종신형 재소자들은 교도소에 수감된 다른 재소자들과 분리해서 관리되어야 한다는 점을 일깨우고 있다.

토머스 실버스타인은 종신형 재소자 폭력 사건의 전형으로 불리는 인물로 31세였던 1983년부터 2019년에 사망할 때까지 독방에 수감되었다. 겉모습은 그저 콧수염을 기른 할아버지 같았지만 미국 역사상 가장 위험한 재소자로 평가되었다.[76]

캘리포니아 롱비치의 중산층 가정 출신인 실버스타인은 어린 시절 유대인으로 오해받아 친구들로부터 괴롭힘을 당했다. 실버스타인의 범죄 기록은 1971년 무장 강도 범죄 혐의로 캘리포니아 샌 퀸틴 주립교도소에서 4년형을 살면서 처음 시작되었다. 가석방되었던 실버스타인은 1977년 무장 강도 범죄로 재구속되었다. 캔자스주 리븐워스 교도소에 수감된 실버스타인은 교도소를 본거지로 한 마약 거래 집단 아리안 브라더후드Aryan Brotherhood에 합류해 감옥에 헤로인을 밀수하는 작업을 거부한 동료 수감자를 살해했다. 가석방 없는 종신형을 선고받은 실버스타인은 1980년 '신 앨커트래즈New Alcatraz'라고 불리던 일리노이주 매리언 교도소로 이송된다. 그러나 이곳은 살인 사건이 일어나기에 더없이 완벽한 장소였다.

매리언 교도소는, 샌프란시스코 앞바다 섬에 있는 '록Rock' 이라는 이름으로 불리기도 했던 앨커트래즈 감옥이 과도한 유지비 문제로 폐쇄되고 금문교 국립휴양지의 일부로 편입되어 관광지로 변모한 후 앨커트래즈를 대신하기 위해 1963년부터 운영되기 시작했다. 매리언 교도소가 앨커트래즈 교도소보다 더 위험한 범죄자를 수용하게 되기까지는 그리 오랜 시간이 걸리지 않았다.

앨커트래즈 교도소에서 처음 교도관 일을 시작했고 실버스타인이 매리언으로 이송되었을 때 교도소장을 지내고 있었던 짧은 머리의 해럴드 밀러Harold Miller는 "판사는 사회를 보호하기 위해 범죄자를 감옥으로 보내고 교도소장은 다른 교도소의 죄수를 보호하기 위해 위험한 죄수를 매리언 교도소로 보낸다"라고 말했다.[17] 초록색 두건을 쓴 45세의 수감자는 "매리언 교도소에 수감된 재소자들은 대부분 사회로 복귀할 희망을 잃어버린 이들이다. 막다른 길에 선 사람들인 것이다. 피해망상이 가득한 이들이 대부분이고 이곳에서는 누구나 괴물로 변한다"라고 전했다.[18]

1960년대와 1970년대 들어 미국 사회 전체 분위기와 마찬가지로 인종 분쟁이 교도소를 점령하면서 실버스타인이 매리언 교도소에 입소하자마자 인종 갈등은 최고조에 달했다. 1981년 11월 22일 일요일 실버스타인이 흑인 범죄 조직 '디시블랙스D.C. Blacks'의 일원 로버트 엠 셔펠Robert M. Chappelle을 목 졸라 죽인 사건을 계기로 백인 우월주의자 집단인 '아리안 브라더후드'와 '디시블랙스' 간의 싸움이 터졌다.[19] 실버스타인은 범행을 부인했지만 셔펠의 친구 레이먼드 캐딜락 스미스 Raymond Cadillac Smith는 복수를 계획했다. 그러나 캐딜락은 계획을 실행하기도 전에 살해되고 말았다. 1982년 9월 27일 월요일, 실버스타인과 감방 동료는 샤워 중이었던 디시블랙스의 리더 캐딜락을 칼로 67회 찔렀고 추가 공격을 차단할 목적으로 모두가 지켜보는 가운데 처참하게 죽은 캐딜락의 시신을 밟고 다녔다. 결국 실버스타인은 독방에 수감되었고 감방에서 나올 때마다 족쇄를 차고 감시받아야 했다. 또한 극악무도한 만행으로 미국 역사상 최악의 죄수라는 타이틀을 얻게 되었다.

1983년 10월 22일 오전 10시 샤워를 마친 실버스타인은 족쇄를 차고 교도관 세 명에게 둘러싸여 자신의 독방으로 돌아가고 있었다.[20] 다른 감방 앞에서 말을 거는 듯 잠시 멈춰 섰다가 뒤돌아선 실버스타인은 45센티미터짜리 칼을 들고 있었다. 침대 프레임으로 만든 칼이었다. 실버스타인은 은퇴를 채 1년도 남기지 않은 51세의 교도관 메를 클루츠 Merle Clutts를 벽 쪽으로 꼼짝 못 하게 밀어붙이고는 다른 교도관이 막아설 때까지 40여 차례 칼로 찔렀고 결국 또 한 번의 살인죄로 종신형을 선고받았다. 실버스타인은 재판에서 자신이 취미로 만든 작품을 클루츠가 더럽혀 고통스러웠다고 변명했다.

연방 교도국 국장 노먼 칼슨 Norman Carlson은 클루츠의 죽음을 비롯해 매리언 교도소에서 일어난 살인 사건들에 대해서 이렇게 설명했다.

"이 죄수들은 이미 미국 최고 보안 교도소의 독방에서 종신형을 살고 있어서 무슨 짓을 하더라도 더 강도 높은 처벌 따위는 존재하지 않는다는 사실을 너무도 잘 알고 있다. 그들은 잃을 게 아무것도 없다."[21]

## 종신형 재소자들은 최선을 다해 규칙을 지킨다

토머스 실버스타인, 코리 폭스, 로버트 코너 같은 종신형 죄수에 관한 기사와 사진은 잔혹함을 상징하는 모습으로 신문에 등장하지만 감옥의 현실을 알리기 위한 목적이라기보다 흉악무도한 그들의 범죄가 대중의 관심을 끌기 때문이다. 그러나 더 깊이 들여다보면 다양한 모습을 볼 수 있다.

20세의 제임스 팔룩 주니어James Paluch Jr.는 1991년 10월 필라델피아의 한 길모퉁이에서 일을 끝내고 집으로 돌아가기 위해 버스를 기다리고 있던 일면식도 없는 59세 여성을 아무 이유 없이 총살한 혐의로 가석방 없는 종신형을 선고받았다.[22] 팔룩은 자신의 3층 아파트 창문에서 여성을 향해 방아쇠를 당겼고 여성은 심장에 총을 맞고 숨졌다.

팔룩은 펜실베이니아에 있는 다섯 개 교도소에서 형을 살면서 종신형 죄수들은 모범수로 형을 사는 경우가 많다고 주장했다.

"종신형 죄수가 사회로 복귀하는 경우는 거의 없지만 그들은 감옥을 집처럼 여긴다. 곤란한 상황이 생겼을 때 더 나은 방안을 제시하는 사람은 주로 종신형 수감자다. 간단히 말하자면 종신형 수감자들은 교도소가 안정적으로 관리될 수 있도록 하는 감독관이라고 할 수 있다."[23]

헌팅던 주립교도소의 펜실베이니아 종신형재소자협회 회장을 지낸 한 인물은 "펜실베이니아의 모든 종신형 재소자가 모범수라고 단정할 수는 없지만 우리 중 상당수는 다른 재소자의 모범이 되도록 노력하고 있다"라고 밝혔다.

팔룩의 견해는 개인적인 것이겠지만 그의 시각에 동의하는 교도관이 많은 것도 사실이다. 크레센트시티에 있는 캘리포니아 최고 등급 교정시설 펠리칸 베이 주립교도소의 부서장 마이클 맥도널드Michael McDonald는 10년 이하 형을 사는 단기수와 달리 가석방 없는 종신형 재소자들은 대체로 문제를 일으키지 않는다고 설명했다.

"사람들은 터널 끝에 빛이 보이면 때때로 거만해지기도 한다. 그러나 종신형 재소자들은 시간에 대해 좀 더 심각하게 생각하게 되고 감옥에서 몇 년을 보내고 나면 점점 더 감옥을 집처럼 여기기 시작한다."[24]

샌루이스오비스포 남성 전용 교도소의 소장으로 약 1,100명의 재소자를 관리했던 웨인 에스텔Wayne Estelle은 "종신형 재소자들은 감옥에서 오랜 시간을 보내게 되리라는 사실을 알고 있어서 좀 더 편안한 환경에서 지내길 원한다"라고 전했다.[25]

캘리포니아의 온화한 날씨만으로는 설명하기 어려운 부분이다. 캔자스 레번워스 교도소의 최고 부서장으로 꼽히는, 자애로운 모습의 빌 슬랙 Bill Slack은 감옥에 갇힌 살인범들이 충돌을 피하는 이유를 이렇게 설명한다.

"우리는 매일 이곳으로 출근해 일하고 끝나면 집으로 돌아간다. 그러나 재소자들은 하루 24시간을 이곳에서 보내는 까닭에 이곳이 그들에게는 집이고 세상이다."[26]

코리 폭스가 감방 동료를 살해했던 일리노이주 메나드 교도소 소장 톰 페이지 Tom Page는 교도소 생활에 익숙해진 장기수의 편이다.

"재소자들이 교도소에 오래 머물게 되면 아주 오랜 시간을 교도소에서 보내게 되리라는 사실을 깨닫게 된다. 결국 편안하게 지낼 수 있도록 노력하게 된다."[27]

메나드 교도소에 있는 종신형재소자협회에 소속된 85명의 회원은 '알코올 중독자 갱생회'처럼 한 달에 한 번 모임을 열어 우울증, 고립감, 절망감을 주제로 의견을 나눈다. 또한 교도소 내에서 과자나 옷을 판매하는 등 삶에 의미를 부여하기 위한 다양한 프로그램을 운영하며 수익금으로 인근 청소년 회관을 후원한다. 메나드 종신형 재소자 협회 회장을 지낸 56세 조 콜먼 Joe Coleman은 이렇게 말했다.

"우리는 오늘도 교도소에서 잠들고 내일도 교도소에서 아침을 맞이한다. 우리에게는 부정할 수 없는 현실이므로 받아들여야 한다. 그러나 종신형재소자협회 활동을 통해 자존감과 자신감을 형성하려고 노력하고 있다. 아무리 삶이 암울하게 느껴지더라도 언제나 희망이 존재한다는 사실을 교도소를 방문하는 젊은 친구들에게 보여주고 싶다."[28]

종신형 재소자도 자신의 운명을 개선하겠다는 희망을 품을 수 있다. 토머스 실버스타인 같은 극도로 폭력적인 죄수들은 독방에 갇혀 고립된 고통의 시간을 견뎌야 하지만 루이지애나에서 가장 엄격한 보안 등급을 유지하고 있는 루이지애나 앙골라 주립교도소의 모범수들은 로데오 쇼를 비롯한 다양한 활동을 즐길 수 있다. 재소자의 90퍼센트가 사망할 때까지 머무는 이 교도소에서 1995년부터 2016년까지 교도소장을 지낸 벌 케인Burl Cain은 로데오 쇼를 재소자들에게 소개했다. 언론의 보도에 따르면 "사회에서 골칫거리로 취급받는 이 재소자들은 예술가, 신문 에디터, 컨트리송 가수로서 또 다른 삶을 이어가며 한 해에 다섯 차례 펼치는 로데오 쇼에서 관광객들에게 즐거움을 선사한다."[29] 앙골라 교도소의 종신형 재소자 레인 넬슨Lane Enlson은 이렇게 설명했다.

"앙골라 교도소에서 재소자들은 삶의 목적을 되찾는다. 재소자들도 삶의 의미를 찾고 싶어한다."

동부 주립교도소에서 살인 혐의로 20년째 가석방 없는 종신형을 살고 있는 토마스라는 이름의 한 재소자는 모범적인 행동에 대해 이렇게 설명한다.

"종신형을 선고받은 재소자는 이곳에 오게 되면 가능한 범위 내에서 최대한 더 나은 삶을 살고 싶어한다. 가족과의 면회를 원하고 최대한 자주 가족과 전화로 얘기 나누고 싶어한다. 에어컨이 갖추어진 좋은 감방에서 지내길 원하기 때문에 최선을 다해 규칙을 따른다."[30]

## 교도소 안에서 잘 살아가는 법

종신형 재소자의 두 가지 모습 중 어떤 쪽이 진실을 말하고 있을까? 무자비하고 폭력적인 모습인가, 아니면 모범적으로 살아가는 모습인가? 입증되지 않은 증거는 전문가들이 선택적 편향이라고 부르는 오류에 빠지기 쉽다.

예를 들어 뉴욕 양키스의 투수 돈 라슨Don Larsen이 펼친 1956년 월드 시리즈의 퍼펙트 게임의 사례를 보고 라슨을 야구 역사상 가장 뛰어난 투수로 추정하는 사례다. 스포츠 역사상 유일한 포스트시즌 퍼펙트 경기를 펼쳤던 라슨의 쾌거는 엄청나지만 사실상 라슨은 메이저리그 선수로 활동하던 14년 동안 통산 성적 81승

91패를 기록한 평범한 선수였다. 브루클린 다저스를 상대로 기록적 승리를 했지만 야구 명예의 전당에는 들지 못했다.

이와 유사한 이유로 종신형 재소자의 난폭성과 모범적 행동은 관심을 끌 수는 있겠지만 정교한 모자이크를 이루는 작은 조각일 뿐이다. 더 많은 수의 재소자를 상대로 행동 패턴과 관련된 데이터를 얻는다면 보다 큰 그림을 그릴 수 있을 것이다.

플로리다 교정국에서 9,000명 이상의 재소자를 상대로 불법 행위에 대한 기록을 조사한 〈크리미널 저스티스 앤 비헤이비어 Criminal Justice and Behavior〉에 실린 연구 결과에서는 빅데이터의 이점을 얻을 수 있다.[31] 조사 대상은 1,897명의 가석방 없는 종신형 재소자와 10~30년형을 복역 중인 7,147명의 재소자로 종신형 재소자가 단기수보다 불법 행위를 할 확률이 더 높은지를 보여주는 공식적 통계자료로 활용될 수도 있다. 분석에 따르면 "20년 이하 형을 살고 있는 재소자는 교도소 범죄에 연루될 가능성이 더 높았고 가석방 없는 종신형 재소자는 같은 형량을 살고 있는 다른 장기수와 유사한 행동 패턴을 보였다."[32]

약 59명의 재소자를 상대로 한 인터뷰를 바탕으로 작성된 〈저널 오브 크리미널 저스티스 Journal of Criminal Justice〉에 실린 한 연구는 "단기수는 다른 재소자나 교도관과의 상호작용을 대립으로 인식하는 반면, 장기수는 '민감한' 상황을 유발할 수도 있는 상황을 피하는 법을 배운다"라고 밝혔다.[33] 〈프리즌 저널 Prison Journal〉에 발표된 유타 주립교도소 교도관과의 인터뷰 기사도 이와 유사한 시각을 전한다.

"종신형 재소자들이 교도소에서 더 잘 지낸다. 교도소 내에서 살아가는 법을 배우기 때문이다. 더 나은 행동을 하려고 노력하며 원하는 것을 얻으려면 어떻게 해야 하는지 배운다. 교도소에서 지내는 시간이 길어질수록 더 잘 적응하는 것이다."[34]

펜실베이니아 교도소 수감자 제임스 팔룩 주니어는 교도소 내 긴장 고조에 대해 다른 장기수와 토론하면서 교도소 내 평화 유지 방안을 두고 이렇게 설득했다.

"새로 입소하는 젊은 재소자들을 보라. 그들은 자기 외에는 아무도 신경 쓰지 않는다. 우리 같은 종신형 재소자가 젊은 친구들에게 먼저 다가가 우리가 배워왔던 좋은 방법을 공유해야 한다."[35]

캘리포니아 솔레다드 교도소의 종신형 재소자들은 팔룩의 부탁에서 한 발짝 더 나아갔다. 종신형으로 24년째 복역 중인 캐너레이 해리스 Kennaray Harris는 라이프 사이클 Life-C.Y.C.L.E.('Careless Youth Corrected by Lifers' Experience'의 약자. 종신형 재소자의 경험을 통해 배우는 젊은 친구들이라는 뜻) 프로그램을 설립했다.[36] 해리스와 다른 종신형 재소자 동료들은 솔레다드 교도소에서 복역하는 단기수들이 사회에 복귀했을 때 도움이 될 수 있는 다양한 활동을 운영한다. 지금까지 25주 동안 매주 100여 명의 참가자를 도왔다.

"우리에게는 새로운 것이 없다. 이 방에서 복역하는 누군가는 이미 같은 경험을 한 적이 있기 때문이다. 우리의 목적은 곧 사회로 복귀할 이 친구들이 세상을 대하는 방법에 변화를 주는 것이다. 그들이 사회에서 꼭 자신의 자리를 찾길 바란다."

## 지켜야 할 소중한 것을 주자

잃을 게 없는 재소자들이 무분별한 행동을 하게 되는 양상은 다른 상황과 비슷하겠지만 오히려 단기수가 큰 문제를 일으키기도 한다. 그들은 종신형 재소자와 비교하면 상대적으로 낮은 형벌을 받고 있어서 오히려 그릇된 행동을 하기 쉽고 형벌이 계속되는 종신형 재소자들은 범위를 벗어나지 않는다. 교도소 관리자들은 장기수들이 폭력적으로 행동했을 때 잃을 것을 제공한다면 바람직한 행동을 장려할 수 있다.

최고 보안시설에서 바람직하게 행동하는 종신형 재소자들은 신뢰받는 재소자가 되기도 한다. 이를테면 루이지애나 교도소에서 종신형을 복역 중인 10여 명의 재소자들은 배턴루지에 있는 주지사 관저에서 웨이터, 집사, 요리사 등으로 일한다.[37] 앙골라 교도소의 재소자들은 교도소장으로 있는 벌 케인의 지시에 따라 공용 나인 홀 골프장 '프리즌 뷰Prison View'를 지었고 잔디를 깎는 등 시설 유지 활동을 하고 있다. 2급 살인으로 종신형을 복역 중인 48세의 프레드릭 그리핀 Frederick Griffin은 오전 4시 30분에 일어나 잔디를 깎으며 풀냄새를 맡고 골프를 즐기는 이들을 구경한다. 그리핀은 골프를 좋아했던 사람은 아니다. "골프는 너무 느리게 진행되는 운동이다. 난 야구를 좋아한다"라고 속내를 털어놓으면서도 그리핀은 잔디 깎는 일을 계속하고 있다.

"잔디 깎는 일을 하는 동안 자유를 느낄 수 있기 때문이다."[38]

그리핀과 마찬가지로 모범적인 행동으로 신뢰받는 재소자의 자격으로 골프장 건설 작업에 참여했던 리처드 미컬슨 Richard Mikkelson은 골프장 '프리즌 뷰'를 스카이라인이라고 부른다. 미컬슨은 자랑스러워하며 말한다.

"보통 골프장을 지을 때 어떻게 작업하는지는 잘 모른다. 그러나 우리는 삽과 갈퀴와 괭이로 지었다."[39]

미컬슨은 골프장을 지으면서 골프의 "파 par는 해저드와 페어웨이의 길이에 달려 있다"라는 사실을 알게 되었다. 그러나 골프 경기자들을 지켜보면서 "골프 코스는 사람을 만나는 장소다"라는 진정한 깨달음을 얻었다. 만약 앙골라 교도소를 빠져나가게 된다면 어디에서 사람을 만나야 할지 깨달았다.

"사람을 만나기 위해서 찾아야 할 장소 두 군데는 골프장과 교회다."

종신형 재소자들도 감옥을 '집'이라고 부르길 원하지 않지만 대부분은 집이라는 사실을 받아들인다. 로라 바워스와 결혼하기 위해 남편 데이비드 바워스를 잔인하게 살해하고 가석방 없는 종신형을 선고받았던 벤 매크리디는 졸리엣 교도소에서 12년을 복역했다. 2002년 졸리엣 교도소의 최고 보안동이 폐쇄된 후 매크리디는 다른 재소자와 함께 이송을 위해 짐을 꾸리면서 갈 곳을 잃은 고아처럼 느꼈던 기억을 떠올렸다.[40]

"다른 교도소로 이송되는 과정은 나 자신의 일부와 이별하는 과정과도 같다. 많은 일이 있었고 추억이 있기 때문이다."

매크리디는 졸리엣 교도소의 조경사가 되어 백합, 피튜니아, 붓꽃을 심고 관리했다. 교도소 음식으로 살이 빠지고 수염이 듬성듬성 자란 모습의 매크리디는 "나는 꽃 담당자로 알려졌었다"라며 아쉬움을 토로했다.

모든 종신형 재소자가 매크리디처럼 자기 일에 자부심을 느끼는 새로운 사람이 되지는 않겠지만 교도소 내 비행에 관한 조사 결과에 따르면 토머스 실버스타인 같은 잔혹한 이들보다 모범수가 많은 것으로 나타났다. 상습범을 교도소라는 새로운 사회의 책임감 있는 시민으로 변모시키는 요소는 다양하겠지만 바탕이 되어야 할 개념은 그들도 잃을 게 있어야 한다는 사실이다. 다음 페이지부터는 같은 전략으로 자살 폭탄 테러범을 억제할 수 있는지 살펴본다.

## Chapter 10

# 잘못된 신념을
# 소중한 것과 바꾸기

1970년대 중반 경찰 두 명을 살해하고 폭탄 테러를 벌인 이탈리아 출신 신(新)파시스트neo-Fascist 테러리스트 마리오 투티Mario Tuti는 1987년 8월 25일 화요일 나폴레옹 황제가 유배되었던 장소로 유명한 엘바섬의 포르토아추로 교도소에서 폭동을 일으켰다.

투티를 포함한 다섯 명의 재소자는 교도소장, 두 명의 심리학자, 여성 사회복지사, 18명의 교도관을 포함해서 22명의 포로를 교도소 의무실에 가두었다. 총과 칼과 폭탄으로 무장한 40세의 투티는 도주를 위한 방탄차와 헬리콥터를 제공하지 않으면 포로를 모두 살해하겠다고 협박했다. 투티는 교도소에 갇혀 있는 동안에도 '반역자'

라고 생각한 두 명의 동료 재소자를 살해한 폭력 전과가 있었다.[7] 투티는 경찰에게 "다가오면 포로를 전부 죽여버리겠다"라고 협박했고 "우리는 모두 종신형 재소자다. 우리는 이제 잃을 게 없다"라고 언론에 떠벌렸다.

마리오 투티는 테러리스트처럼 보이지 않았다. 교수처럼 크고 검은 안경을 쓰고 희극배우 그루초 막스Groucho Mar처럼 검고 두꺼운 콧수염을 길렀다. 투티는 플로렌스에서 건축학을 공부했고 엠폴리 지방 자치 당국에서 근무했다. 그러나 정부 당국은 투티가 1974년 파시스트 혁명을 홍보하기 위해 무차별적 폭탄 공격을 했던 이력을 우려했다. 낙하산 부대원과 '레더헤즈Leatherheads'라는 별명으로 불리는 내무부 소속 테러 대응팀원 50여 명을 비롯한 2,000명 이상의 경찰이 교도소 의무실을 둘러쌌다. 교황 요한 바오로 2세는 현장에 모인 6,000여 명의 군중을 앞에 두고 기도했다.

"부디 신께서 수많은 이의 운명을 좌우하게 될 범인의 마음을 움직일 수 있기를 기도한다."

교도소 담당 의사이기도 했던 포르토아추로의 시장 마우리치오 파피Maurizio Papi는 범인들을 알고 있었기 때문에 그들이 인질을 살해하리라고 생각했다. 파피 시장은 경찰에게 범인들의 요청대로 헬리콥터를 제공하고 폭동을 평화적으로 마무리하도록 강력히 촉구했다. 그러나 파피는 걱정할 필요가 없었다. 사건이 발발하고 8일 후인 9월 2일 범인 여섯 명은 국제 앰네스티 대변인을 통해 폭동을 종료했다. 교도소 밖에서 기다리고 있던 인질의 가족들은 기쁨의 눈물을 흘렸고 인근 교회는 축하의 종을 울렸다. 사건을 주도하고 모두를 죽이겠다고 협박했던 마리오 투티는 폭동을 접으면서 이렇게 호소했다.

"우리는 폭력을 사용하지 않았다. 우리에게는 달아나야 한다는 사실 말고는 아무런 희망이 없었다."

투티는 살인범이었고 유죄 판결을 받은 테러리스트였지만 자살 폭탄 테러범은 아니었다. 투티와 폭동을 함께 했던 재소자들은 살고 싶었기 때문에 항복했다. 그러나 자살 폭탄 테러리스트는 다르다. 그들은 목표물과 함께 죽는다고 생각하는 까닭에 2001년 9월 11일 화요일, 19명의 알카에다Al Qaeda 조직원이 3,000명에 가까운 사망자를 발생시킨 테러에 성공할 수 있었다.

## 자살 폭탄 테러를 막는 법

자살 폭탄 테러는 끔찍할 정도로 영향력이 크다. 9·11테러는 미국 역사상 가장 많은 희생자를 낸 외세의 공격으로 1941년 12월 7일 일요일 일본의 진주만 공습 희생자 2,403명의 기록을 뛰어넘는다. 9·11테러와 진주만 공습 모두 미국을 완전히 변화시켰다. 진주만 공격으로 미국은 파시즘에 대항한 제2차 세계대전에 참전했고

9·11테러는 미국이 테러와의 전쟁을 선포하는 계기가 되었다. 그러나 이보다 더 중요한 차이가 있다. 제2차 세계대전은 독일과 일본의 패배로 끝났지만 테러와의 전쟁은 지금도 계속되고 있다. 자살 폭탄 테러리스트에게는 '발신인 주소'가 없기 때문이다. 테러리스트는 활동하지 않을 때는 민간인 사이에 숨어 있기 때문에 전쟁터에서 패배할 수 없다. 테러리스트는 또한 닥치는 대로 공포와 대학살을 퍼트리고 전례 없는 예방책으로 우리의 일상을 어지럽힌다.

　　모든 항공기 탑승자는 한때 포트 녹스 방문객에게만 한정되어 있었던 보안 검색을 거쳐야 하며 건강 검진처럼 꼼꼼한 개인 물품 조사 과정을 견뎌야 한다. 2002년 의회는 테러리스트의 위협을 비롯한 국가 내 비상사태를 감독할 수 있도록 국토안보부를 신설하고 공공 안전을 강화할 수 있도록 각 지역 경찰 부서에 자금을 지원했다. 경찰관들은 이제 만약의 위험에 대비하기 위해 야간에도 식별할 수 있는 강화된 무기와 생물학적 공격에 대비할 수 있는 의복과 해군 특수부대 같은 엘리트 부대원에게만 허용되었던 첨단 통신 장비를 보유하고 있다. 보안 강화라는 명목으로 테러리스트 위협에 대비하기 위한 이 모든 장비는 과거 유럽, 아프리카, 아시아에서 이용되었지만 2001년 9월 11일 일어난 테러는 이토록 엄청난 변화를 일으킨 것이다.

　　지역 경찰이 특수부대 요원에 버금가는 장비를 갖추도록 하는 전략은 지나치며 득보다 실이 많다는 우려가 있는 것은 사실이지만 미국이 9·11테러 이후 더 위험한 곳이 되었다는 증거는 무시할 수 없다. 9·11테러 발생 후 18년 동안 미국 내 총기 난사 사건(공공장소에서 총기를 소지한 한 명의 범인이 네 명 이상을 살해한 사건)으로 601명이 목숨을 잃었고 이는 이전 18년 동안의 257명과 비교하면 두 배가 넘는 수치다.[2] 2001년을 기준으로 이전 18년과 이후 18년 동안 발생한 총기 사건을 비교하더라도 불미스러운 상황은 마찬가지다.

1999년 4월 20일 콜로라도 콜럼바인 고등학교에서 두 명의 학생이 학교 곳곳에서 총기를 난사해 12명의 학생과 교사가 사망하고 20여 명 이상이 부상을 당해 세간의 이목을 끌었던 대량 학살 사건은 9·11테러 이전 발생한 32건의 총기 난사 사건 중 한 건이다.

9·11테러 이후 일어난 61건의 총기 난사 사건 중 가장 많은 사망자를 낸 사건은 2017년 10월 1일 라스베이거스 스트립에서 일어난 총기 난사 사건으로, 한 무장 강도가 호텔 32층 창문을 통해 총기를 난사해 60명이 사망했다.[3] 미국 출신 총기범은 자살하는 경우가 많지 않지만 조사에 따르면 2001년 9·11테러 이후 모방 범죄가 늘어난 것으로 밝혀졌다. 세계무역센터를 파괴하고 펜타곤을 공격한 9·11테러가 처음으로 발생한 자살 폭탄 테러는 아니었지만 9·11테러 이후 세간의 주목을 받길 원하는 총기범이 늘어난 것은 사실이다.

1983년 10월 23일 레바논 베이루트에서 미 해병대 사령부 건물을 상대로 한 폭탄 적재 트럭 공격으로 241명의 군인이 사망한 사건은 근대 자살 폭탄 테러리스트 공격의 시발점이 되었다.[4] 같은 날 자살 폭탄범은 트럭을 몰고 약 3킬로미터 떨어진 프랑스 부대 건물로 돌진해 58명의 프랑스 낙하산 부대원이 사망했다. 이 사건은 레바논을 근거지로 활동하는 이란 및 시리아와 관련된 테러리스트 조직 헤즈볼라Hezobollah가 일으킨 소행이었지만 이란과 시리아 양측 정부는 헤즈볼라의 테러에 대한 책임을 인정하지 않았고 어떠한 처벌도 할 수 없었다.

1980년에서 2003년 사이 315건의 자살 폭탄 테러리스트 공격이 발생해 역사상 가장 많은 자살 폭탄 테러가 일어난 시기로 기록되고 있다. 그러나 제2차 세계대전 마지막 해에 발생한 사망자 수는 이보다 더 많은 것으로 알려져 있다.

1944년 태평양에서 미군의 진군을 절실히 막고 싶었던 일본군은 카미카제kamikaze라는 이름의 특수 조종사 부대를 창설했다. 훈련받은 젊은 조종사들은 폭탄을 실은 폭격기를 몰고 미군 함대로 돌진해 자살했다.[5] 카미카제 부대가 자행한 약 3,850회의 자살 폭탄 공격으로 1만 2,000명 이상의 미군이 사망했다. 카미카제 공격은 1945년 8월 15일 일본이 연합군에 항복하면서 끝났기 때문에 오늘날의 자살 폭탄 테러와 연관해서 언급되지는 않는다. 카미카제 특수부대는 무국적 테러리스트가 아니라 상비군에 소속되어 있어 자국이 항복하면서 활동을 멈추었기 때문이다.

1945년 카미카제 부대가 조용히 사라진 사례를 통해 위태로운 상황이 도래하면 민간인 속으로 사라져버리는 자살 폭탄 테러리스트를 저지할 방법을 찾기는 어렵다. 게다가 카미카제는 전시 상황에서 충분히 타당한 군사적 목표물을 공격하는 데 그쳤지만 알카에다 자살 폭탄 테러범은 민간인이 가득한 세계무역센터를 파괴했다. 알카에다 테러리스트는 20세기 카미카제 특공대보다는 11세기에 활동하던 이슬람 암살조직 아사신Assassin과 공통점이 더 많다.

　　'아사신'은 이란 북서부 산악지대를 주요 활동 무대로 한 작은 이슬람 종파였다. 단검을 이용한 근접 전투로 훈련하던 아사신은 온건파에 수적으로 밀리고 멸시당하면서 공포심을 유발하기 위해 대중이 보는 장소에서 불경하다고 생각하는 이슬람교 지도자들을 살해하기 시작했다. 그들은 이슬람 천국에서 영접이라는 보상을 기대했다. 전설에 따르면 1092년 페르시아의 술탄 멜리크 샤Malik Shah를 살해한 아사신은 공격이 끝난 후 "이 악마를 죽임으로써 영광이 시작되도다!"라고 외쳤다고 한다.6 하지만 이 아사신은 술탄의 경호원에 의해 죽임을 당했다. 프린스턴대학교의 중동학과 교수 버나드 루이스Bernard Lewis는 "아사신은 오늘날 이슬람 테러리스트의 진정한 선조라고 할 수 있다"라고 전했다.7

　　루이스 교수의 말이 어느 정도는 사실이겠지만 종교로 오늘날의 자살 폭탄범을 전부 설명할 수는 없다. 비종교적 테러리스트는 20세기 말에 이르러 거의 25퍼센트를 차지하고 있기 때문이다.[8] 행동주의 접근법은 독실한 종교인이나 비신자를 통틀어 오늘날의 이슬람 극단주의 자살 폭탄 테러리스트를 이해하는 데 큰 도움이 된다. 테러리스트의 행동을 저지하려면 테러리스트에게 '잃을 게 있는' 상황을 만들어야 한다. 루이스 교수는 알카에다의 예를 들고 있다.


# 9·11 테러 주범의 잘못된 신념

9·11 테러 당일에 세계무역센터를 첫 번째로 공격한 모하메드 엘라미르 아타 Mohamed el-Amir Atta의 소지품 중에서 마지막 지시 사항을 기록한 편지는 아타의 행동의 배경이 된 동기를 충분히 설명한다. 아타는 수학적인 머리를 가진 건축 기사였지만 근본주의자로 사후의 영생을 믿고 있었고 이생은 잠시 머무는 과정이라고 믿었다. 편지의 내용은 이러하다.

"이 세상 너머 내세를 추구하는 사람은 신을 위해 싸워야 한다. 신을 위해 목숨을 바친 사람이 죽었다고 생각하지 말라. 그들은 살아 있다."[9]

편지의 마지막 문장은 테러를 공모한 이들에게 전하는 메시지였다.

"우리는 결국 신의 뜻에 따라 천국에서 만날 것이다."

아타에게 이생에서의 삶은 천국으로 가는 길이므로 신성한 의무를 다하기 위해 자신을 희생한다면 얻을 것만 있고 잃을 건 없는 셈이다. 순교자적 죽음이 가진 손익 비대칭은 평소에는 자제력 있는 아타가 죽음의 미사일을 몰도록 부추겼다.

모하메드 아타는 테러리스트가 되기 위해 태어난 것은 아니었다.[10] 아타는 카이로 교외의 현대적인 이슬람교도 가정에서 자랐다. 성공한 변호사였던 아타의 부친은 지중해 연안에 별장을 구매했고 아타의 누나는 의학계에 종사했다. 엄격한 규율주의자였던 아타의 부친은 어린 시절 수줍음이 너무 많았던 아타를 걱정했고 그를 '계집애처럼 키운' 아내를 원망했다.[11] 부친은 "아내가 아타를 끔찍이 애지중지했다"라며 불평했다.

170센티미터가 조금 넘는 키에 야윈 체격의 아타는 학구적이었고 권위를 존중했다. 겉으로 보기엔 신앙심이 깊어 보이지는 않았지만 사촌에 따르면 TV에서 이집트인들이 열광하는 벨리 댄서들이 나올 때마다 아타는 자리를 피하곤 했다고 한다. 아타의 가족이 살던 마을의 이슬람교 사원 신도 중 아타 가족을 기억하는 사람은 없었다. 1990년 이집트에서 가장 유망한 카이로대학교를 졸업한 모하메드 아타는 도시 계획을 공부하기 위해 독일로 떠났고 그곳에서 아타의 삶에 엄청난 변화가 일어났다.

1992년 여름 함부르크에 도착한 아타는 가까운 곳에 있는 이슬람교 사원을 발견하고 착실하게 다녔다. 아타는 돼지고기와 술을 피하는 엄격한 이슬람 식단을 지켰고 클럽이나 스포츠 경기를 피했다. 코란을 늘 침대 가까이에 두고 하루 다섯 번 기도했으며 휴일에는 금식했다. 1996년 사우디아라비아의 메카에 성지순례를 다녀온 후 함부르크 알쿠즈 모스크al-Quds mosque에 합류했고 그곳에서 기탄없는 화려한 언변의 이슬람교도 모하메드 하이다르 자마르Mohammad Haydar Zammar의 설교를 듣게 되었다. 아타는 삶과 죽음을 알라신께 바치겠다는 내용과 자신의 무덤에 여성의 방문을 금지한다는 유언장을 남겼다.[12] 하지만 독일인 집주인은 아타가 크게 변한 시기는 그보다 아주 오래전이었다고 전했다. 함부르크에 도착한 직후 아타는 "나는 이제 외국에 살고 있다. 나는 성인이다. 그러므로 모든 일을 스스로 결정할 수 있다"라고 말했다고 한다.[13] 아마도 강압적인 아버지가 뿌린 씨가 어느 날 갑자기 독미나리처럼 피어난 것으로 보인다.

2001년 9월 11일 유나이티드 에어라인 93편을 납치 조종하다 승객의 저지로 테러 목표물에 접근하지 못하고 펜실베이니아 소머셋 카운티에 추락시킨 레바논인 지아드 자라Ziad Jarrah는 자살폭탄 테러가 있기 전날 여자친구 아이셸 센군Aysel Sengun에게 이런 편지를 썼다.

"나는 널 피해 달아난 것이 아니라 내가 해야 할 일을 하는 것뿐이다. 넌 나를 마땅히 자랑스러워해야 한다."[14]

그리고 이런 내용도 덧붙였다.

"우리는 아무런 문제가 없고 슬픔도 없으며 금과 은이 가득한 성에 살게 될 것이다."

자라는 아타보다 더 풍족한 가정에서 자랐다. 자라의 부모님은 베이루트에 콘도미니엄을 소유하고 있었고 교외에 별장을 두고 있었으며 벤츠를 몰았고 자라를 사립학교에 보냈다. 자라의 여자친구 아이셸은 "우리는 돈이 필요할 때마다 자라의 부모님께 전화를 걸었다. 부모님은 필요한 금액을 물어보고 항상 그 금액의 두세 배 정도의 넉넉한 금액을 보내주셨다"라고 회상했다.[15] 자라는 학업 성적이 우수하지 못했고 여자친구에 더 관심이 많았다. 그러나 자라도 모하메드 아타와 마찬가지로 함부르크로 간 뒤 급진적으로 변했다. 아타와 자라 둘 다 알쿠즈 모스크에 다녔고 평온한 성장기에도 불구하고 신성한 전쟁을 믿었다.

아타와 자라는 1999년 아프가니스탄에서 알카에다와 함께 훈련받으면서 권총과 저격용 소총에서부터 다이너마이트와 유탄발사기에 이르기까지 기본적인 군용 무기를 익혔다. 아타는 알카에다의 지도자인 사우디아라비아인 오사마 빈라덴Osama bin Laden을 만나 세계무역센터와 펜타곤을 포함한 9월 11일 테러의 최종 목표물을 선정했다.[16] 하지만 다른 자살 폭탄 테러범과 마찬가지로 아타와 자라도 이미 종교적 광신자가 되어 있었다. 독실한 신도가 되기 전까지는 그 누구도 알카에다 훈련 캠프에 접근할 수 없었기 때문이다.[17] 9·11테러가 있기 4개월 전 예루살렘의 이슬람 최고 지도자 셰이크 에크리마 사브리 Sheikh Ikrima Sabri는 "여러분이 삶을 사랑하는 만큼 이슬람교도는 죽음과 순교를 사랑한다"라고 말했다.[18] 천국이 테러리스트의 임무를 이끌었던 셈이다.

아타나 자라와 마찬가지로 훌륭한 교육을 받고 중산층에서 자라 이스라엘 민간인을 공격했던 팔레스타인 자살 폭탄범도 같은 동기를 바탕으로 행동했다. S라는 알파벳 첫 글자로 신분을 밝힌 테러리스트 조직 하마스 Hamas의 한 일원은 숭고한 희생이 얼마나 매력적으로 느껴지는지 설명한다.

"숭고한 희생은 우리를 천국이나 지옥으로부터 갈라놓은 엄청나게 높고 관통하기 힘든 벽과도 같다. 그러므로 기폭장치를 누른다면 우리는 즉시 천국으로 가는 문을 열 수 있다. 천국으로 가는 가장 빠른 길인 셈이다."[19]

작전이 실패한다면 어떻게 되는지 묻자 S는 이렇게 답했다.

"우리는 망설이지 않겠다고 알라신 앞에서 코란을 두고 맹세했다. 알라신을 위해 행해진다면, 모든 순교의 작전은 모기에 물렸을 때보다 덜 아프다."

하마스의 또 다른 회원은 천국으로 향하는 길을 시각적으로 제시한다.

"천국은 우리에게 아주 아주 가까이 있다. 바로 눈앞에 있는 것이다. 엄지손가락 밑에 있고 기폭장치의 반대편에 있다."

천국에서의 영원함에 대한 갈망은 희생을 아무것도 아닌 것처럼 느끼게 하며 자살 특공 임무가 가진 손익 비대칭을 한없이 매력적인 모습으로 미화한다. 한 요원은 이렇게 표현했다.

"영적인 힘은 우리를 하늘로 끌어올리지만 물질적 힘은 우리를 바닥으로 끌어내린다."[20]

이 같은 종교적 근본주의자들의 왜곡된 계산법은 이슬람 테러리스트 조직 내에서 자발적 지원자가 넘쳐나는 현상을 충분히 설명한다. 요르단강 서안의 팔레스타인 자치구 제닌 출신으로 이스라엘 하이파에서 자살 폭탄 테러를 시도하다 붙잡힌 19세 무라드 타왈비 Murad Tawalbi 는 테러 집단에 영입해준 친형에게 감사하다고 말했다.

"형은 내게 폭탄이 실린 허리띠를 입으라고 하지 않았다. 천국으로 가는 입장권을 주었을 뿐이다. 형이 내가 순교자가 되길 원했던 이유는 나를 사랑하기 때문이다. 순교의 고통은 우리 종교에서 가장 고귀한 일이기 때문이다. 아무나 순교자가 될 기회를 얻지는 못한다."[21]

## 자살 폭탄 테러리스트들의 공통점

종교적 목적이 없는 스리랑카의 반군단체 타밀 호랑이 Tamil Tigers 는

20세기 말까지 자살 폭탄 테러를 가장 자주 일으킨 단체로 기록되고 있다. 타밀 호랑이는 스리랑카의 타밀족 독립을 위해 설립된 마르크스-레닌주의 단체로 1980년에서 2003년에 걸쳐 발생한 자살 폭탄 테러 315건 중 76건을 일으켰다.[22] 타밀 호랑이는 인도 전 총리 인디라 간디 Indira Gandhi의 아들 라지브 간디 Rajiv Gandhi가 승리해 스리랑카 정부를 상대로 평화유지 정책을 펼칠 것을 우려해 1991년 인도 총선 캠페인 기간 중 라지브 간디를 암살했다.[23] 타밀 호랑이는 스리랑카 대통령, 국방부 장관, 국가 안보 보좌관과 자신들의 폭력에 반대하는 온건한 타밀족 정치인들을 암살했다. 타밀 호랑이의 임무는 종교와 전혀 관련이 없지만 그들의 자살 폭탄 테러 행위를 자세히 들여다보면 이슬람 극단주의자들과 마찬가지로 비대칭적 보상을 얻으면서도 그 행동의 근본적 이유는 매우 다르다는 사실을 알 수 있다.

타밀 호랑이의 자살 폭탄 테러범 중 가장 유명한 인물은 다누 Dhanu라는 이름으로 알려진 여성이다. 1991년 5월 21일 화요일 유명한 인도 정치인이었던 라지브 간디에게서 약간 떨어져 서 있던 다누는 간디에게 꽃다발을 전하기 위해 다가가 인도 여성의 전통의상 사리 sari 안쪽 보디 벨트에 숨기고 있던 폭탄을 터트렸다.[24] 이 폭발로 간디와 다누를 비롯해서 10여 명이 사망했고 사망자 중에는 타밀 호랑이의 사진작가도 포함되어 있었다. 이 작가가 찍은 필름에는 사건 기록이 고스란히 담겨 있었다. 다누는 자신이 저지른 테러에 대해 어떤 설명도 남기지 않았지만 〈뉴욕 타임스〉는 스리랑카의 인도 군인이 다누의 오빠 두 명을 살해하고 다누를 강간했기 때문이라고 밝혔다.[25] 다누의 범죄는 개인적 원한에 따른 유혈 갈등의 결과로 보이는 까닭에 다른 타밀 테러리스트의 자살 폭탄 테러와 달라 보이지만 한 가지 기이한 우연이 존재한다. 스리랑카의 자살 폭탄 테러리스트 중 많은 이가 다누와 유사한 사연을 가진 여성이라는 점이다.

이슬람 세계에서 여성 자살 폭탄 테러범은 매우 드물어서 남성보다 의심을 덜 받는다. 2003년 이슬람 테러리스트를 양성하는 한 책임자는 이렇게 표현했다. "여성의 몸은 가장 강력한 무기로 자리잡았다. 보안상의 문제를 해결할 새로운 방법을 찾다가 여성이라는 점이 장점으로 작용할 수 있다는 사실을 깨달았다."[26] 하지만 이는 여성이 초기부터 적극적 역할을 담당해온 타밀 호랑이에게는 적용되지 않는다. 다누는 '검은 호랑이 Black Tigresses'라고 불리는 전문화된 여성 자살 폭탄 단체에 속해 있었다. 1990년대 스리랑카에서 모집한 1만여 명 중 약 4,000명은 여성 요원이었다. 9·11테러에 가담한 범인은 모두 남성이었던 점에서 볼 수 있듯이 이슬람 테러리스트와 비교하면 엄청나게 높은 비율이다.[27]

타밀 호랑이의 여성 요원은 남성과 마찬가지로 다양한 이유를 가지고 조직에 합류한다. 직업을 찾지 못하고 방황하던 여성은 삶의 목적을 찾기 위해 합류하며 또 다른 이들은 민족주의자로 조국을 위해 싸우려고 조직에 들어간다. 살해된 가족을 대신하여 복수하기 위해 조직에 가담하는 여성도 있다. 그러나 그중 다수는 강간당한 뒤 자신이 살던 동네에서 쫓겨난 이들이다. 그들은 자포자기하는 마음으로 자살 폭탄 테러범이 된다.

타밀 호랑이와 함께 스리랑카를 여행한 작가 케이트 필리온Kate Fillion은 "가족에게 불명예스러운 존재였던 강간당한 여성은 순교의 문화에서 자랑스러운 존재로 바뀐다"라고 설명한다.[28] 필리온은 스리랑카 군인들에게 "검문소에서 타밀족 여성을 강간하지 말라. 더 많은 첩보원을 양성할 뿐이다"라고 나무라는 신문 사설을 언급했다. 컬럼비아대학교에서 편찬하는 〈저널 오브 인터내셔널 어페어즈Journal of International Affairs〉의 편집장이었던 애나 커터Ana Cutter는 "어머니가 될 수 없는 타밀족 여성은 자신이 인간 폭탄이라는 사실을 받아들인다"라고 전했다.[29]

탐사 보도 기자 얀 굿윈Jan Goodwin은 스리랑카를 방문한 뒤 "여성 자살 폭탄 테러리스트 중 다수는 강간을 당한 경험이 있다는 공통점이 있다. 가부장적 문화에서 강간당한 여성은 쓸모없는 물건이며 결혼할 수 없다고 여겨지기 때문에 인간 폭탄이 되는 방법을 일종의 순화로 받아들인다"라고 설명했다.[30] 굿윈은 메나케Menake의 사례를 예로 들었다.

검고 긴 머리를 단정하게 묶고 초콜릿색 피부를 가진 27세의 처녀 메나케는 아이를 충분히 믿고 맡길 만큼 신뢰할 수 있을 것 같은 사람이지만 어린 시절 아버지에게 강간당한 후 자살 폭탄 테러리스트가 되었다. 스리랑카 총리를 암살하기 위해 메나케는 반짝이는 상의 속에 폭탄이 장착된 조끼를 감추고 있었지만 '목표물'에 접근하기 전 경찰에 붙잡혔다. 경찰은 타밀족 테러리스트가 체포당했을 때를 대비하기 위해 목에 걸고 있던 맹독성의 시안화물 캡슐을 발견했다. 경찰은 메나케가 독이 든 알약을 삼키지 못하도록 의식불명 상태가 될 때까지 구타했다.

## 누구나 '잃을 것'이 있다

남녀를 불문하고 자살 폭탄 테러리스트가 되는 이유는 다양하지만 그들이 가진 공통된 맥락은 다른 곳에 있다. 타밀 호랑이의 순교 문화에서 버림받았던 강간 피해자는 자살 폭탄 테러를 통해 명예를 회복할 수 있다. 이슬람교 근본주의자들은 영원한 구원으로 비대칭적 보상을 제공받는다. 이같이 입증되지 않은 증거를 통해 모든 여성 타밀 호랑이가 강간당했다고 단정할 수는 없다. 또한 모든 이슬람교 자살 폭탄 테러리스트가 낙원을 믿는다고 할 수도 없다. 그러나 이 같은 관점은 자살 폭탄 테러리스트에게 광범위하게 적용되고 이를 통해 왜 그들의 행위를 중단시키기 어려운지 파악할 수 있다. 그리고 자살 폭탄 테러를 멈출 수 있는 단서를 제공하기도 한다.

스리랑카 정부는 마침내 타밀 호랑이를 제압하면서 어떠한 관용도 베풀지 않았고 자살 폭탄 테러리스트들처럼 공격으로 인한 인명 손실조차 외면했다. 2년에 걸친 총력전이 끝난 2009년 2월 정부군은 스리랑카 북동쪽 해안에서 타밀 호랑이 리더와 지지자들을 둘러쌌다. 당시 스리랑카 국방장관이었고 2019년 스리랑카 대통령에 당선된 고타바야 라자팍사 Gotabaya Rajapaksa는 "우두머리들이 아직 그 지역을 장악하고 있고 인간 방패들이 지키고 있다. 머지않아 우리가 이곳을 장악하게 되면 지도자를 잡을 수 있을 것이다"라고 발표했다.[31]

약 25만 명의 시민이 교전 지대에 고립되어 있으며 타밀 호랑이가 시민들을 떠나지 못하도록 할 것을 예상한 국제 적십자 위원회는 휴전을 요청했다. 라자팍사는 "우리는 지난 30년간 수많은 휴전을 선언했지만 문제는 해결되지 않았다"라며 휴전을 거부했다. 라자팍사는 부대원들에게 "적들에게 숨돌릴 틈조차 주지 마라"고 명령했다. 결국 약 7,000명 이상의 시민이 목숨을 잃었다.[32]

〈로스앤젤레스 타임스〉는 "스리랑카 정부가 타밀 호랑이 반군을 쓰러뜨리기 위해 이용했던 전술은 내전으로 어려움을 겪고 있는 다른 국가에 도움이 될 것"이라고 보도했다. 스리랑카 정부의 전술은 강력한 지지를 얻었지만 논란의 여지가 큰 전술이기도 하다.[33] UN은 무고한 시민을 지키지 못한 스리랑카 정부를 비난했지만 많은 민간인은 반란군과 함께 십자포화를 맞았고 테러를 방조했다는 증거가 있는 것은 사실이다. 인도의 군사 전략가 아제이 렐레 <sub>Ajey Lele</sub>는 이렇게 지적했다. "스리랑카 정부는 부수적 피해를 걱정하지 않았다. 다양한 측면에서 다른 사례에 적용하기에 매우 어려운 면이 있다." 스리랑카 정부는 타밀 호랑이를 제압하기 위해 쇠망치를 꺼내 들었고 이는 수십 년에 걸친 타밀 호랑이의 테러에 대항하는 수단으로 정당화될 수 있지만 다른 나라에서는 연좌제를 적용한 사례로 보고 매우 비도덕적인 행위로 간주하고 있다.

연좌제는 국제법상 금지되어 있지만 많은 민주주의 국가에서 다양한 형태로 적용하고 있는 것으로 드러났다. 하버드대학교 법학과 앨런 더쇼비츠<sub>Alan Dershowitz</sub> 교수는 "한 국가가 다른 국가를 상대로 보복을 할 때마다 대상 국가의 시민 전체를 벌주는 것과 마찬가지다. 제2차 세계대전 동안 미국과 영국이 독일에 가한 폭격으로 독일 시민들이 고통받았다. UN이 승인하는 경제적 제재 조치도 경제적 형태로 시민 전체를 벌주는 것과 같다"라고 표현했다.[34] 용인할 수 있는 집단을 상대로 한 처벌과 비도덕적 처벌을 구분할 수 있는 현명한 경계선은 없지만 민주주의 정부는 자살 폭탄 테러를 막을 수 있는 쇠망치보다는 수술용 메스와도 같은 좀 더 섬세한 무기가 필요하다.

이슬람 근본주의자와 타밀 호랑이는 테러에서 비대칭적 보상을 추구하지만 그 단체를 구성하는 개인에게는 가족을 기쁘게 하려는 의도가 더 크게 작용한다. 예를 들어 요르단강 서안지구에서 자살 폭탄 테러리스트가 되려고 했던 무라드 타왈비 Murad Tawalbi는 자신을 도와준 형에게 감사할 뿐만 아니라 그와 다른 요원들이 영상으로 남긴 최후의 메시지를 이렇게 설명했다.

"요원들은 모두 가족에게 인사를 남긴다. 내가 순교자가 되었다는 소식을 어머니가 TV에서 듣게 되면 기쁨의 눈물을 터트리게 될 것이다."[35]

자살 폭탄 테러리스트가 가족을 염려한다는 점은 그들에게도 결국 잃을 게 있다는 사실을 의미한다. 충분히 이용할 만한 균열인 셈이다.

자살 폭탄 테러리스트의 가족이 사는 집을 허물겠다고 한다면 테러리스트는 가족을 걱정하게 될 것이고 왜곡된 보상 구조를 다듬어 죽음에 이르게 될 결정을 되돌아보도록 할 수 있다.[36] 1945년 영국은 팔레스타인 위임 통치령에 따른 영토를 관리하면서 테러리스트로 의심되는 용의자 가족의 집을 파괴하는 정책을 시작했다. 이스라엘도 1987년 시작된 이스라엘에 대항하는 아랍 민중봉기인 제1차 인티파다 중 같은 정책을 광범위하게 시행했다가 연좌제라는 국제 사회의 비난에 따라 2005년 폐지했다. 그러나 테러가 증가하면서 2014년 재개했다.[37] 자살 폭탄 테러리스트의 부모가 공개적으로 자녀의 행동을 맹렬히 비난하게 되면 집이 파괴되는 일을 막을 수 있다. 자녀의 행동을 꾸짖는 부모의 영상이 소셜미디어를 통해 퍼지면 협박으로 테러를 저지른 경우라도 큰 영향을 발휘하게 되어 테러 행위를 중단할 수 있다. 그러면 집을 파괴하는 것보다 더 효과적으로 비대칭적 보상에 대항할 수 있다.

　　이 같은 방법이 효과를 거둘 수 있을지 알 수 없다. 두 가지 힘이 서로 다른 방향으로 잡아당기는 줄다리기 같은 상황이기 때문이다. 이슬람교 자살 폭탄 테러리스트는 믿음으로 인한 희생을 통해 천국에 갈 수 있다고 믿지만, 가족을 염려하는 마음도 크다. 집을 파괴하겠다는 협박이 천국보다 대단할 확률은 낮겠지만 예상치 못한 결과가 일어날 수도 있다. 가석방 없는 종신형 죄수가 로데오 쇼에 설 기회를 통해 행동이 달라질 수 있으리라고 예측한 사람은 많지 않았다. 이 책의 마지막 부분에서 다룰 주제다. 잃을 게 있는 상황의 힘을 과소평가해서는 안 된다.

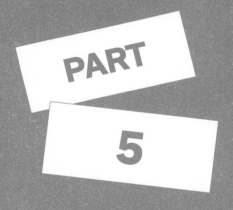

PART

5

불확실한
내일을 위한
옳은 선택

The Power

of Nothing

to Lose

# 승패가 교차하는
# 세상에서 살아가기

'자유는 잃을 게 없는 상황을 부르는 또 다른 이름일 뿐이다.'

싱어송라이터 크리스 크리스토퍼슨Kris Kristofferson이 쓰고, 블루스 장르뿐만 아니라 록스타로 더 잘 알려진 재니스 조플린Janis Joplin이 부른 노래 가사이기도 한 이 문장은 이 책이 말하고자 하는 주제라고 할 수 있다.[1]

제약으로부터의 해방은 정치인과 금융업자가 대담해지도록 해 그릇된 행동에 이르고 부수적 피해를 일으킨다. 히틀러의 벌지 전투는 허사로 돌아갔고 니컬러스 리슨은 베어링스 은행을 무너뜨렸다. 그러나 긍정적인 면도 있다. 로자 파크스의 버스 보이콧 운동처럼 짓밟힌 자들은 제약으로부터 해방되면서 고귀한 목적을 위해 나아갈 수 있었다. 스포츠계에서도 약자들은 잃을 게 없는 상황에서 유력한 경쟁자를 물리쳐 지친 팬들에게 기쁨을 선사했다.

## 잃을 게 없으면 자유로워진다

2007년 11월 10일 토요일, 2승 8패를 기록하고 있던 웨스트 버지니아주 마샬대학교의 미식축구팀은 이스트캐롤라이나대학교 선수단을 26대 7로 무너뜨렸고 웃음이 만발한 2만 6,718명의 관중은 이 모습을 행복하게 지켜보았다.[2] 마샬대학교 썬더링 허드팀에서 디펜시브 태클을 맡고 있는 바이런 팅커Byron Tinker는 경기 결과를 이렇게 표현했다.

"우리는 잃을 게 아무것도 없었다. 지금까지는 그런 방식으로 경기를 펼치지 않았지만 오늘은 잃을 게 없다고 생각했고 덕분에 자유롭게 경기를 펼칠 수 있었다. 더 큰 자유를 얻었던 셈이다. 자유로운 모습은 경기를 통해 드러났다."[3]

이스트캐롤라이나대학교 미식축구팀이 정신적 자유를 얻은 마샬대학교팀에 패배했던 이유는 선수들이 학생이었기 때문일 수도 있다. 그러나 전문가도 희생양이 될 수 있다. 덴버 브롱코스Denver Broncos는 1997년과 1998년 정규 시즌에 이어 2년 연달아 슈퍼볼에

서 승리하면서 7번째로 쾌거를 달성한 미식축구팀이 되었다. 그 후
로 5년간 브롱코스의 성적은 나쁘지 않았지만 정규 리그에서 53퍼
센트의 승률을 기록하면서 엄청난 기록을 올리지는 못했다. 그러
나 브롱코스는 42퍼센트의 승률을 기록한 시카고 베어스보다는 훨
씬 나은 성적을 올렸다. 브롱코스는 2003년 플레이오프에 진출하
리라고 예상했지만, 11월 23일 일요일 3승 7패의 성적으로 덴버에
도착한 시카고 베어스는 브롱코스를 19대 10으로 눌렀다. 지역 스
포츠 칼럼은 '브롱코스여, 깨어나 보통이라도 하라'라는 제목의 기
사를 실었다.[4] 덴버의 타이트 엔드이자 명예의 전당에 올랐던 섀넌
샤프 Shannon Sharpe는 경기 결과에 대해 이렇게 설명했다.

"3승 7패의 성적을 가진 팀은 절대 네 번째 패배를 용납하지
않는다. 잃을 게 없다는 생각으로 경기에 임하는 것이다. 시카고 베
어스는 잃을 게 없다는 마음으로 경기에 임했고 우리를 꺾었다."

아무런 사심 없이 경기에 임하는 선수가 승리를 거머쥐는 경
우는 많다. 호주 시골 지역의 가난한 어보리진족 가정에서 8남매
중 한 명으로 자란 이본 굴라공 Evonne Goolagong은 1970년대 세계에
서 가장 뛰어난 테니스 선수가 되었다. 굴라공은 1971년 초반 자신
의 선수 시절 아이돌이자 1970년 그랜드 슬램을 달성한 마거릿 코
트 Margaret Court를 상대로 첫 번째 승리를 거두었다. 굴라공은 빅토리
아 챔피언십에서 코트를 7대 6, 7대 6으로 눌러 돌풍을 일으켰다.

경기에 패배한 뒤 속상했던 코트는 이렇게 설명했다.

"굴라공은 잃을 게 없다는 생각으로 경기를 하기 때문에 최고 기록을 가진 선수들과의 경기에 강하다."[5]

굴라공은 그해 말 영국 윔블던 챔피언십 준결승에서 세 차례나 윔블던 챔피언에 올랐던 미국의 테니스 스타 빌리 진 킹 Billie Jean King과의 경기에서 또 한 번 승리를 거두었다. 굴라공은 "모든 상황이 딱 들어맞았다. 어떤 일이든 일어날 수 있었다. 난 잃을 게 없었기 때문에 최선을 다할 수 있었다"라고 평가했다.[6] 신예 슈퍼스타에게 일어난 승리의 공식에 대해 빌리 진 킹은 굴라공을 이렇게 칭찬했다.

"굴라공은 내게 정말 친절했다. 테니스계는 굴라공 같은 젊고 새로운 선수가 반드시 필요하다."

굴라공은 스무 살 생일을 며칠 앞두고 펼친 윔블던 대회 결승전에서 마거릿 코트를 6대 4, 6대 1로 꺾고 꿈같은 우승을 거두었다.

두려움으로부터 자유를 얻은 선수는 전부를 걸고 기대하지 않던 무대에서 승리를 거두지만, 자유로움만으로 선수 생활을 지속할 수 있는 것은 아니다. 굴라공은 10여 년이 지나자 이런 걱정이 생겼다.

"윔블던은 내가 승리했을 때보다 지금 더 중요하게 느껴진다. 그해에는 모든 것이 정말 새로웠고 그다지 중요하게 생각되지도 않았다. 하지만 지금의 나는 테니스계에서 훨씬 더 전문가가 되었고 정상의 자리에 오른 선수로서 더 큰 책임을 느낀다. 테니스는 내게 더 큰 의미로 다가오고 또 한 번 승리를 거머쥐고 싶다."[7]

굴라공은 1980년 또 한 번 승리했다. 굴라공은 승리를 통해 실력은 물론 어린 시절의 어려움을 극복한 기질을 증명했고, 경기장을 넘어서 경력을 발전시킬 수 있었던 태도를 보여주었다.


# 잃을 게 없으면 기회가 많아진다

1938년 브루클린에서 태어난 앨런 더쇼비츠 Alan Dershowitz는 1962년 예일대학교 로스쿨을 수석으로 졸업하고 대법관 아서 골드버그 Arthur Goldberg의 서기로 근무하다가 28세의 나이에 하버드 로스쿨의 가장 젊은 전임교수가 되었다. 미국 헌법 전문가이면서 수정 헌법 제1조를 지지하던 더쇼비츠는 세간의 주목을 받으면서도 의문의 여지가 많은 다양한 의뢰인을 변호해왔다. 의뢰인 중에는 포르노 영화배우 해리 림스 Harry Reems, 아내를 살해하려 했다는 혐의를 받은 클라우스 폰 뷜로 Claus von Bülow, 사교계 명사 서니 본 뷜로 Sunny von Bülow, 전 부인 니콜 브라운 심슨 Nicole Brown Simpson과 니콜의 친구 론 골드먼 Ron Goldman을 살해했다는 혐의로 기소된 O.J. 심슨 O.J. Simpson 등이 있다. 더쇼비츠는 도널드 트럼프 대통령이 하원에서 첫 번째로 탄핵당한 후 2020년 상원 심사에서 트럼프 대통령을 변호하기도 했다. 더쇼비츠는 논란의 중심에 서기 좋아하는 자신의 기질을 설명하기 위해 학창 시절의 이야기를 꺼냈다.

"난 형편없는 학생이었다. 항상 의심했고 항상 질문했으며 폐쇄된 체계라고 생각되는 것들을 벗어나려고 노력했다. 나는 다른 사람들이 바라는 대로 하지 않았다. 모험을 받아들이는 과정은 내게 너무도 자연스러운 것이었다."[8]

더쇼비츠는 자신의 미적분학에 비대칭적 주름을 더했다.

"어린 시절에는 내 결정에 따른 위험 부담이 적었기 때문에 두려움을 정복할 필요가 없었다. 손해 볼 게 없다고 생각했다."

더쇼비츠처럼 변호사였던 리처드 닉슨은 듀크대학교 로스쿨을 3등으로 졸업하고 성인 시절 대부분을 정치계에서 보냈다. 닉슨은 1950년대 아이젠하워 정부에서 두 차례 부통령을 지냈고 1960년 존 F. 케네디John F. Kennedy를 상대로 대통령에 출마해 근소한 표 차로 패배했다. 그 후 1962년 에드먼드 팻 브라운Edmund 'Pat' Brown을 상대로 캘리포니아 주지사에 출마한 뒤 패배했다. 닉슨은 1968년 대통령 선거에서 허버트 험프리Hubert Humphrey 부통령을 상대로 승리하면서 마침내 일생의 목표를 달성했다. 1972년 연임에 성공했지만 2년 뒤 워터게이트 스캔들에 따른 탄핵을 피하려고 굴욕을 무릅쓰고 사임했다.

닉슨은 어린 시절의 모욕감을 극복하기 위해 더 뛰어난 존재가 되려고 노력했다고 자신을 설명했다.

"어린 시절의 비웃음과 무시와 모욕이 시작이었다. 가난해서, 아일랜드계라서, 유대인이라서, 가톨릭 신자라서, 못생겨서, 너무 말라서 모욕을 당했다. 그러나 어느 정도 똑똑하거나 분노가 깊고 강하면 그런 모욕을 우수함이나 직감적 성과 등으로 바꿀 수 있다는 사실을 알게 된다."[9]

닉슨은 성공에 대한 설명을 추가했다.

"다른 사람보다 더 열심히 노력해야 한다는 사실을 깨닫게 되면 노력이 삶의 방식으로 자리잡게 된다. 손해 볼 게 없다는 사실을 기억하면 무한한 기회가 다가온다. 숙제를 하고 나면 보상이 따른다. 그런 다음 처음으로 상대방보다 유리한 고지를 점령하게 된다. 왜냐하면 경쟁자는 이미 가지고 있는 것을 잃지 않으려 하기 때문이다."

닉슨과 더쇼비츠는 정상에 도달한 뒤 인생 후반기에 많은 걸 잃었지만 도박을 멈추지 않았다. 그 전략이 효과가 있었기 때문일 것이다. 더쇼비츠는 이렇게 말했다.

"나는 승리를 좋아한다. 패배는 정말 싫다. 내가 폰 뷜로 항소에서 이겼을 때 친구들은 '이제 그만하라'고 충고했다. 소송에 패하면 내가 스스로 패배자로 느낄까봐 걱정한 것이었다. 그러나 나는 패배의 위험까지 떠안고 싶었다. 쉬운 사건을 담당하면 이기기도 쉽다. 그러나 나는 위험 부담이 높은 사건만을 다루고 싶다."[10]

닉슨은 이 같은 성향을 극단으로 몰고 갔다.

"나는 말랐고 심술궂고 꾀가 많다. 그래서 벼랑 끝으로만 걷는다. 그렇게 오랜 세월이 지나면 벼랑 끝을 계속 걸으면서도 균형을 잃지 않는 내 모습이 얼마나 대단한지 감탄하게 될 것이다."[77]

그리고 닉슨은 워터게이트 스캔들을 통해 그 값을 지불하게 된 사실을 인정했다.

"이번 일만은 달랐다. 이번에는 잃을 게 있었다."

## 성공률이 낮아도 계속 시도하는 이유

스포츠팀, 세계적인 운동선수, 유능한 변호사, 정치인은 눈가리개를 하고 달리는 경주마처럼 모험을 계속하고 더 큰 보상을 쫓고 실패에 대한 두려움을 억누르면서 성공한다. 이 책에서 살펴본 것처럼 그들의 공적으로 역사가 바뀌었다. 만약 장점이 크고 단점이 제한된 기회가 정말 매력적이고 성공으로 가는 길이라면, 왜 우리는 그런 사례를 더 많이 보거나, 헤일 메리 효과가 신문 머리기사를 장악하지 못하는가? 고대 로마의 가톨릭 기도가 어떻게 일상의 대화로 전파되었는지 살펴본다면 약간의 안목이 생길 것이다.

미국 해군사관학교를 졸업한 로저 스토백Roger Staubach은 댈러스 카우보이스팀의 쿼터백으로 프로 미식축구 명예의 전당에 올랐다. 스토백의 맹활약으로 댈러스 카우보이스는 1970년대 두 번이나 슈퍼볼에서 승리했다. 다양한 별명을 얻었던 스토백은 쟁탈전을 벌이는 능력으로 '로저 더 다저스Roger the Dodger'로 불렸고 중요한 시합의 4쿼터에서 패배를 극복하는 모습으로 '캡틴 컴백Captain Comeback'으로 불리기도 했다. 가장 기억에 남을 만한 컴백은 1975년 12월 28일 일요일에 있었던 포스트시즌 경기에서 나왔다.

댈러스는 미네소타 바이킹스를 14대 10으로 따라잡았고 남은 시간은 단 몇 초뿐이었다. 스토백은 와이드 리시버인 드루 피어슨Drew Pearson을 상대로 던지기(약 46미터)를 완성했고 팀에게 승리를 안겨 댈러스 카우보이스는 플레이오프에 진출하게 되었다. 승리로 끝난 경기가 종료된 후 기자와의 인터뷰에서 로저 스토백은 "난 경기에서 녹다운되었다. 그리고 눈을 감고 '헤일 메리(아베마리아)'라고 중얼거렸다.12 그리고 헤일 메리는 점차 곤란한 상황에 놓인 모두를 위한 용어가 되었다"라고 말했다. 미국 프로미식축구협회는 헤일 메리를 기념하기 위한 티셔츠를 제작했다. "티셔츠의 앞면에는 커다랗게 '헤일 메리'라고 쓰여 있고 뒷면에는 설명이 적혀있다. 난 손자들에게 선물하려고 그 티셔츠를 대량으로 샀다."

로저 스토백은 훌륭한 선수였고 '헤일 메리'라는 상징적 문구가 미국 문화의 하나로 자리잡는 데 이바지했다. 우리는 승리의 패스만을 기억하지만 현실적으로 성공의 가능성은 매우 드물다.13 스토백의 실패한 헤일 메리 패스를 논하는 사람은 아무도 없지만 대학 미식축구 통계자료에 따르면 2005년에서 2013년 사이 쿼터 백이 헤일 메리 패스를 던진 횟수는 403회로 한 해 약 30회였다. 이 중 터치다운으로 연결된 패스는 단 10회로 성공 확률은 2.5퍼센트에 불과하다.[14] 대부분의 헤일 메리 패스는 수비팀이 필사적 도박에 대비하고 갑작스러운 스트라이크를 막기 때문에 실패로 끝나지만 낮은 성공률에도 불구하고 쿼터백은 게임의 결과가 위태로운 상황에서 헤일 메리라는 기적을 이루려는 시도를 그만두지 않는다. 단지 실패를 기억하지 않는 것뿐이다.

이와 동일한 다이내믹은 정치, 전쟁, 비즈니스 분야에서 헤일 메리의 희박한 성공 확률을 설명한다. 헤일 메리는 말 그대로 일어날 가능성이 낮은 이벤트이고 성공보다 훨씬 더 많은 패배가 역사의 뒤안길로 사라지고 있다. 말메디 마을의 대량 학살 현장을 제외하고는 아이젠하워가 벌지 전투에서 히틀러의 필사적 도박을 짓밟았다는 사실을 기억하는 사람은 많지 않다. 사건을 추모하기 위해 1965년 헨리 폰다Henry Fonda, 찰스 브론슨Charles Bronson, 텔리 사발라스Telly Savalas를 주인공으로 만들어진 영화 〈벌지 전투〉가 있을 뿐이다.

실패한 도박은 켄터키 경마에서 순종이 사라지는 것처럼 공식 기록에서 사라진다. 강압에 못 이겨 전부를 거는 일은 우리가 기억하는 것보다 훨씬 더 자주 일어난다. 예를 들어 최근 미국에서 적어도 세 명의 대통령 후보는 (패배를 마주했을 때 스토백처럼 도박으로 자신의 기회를 높이기 위해) 파격적인 부통령 후보를 선택했다. 그중 두 명은 여성이었다. 그 세 사람을 모두 기억하는가?

가장 최근에 주사위를 던진 후보자는 공화당 존 매케인John McCain으로 민주당 버락 오바마 후보의 승리가 확실시되던 2008년 여름 대중에게 거의 알려지지 않았던 알래스카 주지사 세라 페일린Sarah Palin을 부통령 후보로 선택했다. 당시 신문 머리기사 제목은 '매케인이 던진 헤일 메리 패스'였다.[15] 공화당 전당대회 알래스카 대표 빌 놀Bill Noll은 "매케인의 선택이 모든 미국 여성에게 반향을 불러일으키지 못한다면 나는 내 모자를 먹겠다"라고 표현했다. 공화당이 완패했을 때 빌 놀은 모자를 먹고 질식했을지도 모른다. 그러나 페일린은 부통령 후보자로 선출된 첫 번째 여성은 아니었다.

1984년 로널드 레이건 대통령을 상대로 패한 월터 먼데일Walter Mondale은 뉴욕시 하원의원이었던 제럴딘 페라로Geraldine Ferraro를 부통령 후보로 선택했다. 〈보스턴 글로브Boston Globe〉 칼럼니스트 엘렌 굿맨Ellen Goodman은 "최초의 여성 부통령 후보를 선택한 일은 어느 정도의 영감과 땀과 절박함이 어우러진 선택이었다. 페라로는 로널드 레이건을 상대로 한 레이스에서 걸고 말하는 '헤일 메리 패스'에 해당한다"라는 기사를 썼다.[16]

세 번째 큰 도박은 1996년 일어났다. 1976년 부통령 후보였던 공화당 상원의원 로버트 돌Robert Dole은 연임을 시도하는 빌 클린턴 대통령을 상대로 대선에 나섰다. 1996년 여름 버팔로 빌스의 스타 쿼터백이었던 뉴욕시 하원의원 잭 켐프Jack Kemp를 부통령 후보로 선택했을 때 돌은 전국 여론조사에서 클린턴에 20포인트 뒤처져 있었다.

켐프는 1965년 미국 미식축구 최우수 선수상을 받았고 1970년 NFL에서 은퇴한 후 '운동선수는 멍청하다'라는 인식을 극복하기 위해 경제학을 공부했고 경제 회복을 위해 의회에서 감세를 밀어붙였다. 그러나 돌이 부통령 후보를 발표하자 민주당은 '헤일 메리 패스'라고 적힌 미니 축구공을 나눠주며 돌이 얼마나 절박했는지 강조했다.[17] 부통령 선택이라는 간략한 역사를 두고 〈타임Time〉은 "2008년 존 매케인이 선택한 부통령 후보를 두고 어리둥절해서 고개를 젓는 사람이 있다면 세라 페일린이 있기 전 잭 켐프가 있었다는 사실을 기억하라"라는 기사를 실었다.[18]

## 최선의 노력은 늘 행운을 이긴다

우리 중 누군가는 손해 볼 게 없다는 자세로 이본 굴라공 같은 테니스 스타가 되거나 앨런 더쇼비츠 같은 스타 변호사가 될 수도 있다. 그러나 성공에는 주사위 굴리기의 행운보다 더 많은 요소가 작용하므로 우여곡절에 대비해야 한다.

치아 교정기를 하고 허름한 공공 테니스 코트에서 연습하던 십대 소녀는 1997년 뉴욕 플러싱 메도스Flushing Meadows에서 열린 미국 오픈 테니스 경기 결승전에 진출해 모두를 놀라게 했다. 굴라공은 시드에 오르지 못했는데도 우승을 거머쥔 첫 번째 선수로 기록되었다. 1932년 여성 최초로 대서양 비행에 성공한 어밀리아 에어하트Amelia Earhart의 업적과 맞먹는 사건이었다. 그러나 전 세계 랭킹 1위 마르티나 힝기스Martina Hingis는 강력한 만트라로 굴라공의 길을 막았다.

"아무도 나를 따라잡지 못한다는 사실을 알고 있는 것은 최고의 무기다."[19]

힝기스는 적수로 나선 비너스 윌리엄스Venus Williams를 두고 "잃을 게 없다는 태도로 경기에 임하는 선수일 뿐"이라고 말해 무례함을 드러냈다. 1997년에 17세였던 윌리엄스는 잃을 게 없다는 마법의 자극제를 가지고 있었지만 그것만으로는 부족했다.

힝기스는 결승전에서 6대 0, 6대 4로 윌리엄스를 이겼다. 그녀는 당시 최고의 기량을 뽐내는 선수였지만 그녀의 기세도 오래가지 못했다. 비너스 윌리엄스는 패배를 딛고 일어나 2000년 미국 오픈에서 승리했고 2001년 미국 오픈과 윔블던 우승을 거머쥐었고 그 후로도 세 번이나 더 윔블던 우승을 차지했다. 비너스 윌리엄스는 여동생 세레나 윌리엄스Serena Williams와 함께 21세기의 첫 10년 동안 테니스계를 점령했다.

그러나 부상과 질병으로 영광을 지속하지는 못했다. 비너스는 2011년 안구 및 구강 건조, 피로 등을 유발하는 자가면역질환인 쇼그렌증후군을 진단받아 테니스 투어를 지속하기 힘들어졌다. 비너스는 "증상이 있었지만 진단까지는 오랜 시간이 걸렸다"라고 밝혔다.[20] 또한 "매일 나 자신을 최대한 활용하려고 노력한다. 그게 내가 할 수 있는 최선이다"라고 덧붙였다.

2014년 6월 34세가 된 세계 랭킹 31위의 비너스는 약간의 기대를 걸고 윔블던 대회에 참가했지만 3라운드에 그쳤다. 자신의 성적에 만족한 비너스는 "아끼려고 애쓰는 것은 올바른 사고방식이 아니다. 나가서 최선을 다하고 멋진 경기를 펼치면 된다"라고 설명했다. 비너스는 이렇게 덧붙였다. "나는 증명해야 할 것도 없고 숨길 것도 없으며 잃을 것도 없다."

완벽한 비법이다.

## Chapter 1

- Barrat, John. "Don't Pick a Fight with a Eunuch Spider. It Has Nothing to Lose." Animals, Research News, Science & Nature. Smithsonian Insider, April 7, 2011. https://insider.si.edu/2011/04/dont-pick-a-fight-with-a-eunuch-spider-its-got-nothing-to-lose/.

- Black, Fischer, and Myron Scholes. "The Pricing of Options and Corporate Liabilities." *Journal of Political Economy* 81, no. 3 (May/June 1973).

- Cao, Larry. "Nobel Laureate Myron Scholes on the Black-Scholes Option Pricing Model." Enterprising Investor, October 13, 2014. https://blogs.cfainstitute.org/investor/2014/10/13/nobel-laureate-myron-scholes-on-the-black-scholes-option-pricing-model.

- Fitzpatrick, John C., ed. *The Writings of George Washington from the Original Manuscript Sources, 1745~1799.* Vol. 4, *October 1775~April 1776.* Washington, D.C.: Government Printing Office, 1932.

- Gray, Philip, and Stephen Gray. "Testing Market Efficiency: Evidence from the NFL Sports Betting Market." *Journal of Finance* 52, no. 4 (September 1997).

- "Hail Marys—Just How Improbable Are They?" CougarStats, September 10, 2015. https://blog.cougarstats.com/2015/09/10/hail-marys-just-how-improbable-are-they.

- Kralj-Fiser, Simona, Matjaz Gregoric, Shichang Zhang, Daiqin Li, and Matjaz Kuntner. "Eunuchs Are Better Fighters." *Animal Behavior* 81 (2011).

- Levitt, Steven. "Why Are Gambling Markets Organized So Differently from Financial Markets?" *Economic Journal* 114, no. 495 (April 2004).

- Von Luttichau, Charles V. P. "The German Counteroffensive in the Ardennes." Chap. 20 in *Command Decisions*, ed. Kent Roberts Greenfield. Washington, D.C.: Center of Military History, U.S. Army, 2000. Available at Hathi Trust Digital Library, https://catalog.hathitrust.org/Record/011414502.

- Trump, Donald, with Tony Schwartz. *The Art of the Deal*. New York: Ballantine Books Trade Paperback, 2015.

## Chapter 2

- Carson, Jamie L., and Benjamin A. Kleinerman. "A Switch in Time Saves Nine: Institutions, Strategic Actors, and FDR's Court-Packing Plan." *Public Choice* 113, nos. 3 and 4 (December 2002).
- Frey, Bruno S., David A. Savage, and Benno Torgler. "Behavior Under Extreme Conditions: The Titanic Disaster." *Journal of Economic Perspectives* 25, no. 1 (Winter 2011).
- House, Edward Mandell. *The Intimate Papers of Colonel House: From Neutrality to War, 1915–1917*. 2 vols. Edited by Charles Seymour. Boston: Houghton Mifflin, 1926.
- Ickes, Harold. The Secret Diary of Harold L. Ickes: *The First Thousand Days, 1933–1936*. New York: Simon & Schuster, 1953.
- Larson, Erik. *Dead Wake*. New York: Crown, 2015.
- McAdoo, William G. *Crowded Years*. Boston: Houghton Mifflin, 1931.
- Neu, Charles E. *Colonel House: A Biography of Woodrow Wilson's Silent Partner*. New York: Oxford University Press, 2014.
- Peifer, Douglas C. *Choosing War: Presidential Decisions in the Maine, Lusitania, and Panay Incidents*. New York: Oxford University Press, 2016.
- Shlaes, Amity. *Coolidge*. New York: HarperCollins, 2013.
- Shogan, Colleen. "The Contemporary Presidency: The Sixth Year Curse," *Presidential Studies Quarterly* 36, no. 1 (March 2006).

## Chapter 3

- Alschuler, Albert W. "Bill Clinton's Parting Pardon Party." *Journal of Criminal Law and Criminology* 100, no. 3 (Summer 2010).
- Argys, Laura, and Naci Mocan. "Who Shall Live and Who Shall Die: An Analysis of Prisoners on Death Row in the United States." *Journal of Legal Studies* 33, no. 2 (June 2004).
- Duker, William F. "The President's Power to Pardon." *William and Mary Law Review* 18, no. 3 (Spring 1977).
- Fowler, Kristen H. "Limiting the Federal Pardon Power." *Indiana Law*

*Journal* 83, no. 4 (Fall 2008).

- Larkin, Paul J., Jr. "The Demise of Capital Clemency." *Washington & Lee Law Review* 73, no. 3 (Summer 2016).
- Love, Margaret Colgate. "The Pardon Paradox: Lessons of Clinton's Last Pardons." *Capital University Law Review* 32, no. 1 (2002).
- Sisk, Gregory. "Suspending the Pardon Power During the Twilight of a Presidential Term." *Missouri Law Review* 67, no. 1 (Winter 2002).

## Chapter 4

- Abramitzky, Ran, and Leah Boustan. "Immigration in American Economic History." *Journal of Economic Literature* 55, no. 4 (December 2017).
- Allerfeldt, Kristofer. " 'And We Got Here First': Albert Johnson, National Origins and Self-Interest in the Immigration Debate of the 1920s." *Journal of Contemporary History* 45, no. 1 (January 2010).
- Fassin, Didier, and Estelle d'Halluin. "The Truth from the Body: Medical Certificates as Ultimate Evidence for Asylum Seekers." *American Anthropologist* 107, no. 4 (December 2005).
- Khosravi, Shahram. "Sweden: Detention and Deportation of Asylum Seekers." *Race & Class* 50, no. 4 (April 2009).
- McShane, Ian. "Voyage of the Damned: MV St. Louis." *Sea Classics* 45, no. 1 (January 2012).
- Robinson, Ronda. "Survivor of the Voyage of the Damned." Aish Hatorah Holocaust Studies, October 8, 2015. https://www.aish.com/ho/p/Survivor-of-the-Voyage-of-the-Damned.html.
- Traub, James. "The Death of the Most Generous Nation on Earth." *Foreign Policy*, February 20, 2016.

## Chapter 5

- Gray, Fred. *Bus Ride to Justice: Changing the System by the System*. Montgomery, AL: New South Books, 1995.
- King, Martin Luther, Jr. "MIA Mass Meeting at Holt Street Baptist Church" (December 5, 1955, Montgomery, Alabama) (transcript). Martin Luther King Jr. Paper Project. Martin Luther King Jr. Research and

Education Institute online. Stanford University, at https://kinginstitute. stanford.edu/king-papers/documents/mia-mass-meeting-holt-street- baptist-church.

- Parks, Rosa. Interview by E. D. (Edgar Daniel) Nixon for *America They Loved You Madly*, a precursor to *Eyes on the Prize*, February 23, 1979. Discussion centers on the Montgomery bus boycott. Film and transcript available at University Libraries online, Washington University in St. Louis, http://repository.wustl.edu/concern/videos/v405sc21t.
- Parks, Rosa, with Jim Haskins. Rosa Parks: *My Story*. New York: Puffin Books, 1999.
- Theoharis, Jeanne. *The Rebellious Life of Mrs. Rosa Parks*. Boston: Beacon Press, 2013.

## Chapter 6

- Evans, Roger W. "Health Care Technology and the Inevitability of Resource Allocation and Rationing Decisions." *Journal of the American Medical Association* (JAMA) 249, no. 16 (April 22/29, 1983).
- Huynh, Thanh N., Eric C. Kleerup, Price P. Raj, and Neil S. Wenger. "The Opportunity Cost of Futile Treatment in the ICU." *Critical Care Medicine* 42, no. 9 (September 2014).
- Kolata, Gina. *Flu: The Story of the Great Influenza Pandemic of 1918 and the Search for the Virus That Caused It*. New York: Farrar, Straus and Giroux, 1999.
- *Mitigating the Impact of Pandemic Influenza Through Vaccine Innovation*. Washington, D.C.: Council of Economic Advisers. September 2019. https://www.whitehouse.gov/wp-content/uploads/2019/09/Mitigating-the-Impact-of-Pandemic-Influenza-through-Vaccine-Innovation.pdf.
- Palda, Valerie A., Kerry W. Bowman, Richard F. McLean, and Martin G. Chapman. " 'Futile' Care: Do We Provide It? Why? A Semistructured, Canada-wide Survey of Intensive Care Unit Doctors and Nurses." *Journal of Critical Care* 20, no. 3 (September 2005).
- Sands, Peter, Carmen Mundaca-Shah, and Victor J. Dzau. "The Neglected Dimension of Global Security—A Framework for Countering Infectious-Disease Crises." *New England Journal of Medicine* 374, no. 13

(March 31, 2016).

- Willmot, Lindy, Benjamin White, Cindy Gallois, Malcolm Parker, Nicholas Graves, Sarah Winch, Leonie Kaye Callaway, Nicole Shepherd, and Eliana Close. "Reasons Doctors Provide Futile Treatment at the End of Life: A Qualitative Study." *Journal of Medical Ethics* 42, no. 8 (August 2016).

## Chapter 7

- Brown, Stephen J., and Onno W. Steenbeek. "Doubling: Nick Leeson's Trading Strategy." *Pacific Basin Finance Journal* 9, no. 2 (April 2001).
- Fay, Stephen. *The Collapse of Barings.* New York: W. W. Norton, 1996.
- Gapper, John, and Nicholas Denton. *All That Glitters: The Fall of Barings.* London: Penguin Books, 1996.
- Kane, Edward J., and Kimberly DeTrask. "Breakdown of Accounting Controls at Barings and Daiwa: Benefits of Using Opportunity-Cost Measures for Trading Activity." *Pacific-Basin Finance Journal* 7, nos. 3/4 (August 1999).
- Leeson, Nick, with Edward Whitley. *Rogue Trader: The Original Story of the Banker Who Broke the System.* London: Little Brown, 1996.
- Lewis, Michael, *Liar's Poker: Rising Through the Wreckage on Wall Street.* New York: W. W. Norton, 1989.
- Quinn, Stephen. "Gold, Silver, and the Glorious Revolution: Arbitrage Between Bills of Exchange and Bullion." *Economic History Review* 49, no. 3 (August 1996).
- White, Eugene N. "How to Prevent a Banking Panic: The Barings Crisis of 1890." Paper presented at the Annual Meeting of the Economic History Association, Boulder, CO, September 16~18, 2016, https://www.eh.net/eha/wp-content/uploads/2016/08/White.pdf.

## Chapter 8

- Borch, Fred L., III. "The 'Malmédy Massacre' Trial: The Military Government Court Proceedings and the Controversial Legal Aftermath." *The Army Lawyer,* special issue, *Lore of the Corps*, March 2012.
- Butcher, Harry C. *My Three Years with Eisenhower: The Personal Diary*

*of Captain Harry C. Butcher, USNR, Naval Aide to General Eisenhower, 1942–1945.* New York: Simon & Schuster, 1946.

- Caddick-Adams, Peter. *Snow and Steel: The Battle of the Bulge, 1944–1945.* New York: Oxford University Press, 2015.
- Cole, Hugh M. *The Ardennes, Battle of the Bulge.* Washington, D.C.: Center of Military History, U.S. Army, 1993.
- Dupuy, Trevor N. *Hitler's Last Gamble: The Battle of the Bulge, December 1944–January 1945.* New York: HarperCollins, 1994.
- Fleming, Thomas. "A Policy Written in Blood." *Quarterly Journal of Military History* 21, no. 2 (Winter 2009).
- Freiden, Seymour, and William Richardson, eds. *The Fatal Decisions.* New York: Berkley, 1956.
- Kershaw, Ian. *Hitler, 1936–1945 Nemesis.* New York: W. W. Norton, 2000.
- Von Luttichau, Charles V. P. "The German Counteroffensive in the Ardennes." Chap. 20 in *Command Decisions*, ed. Kent Roberts Greenfield.
- Washington, D.C.: Center of Military History, U.S. Army, 2000. Available at Hathi Trust Digital Library, https://catalog.hathitrust.org/Record/011414502.
- Nobecourt, Jacques. *Hitler's Last Gamble: The Battle of the Bulge.* Translated from the French by R. H. Barry. New York: Belmont Tower Books, 1967.
- Schramm, Percy Ernst. *Hitler: The Man & the Military Leader.* Chicago: Academy Chicago, 1981.
- Weinberg, Gerhard L., Helmut Heiber, and David M. Glantz, *Hitler and His Generals: Military Conferences 1942–1945.* New York: Enigma Books, 2003.

## Chapter 9

- Cunningham, Mark D., and Jon R. Sorensen. "Nothing to Lose? A Comparative Examination of Prison Misconduct Rates Among Life Without Parole and Other Long-term Security Inmates." *Criminal Justice and Behavior* 33, no. 6 (December 2006).
- Early, Pete. *The Hot House.* New York: Bantam Books, 1992. Flanigan, Timothy J. "Time Served and Institutional Misconduct: Patterns of In-

volvement in Disciplinary Infractions Among Long-term and Short-term Inmates." *Journal of Criminal Justice* 8 (1980).

- Johnson, Robert, and Sandra McGunigall-Smith. "Life Without Parole, America's Other Death Penalty." *Prison Journal* 88, no. 2 (June 2008).
- Leigey, Margaret E. *The Forgotten Men: Serving a Life Without Parole Sentence.* New Brunswick, NJ: Rutgers University Press, 2015.
- Paluch, James A., Jr. *A Life for a Life.* Los Angeles: Roxbury, 2004.

### Chapter 10

- Benmelech, Efraim, Claude Berrebi, and Esteben Klor. "Counter-Suicide-Terrorism: Evidence from House Demolitions." *Journal of Politics* 77, no. 1 (January 2015).
- Dershowitz, Alan. *Why Terrorism Works: Understanding the Threat, Responding to the Challenge.* New Haven, CT: Yale University Press, 2002.
- Lewis, Bernard. *The Crisis of Islam: Holy War and Unholy Terrorism.* New York: Random House, 2003.
- MacEoin, Denis. "Dimensions of Jihad: Suicide Bombing as Worship." *Middle East Quarterly* 16 no. 4 (Fall 2009).
- McDermott, Terry. *Perfect Soldiers: The Hijackers—Who They Were, Why They Did It.* New York: HarperCollins, 2005.
- Pape, Robert A. *Dying to Win: The Strategic Logic of Suicide Terrorism.* New York: Random House Trade Paperbacks, 2005.

### Chapter 11

- Burke, Brian. "Hail Mary Probabilities." Advanced Football Analytics, September 25, 2012. http://archive.advancedfootballanalytics.com/2012/09/hail-mary-probabilities.html.
- Gordon, Harry. "How the Daughter of an Ancient Race Made It Out of the Australian Outback by Hitting a Tennis Ball Sweetly and Hard." *The New York Times Magazine* (August 29, 1971): 10.

# 주

## Chapter 1

1   이 이야기는 많은 신문에 게재되었는데 사실 관계는 다음 두 기사를 참고했다. Melissa Gomez and Julia Jacobs, "Texas Man's Near-Fatal Lesson: A Decapitated Snake Can Still Bite," *New York Times*, June 8, 2018, A15, and Allyson Chiu, "A Texas Man Decapitated a Rattlesnake. It Bit Him Anyway and He Nearly Died, His Wife Says," *Washington Post* online, June 7, 2018, https://www.washingtonpost.com/news/morning-mix/wp/2.

2   Gomez and Jacobs, "Near-Fatal Lesson," A15.

3   Ibid.

4   이 정보와 인용은 다음 자료에서 가져왔다. Simona Kralj-Fiser et al., "Eunuchs Are Better Fighters," *Animal Behavior* 81 (2011): 933~939. See also John Barrat, "Don't Pick a Fight with a Eunuch Spider. It Has Nothing to Lose," *Animals, Research News, Science & Nature, Smithsonian Insider*, April 7, 2011, https://insider.si.edu/2011/04/dont-pick-a-fight-with-a-eunuch-spider-its-got-nothing-to-lose/.

5   Peter King, "I Desperately Want to Be Coached," *Sports Illustrated* online, September 9, 2015, https://www.si.com/mmqb/2015/09/09/aaron-rodgers-mike-mccarthy-tom-clements-green-back-packers-avoiding-interceptions.

6   "NFL Career Leaders—Passing Touchdown/Interception Ratio," Football Database, https://www.footballdb.com/leaders/career-passing-tdin-tratio.

7   John C. Fitzpatrick, ed., *The Writings of George Washington from the Original Manuscript Sources, 1745~1799, vol. 4, October, 1775~April, 1776* (Washington, D.C.: Government Printing Office, 1932), 209.

8   Ibid., 392.

9   John C. Fitzpatrick, ed., *The Writings of George Washington from the Original Manuscript Sources, 1745~1799, vol. 6, September, 1776~January, 1777* (Washington, D.C.: Government Printing Office, 1932), 347.

10    Ibid.

11    Ibid., 401~402.

12    Ibid., 436.

13    Philip K. Gray and Stephen F. Gray, "Testing Market Efficiency: Evidence from the NFL Sports Betting Market," *Journal of Finance* 52, no. 4 (September 1997): 1725~1737, and Steven D. Levitt, "Why Are Gambling Markets Organized So Differently from Financial Markets?," *Economic Journal* 114, no. 495 (April 2004): 223~246.

14    1969년 슈퍼볼과 관련된 자세한 사항은 다음에서 인용했다. Jack Doyle, "I Guarantee It. Joe Namath," PopHistoryDig.com, November 18, 2020, http://www.pophistorydig.com/topics/joe-namath.

15    Larry Cao, "Nobel Laureate Myron Scholes on the Black-Scholes Option Pricing Model," Enterprising Investor, October 13, 2014, https://blogs.cfainstitute.org/investor/2014/10/13/nobel-laureate-myron-scholes-on-the-black-scholes-option-pricing-model. See also Fischer Black and Myron Scholes, "The Pricing of Options and Corporate Liabilities," *Journal of Political Economy* 81, no. 3 (May/June 1973): 637~654.

16    Jared Diamond, "The Best Young Player in Baseball Swings on 3-0. Here's Why Everyone Should," *Wall Street Journal*, August 21, 2020, A12.

17    Ibid.

18    Charles V. P. von Luttichau, "The German Counteroffensive in the Ardennes," chap. 20 in *Command Decisions* (Washington, D.C.: Center of Military History, U.S. Army, 1960), 444, available at Hathi Trust Digital Library, https://catalog.hathitrust.org/Record/011414502.

19    Ibid.

20    이 문장은 '공산당 선언' 4장의 끝 부분에 나온다. "만국의 노동자여, 단결하라!"로 끝난다. Karl Marx and Frederick Engels, Marx/Engels Selected Works, vol. 1 (Moscow: Progress Publishers, 1969), 98~137, available at Marxists Internet Archive, https://www.marxists.org/archive/marx/works/download/pdf/Manifesto.pdf.

21    Donald Trump with Tony Schwartz, *The Art of the Deal* (New York: Ballantine Books Trade Paperback, 2015), 48.

22    확률은 공을 던지는 위치에 따라 달라진다. 다음에서 인용했다. Brian Burke, "Hail Mary Probabilities," *Advanced Football Analytics*, September

25, 2012, http://archive.advancedfootballanalytics.com/2012/09/
hail-mary-probabilities.html, and "Hail Marys—Just How Improbable
Are They?," *CougarStats*, last modified September 10, 2015, https://blog.
cougarstats.com/2015/09/10/hail-marys-just-how-improbable-are-they/.

23    Maureen Dowd, "Manic Panic on the Potomac," *New York Times*, October
11, 2020, SR9.

## Chapter 2

1    아이젠하워도 제34대 대통령 임기 2년이 지난 1958년에, 권력 행사 혐의로 백악
관 비서실장 셔먼 애덤스(Sherman Adams)에게 사임을 강요했다는 비난에 시달
렸다. 그럼에도 불구하고 아이젠하워가 불법을 저질렀다는 혐의를 제기한 사람은
아무도 없었다.

2    Harold Ickes, *The Secret Diary of Harold L. Ickes: The First Thousand Days,
1933~1936* (New York: Simon & Schuster, 1953), 274.

3    Jamie L. Carson and Benjamin A. Kleinerman, "A Switch in Time Saves
Nine: Institutions, Strategic Actors, and FDR's Court-Packing Plan,"
*Public Choice* 113, nos. 3 and 4 (December 2002): 303.

4    "President's Message," *New York Times*, February 6, 1937, 1.

5    "Bar Head Attacks Court Proposal," *New York Times*, February 6, 1937, 9.

6    Ibid.

7    "Opinions of the Nation's Press on Court Plan," *New York Times*, Febru-
ary 6, 1937, 10.

8    이날 S&P500지수는 1.6퍼센트 하락했고 이전 90일간 수익의 일일 표준편차는
0.87퍼센트였다.

9    "Stocks Drop Fast on Court Message," *New York Times*, February 6,
1937, 1.

10    Quoted in National Constitution Center staff, "How FDR Lost His Brief
War on the Supreme Court," *Constitution Daily*, February 5, 2020, avail-
able at https://constitutioncenter.org/blog/how-fdr-lost-his-brief-war-
on-the-supreme-court-2.

11    discussion of John Nance Garner at United States Senate, available at
"John Nance Garner," Art and History, United States Senate, https://
www.senate.gov/artandhistory/art/artifact/Painting_31_00007.htm.

12    과신에 대한 암시는 다음을 참조하라. Colleen Shogan, "The Contemporary

Presidency: The Sixth Year Curse," *Presidential Studies Quarterly* 36, no. 1 (March 2006): 96. 그녀는 하방보호에 대해 언급하지 않는다.

13  Amity Shlaes, *Coolidge* (New York: HarperCollins, 2013).

14  이 인용문과 그 다음 인용문은 다음에서 가져왔다. "President Wilson Bids All His Countrymen Be Neutral Both in Speech and Action," *Christian Science Monitor*, August 18, 1914, 1.

15  루시타니아호에 대한 상세 정보는 다음 두 책에 나와 있다. Douglas C. Peifer, *Choosing War: Presidential Decisions in the Maine, Lusitania, and Panay Incidents* (New York: Oxford University Press, 2016), and Erik Larson, *Dead Wake: The Last Crossing of the Lusitania* (New York: Crown, 2015).

16  "Press Calls Sinking of Lusitania Murder," *New York Times*, May 8, 1915, 6.

17  "President Drafting Policy for Cabinet," *Boston Daily Globe*, May 9, 1915, 1.

18  "A. G. Vanderbilt's Career Is Very Spectacular," *San Francisco Chronicle*, May 9, 1915, 32.

19  "Owners Believed the Lusitania Could Not Be Sunk: Her Construction Was Better Than the Titanic," *Los Angeles Times*, May 8, 1915, 19.

20  Bruno S. Frey, David A. Savage, and Benno Torgler, "Behavior Under Extreme Conditions: The Titanic Disaster," *Journal of Economic Perspectives* 25, no. 1 (Winter 2011): 218, table 3.

21  이 부분의 묘사는 다음 기사를 참조하라. "Germany Admits Torpedoing Lusitania; 'Let Them Think,' Bernstorff 's Comment; American Dead 115; Children, 25," *New York Tribune*, May 9, 1915, 1.

22  일부 목격자는 두 번째 어뢰 공격이 있었다고 판단했지만 가장 최근 증거에 따르면 차가운 바닷물이 갑자기 보일러를 강타하면서 두 번째 폭발이 일어난 것으로 보인다. Peifer, *Choosing War*, 85~87.

23  Ibid., 73.

24  "Passengers Too Confident," *New York Times*, May 10, 1915, 3.

25  이 부분은 다음 두 책을 참조하라. Peifer, *Choosing War*, 73~74, and Larson, *Dead Wake*, 259~260.

26  인용문은 다음 기사를 참조하라. "How the Great Ship Went Down," *Weekly Irish Times*, May 15, 1915, 3.

27  Ibid.

28  Peifer, *Choosing War*, 73~74, and Larson, Dead Wake, 259~260.

29  "Wilson Calmly Considers," *New York Times*, May 10, 1915, 1.

주

30   Woodrow Wilson, "Address to Naturalized Citizens at Convention Hall, Philadelphia," May 10, 1915, available at American Presidency Project, https://www.presidency.ucsb.edu/documents/address-naturalized-citizens-convention-hall-philadelphia.

31   인용문은 다음 기사를 참조하라. "Crime of Ages, Colonel Says," *Chicago Daily Tribune*, May 12, 1915, 1.

32   Mark Benhow, review of *Colonel House: A Biography of Woodrow Wilson's Silent Partner*, by Charles E. Neu (New York: Oxford University Press, 2014), Central Intelligence Agency online, Intelligence in Public Media, September 28, 2015, https://www.cia.gov/library/center-for-the-study-of-intelligence/csi-publications/csi-studies/studies/vol-59-no-3/colonel-house.html.

33   Edward Mandell House, *The Intimate Papers of Colonel House: From Neutrality to War*, 1915~1917, vol. 1, ed. Charles Seymour (Boston: Houghton Mifflin, 1926), 434.

34   Larson, *Dead Wake*, 281.

35   외교 문서의 원문은 다음 기사에 게재되어 있다. *Los Angeles Times*, May 14, 1915, 12. 일반인을 위한 요약문은 다음 기사에 게재되어 있다. "Leading Points In President's Note to Germany Demanding Redress for Attack on Americans," *New York Times*, May 13, 1915, 1.

36   이 부분의 인용문은 다음 책을 참조하라. William G. McAdoo, *Crowded Years: The Reminiscences of William G. McAdoo* (Boston: Houghton Mifflin, 1931), 366~367.

37   Edward Mandell House, *The Intimate Papers of Colonel House: From Neutrality to War*, 1915~1917, vol. 2, ed. Charles Seymour (Boston: Houghton Mifflin, 1926), 239.

38   Ibid., 341 and 347.

39   Ibid., 359~360.

40   "Kansas Lead Piles Up for President Wilson," *Chicago Daily Tribune*, November 9, 1916, 4.

41   "Votes of Women and Bull Moose Elected Wilson," *New York Times*, November 12, 1916, 1.

42   "Wilson Solid with California Women," *Boston Daily Globe*, November 9, 1916, 10.

43  1916년 대선에서 여성에게 참정권을 부여한 12개 주는 와이오밍, 콜로라도, 유타, 아이다호, 워싱턴, 캘리포니아, 애리조나, 캔자스, 오리건, 몬태나, 네바다, 일리노이다. 윌슨은 오리건과 일리노이를 제외한 10개 주에서 승리를 거두었다. *Map: States Grant Women the Right to Vote (January 1, 1919)*, "Centuries of Citizenship: A Constitutional Timeline," National Constitution Center online, https://constitutioncenter.org/timeline/html/cw08_12159.html.

44  이 인용문과 그 다음 인용문은 다음에서 가져왔다. House, *Intimate Papers of Colonel House*, vol. 2, 390~391.

45  "Foreign Issues Faced," *Washington Post*, November 20, 1916, 1.

46  "A Ship a Week for US," *New York Times*, February 1, 1917, 1.

47  "Germany Asks Mexico to Seek Alliance with Japan for War on U.S.," *New York Tribune*, March 1, 1917, 1.

48  이 발언은 다음에서 인용했다. Larson, *Dead Wake*, 340.

49  이 인용문과 그 다음 인용문은 다음에서 가져왔다. "Text of the President's Address," *New York Times*, April 3, 1917, 1, and from "Must Exert All Our Power," *New York Times*, April 3, 1917, 1.

50  "Must Exert All Our Power," *New York Times*, April 3, 1917, 1.

51  "For Freedom and Civilization," editorial, *New York Times*, April 3, 1917, 12.

52  Larson, *Dead Wake*, 343.


**Chapter 3**

1  William F. Duker, "The President's Power to Pardon," *William & Mary Law Review* 18, no. 3 (March 1977): 479.

2  사면되었거나 탈옥한 살인범이 저지른 살인 범죄 9건에 관한 내용은 다음을 참조하라. Paul J. Larkin Jr., "The Demise of Capital Clemency," *Washington and Lee Law Review* 73, no. 3 (Summer 2016): 350~351.

3  Laura Argys and Naci Mocan, "Who Shall Live and Who Shall Die: An Analysis of Prisoners on Death Row in the United States," *Journal of Legal Studies* 33, no. 2 (June 2004): 255~282.

4  United Press International, "Lame Duck Gov. Blanton Frees Killer, Son of Crony," *Los Angeles Times*, January 16, 1979, A2, and Associated Press, "Governor Shocks Tennessee with Clemency for 52," *Chicago Tribune*, January 17, 1979, 2.

5   Associated Press, "Gov. Blanton Sets 8 Murderers Free," *Los Angeles Times*, January 17, 1979, B28.

6   Howell Raines, "Gov. Blanton of Tennessee Is Replaced 3 Days Early in Pardons Dispute," *New York Times*, January 18, 1979, A16.

7   Associated Press, "Blanton Sets 8 Murderers Free," B28.

8   테네시 항소법원은 사면권 행사를 승인했다. *The Philadelphia Inquirer* (April 11, 1979, 3A).

9   Eleanor Randolph, "Blanton: Tennessee's Hillbilly Nixon," Chicago Tribune, January 21, 1979, B14.

10  Ray Hill, "Ray Blanton, Part 5," Knoxville Focus online, January 22, 2017, http://knoxfocus.com/archives/this-weeks-focus/ray-blanton-part-5/.

11  이 인용문과 그 다음 인용문은 다음에서 가져왔다. Randolph, "Hillbilly Nixon," B14.

12  이 부분의 사실 관계는 다음 기사를 참조하라. Campbell Robertson, "Mississippi Governor, Already Criticized on Pardons, Rides a Wave of Them out of Office," *New York Times*, January 11, 2012, A13.

13  이 부분의 사례는 다음 기사를 참조하라. Campbell Robertson and Stephanie Saul, "List of Pardons Included Many Tied to Power," *New York Times* online, January 27, 2012, https://www.nytimes.com/2012/01/28/us/many-pardon-applicants-stressed-connection-to-mississippi-governor.html, and Linda Killian, "Haley Barbour's Last-Minute Pardons Hurt the GOP's Law and Order Image," *Daily Beast*, January 18, 2012, https://www.thedailybeast.com/haley-barbours-last-minute-pardons-hurt-the-gops-law-and-order-image.

14  "Editorial: Furthermore…" *Journal-Gazette* (Fort Wayne, IN), January 14, 2012, A10.

15  Robertson, "Mississippi Governor," A13. 인용문은 다음에서 가져왔다. "Mississippi Judge Blocks Release of Pardoned Prisoners," *St. Joseph (MO) News-Press*, January 11, 2012.

16  Emily Le Coz, "Barbour Pardons One Year Later: What 'Life' Looks Like," *Clarion Ledger* (Jackson, MS) January 13, 2013, 3C~6C.

17  이 인용문과 그 다음 인용문은 다음에서 가져왔다. Amy Goldstein and Susan Schmidt, "Clinton's Last Day Clemency Benefits 176; List Includes Pardons for Cisneros, McDougal, Deutsch, and Roger Clinton," *Washington*

*Post*, January 21, 2001, A1.

18  From Weston Kosova, "Backstage at the Finale," *Newsweek*, February 26, 2001, 30~35.

19  Ibid.

20  Goldstein and Schmidt, "Clinton's Last Day Clemency Benefits 176," A1.

21  Margaret Colgate Love, "The Pardon Paradox: Lessons of Clinton's Last Pardons," Capital University Law Review 32, no. 1 (2002): 210.

22  Goldstein and Schmidt, "Clinton's Last Day Clemency Benefits 176," A1.

23  "The Controversial Pardon of International Fugitive Marc Rich," *Hearings Before the Committee on Government Reform, House of Representatives, One Hundred Seventh Congress, First Session, February 8, and March 1, 2001* (Washington, D.C.: U.S. Government Printing Office, 2001), 102~103, https://www.govinfo.gov/content/pkg/CHRG-107hhrg75593/html/CHRG-107hhrg75593.htm.

24  Albert W. Alschuler, "Bill Clinton's Parting Pardon Party," *Journal of Criminal Law and Criminology* 100, no. 3 (Summer 2010), 1140.

25  Ibid., 1141.

26  데니즈 리치의 변호사가 수정 헌법 5조의 증언거부권을 주장하기 위해 하원 위원회 위원장 댄 버튼(Dan Burton)에게 보낸 2001년 2월 7일 자 서신의 내용은 다음에서 인용했다. "Controversial Pardon of International Fugitive Marc Rich," 3.

27  "Controversial Pardon of International Fugitive Marc Rich," 106~107.

28  이 단락의 내용은 다음 각 기사에서 인용했다. "An Indefensible Pardon," editorial, *New York Times*, January 24, 2001, A18; "Unpardonable," *Washington Post*, January 23, 2001, A16; "A Paid Pardon?" *Christian Science Monitor*, January 25, 2001, 10.

29  E. J. Dionne Jr., "And the Gifts That Keep on Giving," *Washington Post*, February 6, 2001, 17.

30  이 인용문과 그 다음 인용문은 다음에서 가져왔다. Glen Johnson, "Frank Seeks Ban on End-of-Term Pardons," *Boston Globe*, February 28, 2001, A8.

31  Gregory Sisk, "Suspending the Pardon Power During the Twilight of a Presidential Term," *Missouri Law Review* 67, no. 1 (Winter 2002).

32  이 인용문과 그 다음 인용문은 다음에서 가져왔다. Reuters, "The Pardons:

Independent Counsel's Statement on the Pardons," *New York Times*, December 25, 1992, 22.

33    Sisk, "Suspending the Pardon Power," 23.

34    "Pardons Granted by President Barack Obama (2009~2017)," U.S. Department of Justice online, July 11, 2018, https://www.justice.gov/pardon/obama-pardons.

35    Clark Hoyt, "Ford's Burial of Watergate Only Revives It," *Philadelphia Inquirer*, September 11, 1974, 5, and "The Failure of Mr. Ford," editorial, *New York Times*, September 9, 1974, 34.

36    이 인용문과 그 다음 인용문은 다음에서 가져왔다. Linda Mathews, "Aide Says Ford Won't Grant Pardon If Nixon Is Prosecuted," *Los Angeles Times*, August 11, 1974, 1.

37    Mitchell Lynch and Albert Hunt, "Ford Pardons Nixon; Move on Watergate Jolts His Honeymoon," *Wall Street Journal*, September 9, 1974, 1.

38    Warren Weaver Jr., "Cox's Ouster Ruled Illegal; No Reinstatement Ordered," *New York Times*, November 15, 1973, 1.

39    Chris Cillizza, "Donald Trump's 'Pardon' Tweet Tells Us a Lot About Where His Head Is At," CNN online, June 4, 2018, https://www.cnn.com/2018/06/04/politics/donald-trump-tweet-pardon/index.html.

40    Adam Liptak, "Supreme Court Rules Trump Cannot Block Release of Financial Records," *New York Times* online, July 9, 2020, https://www.nytimes.com/2020/07/09/us/trump-taxes-supreme-court.html?searchResultPosition=1.

41    Garrett Epps, "Can Trump Pardon Himself?," *Atlantic* online, December 17, 2018, https://www.theatlantic.com/ideas/archive/2018/12/can-trump-pardon-himself/578074/.

42    Philip Bump, "Could Trump Issue Himself a Pardon?," *Washington Post* online, May 24, 2017, https://www.washingtonpost.com/news/politics/wp/2017/05/24/could-trump-issue-himself-a-pardon/.

43    이 단락에서 각 주의 사면권에 대한 세부 사항은 다음 기사를 참조하라. Kristen H. Fowler, "Limiting the Federal Pardon Power," *Indiana Law Journal* 83, no. 4 (Fall 2008): 1661ff.

## Chapter 4

1    Boryana Dzhambazova, "Facebook's Group Push for Safe Land Passage for Migrants Founders," *New York Times* online, September 19, 2015, https://www.nytimes.com/2015/09/20/world/facebook-groups-push-for-safe-land-passage-for-migrants-founders.html.

2    "On the Road to Sanctuary," *Washington Post*, September 8, 2015, A8.

3    Patrick Kinglsey, "Is Trump's America Tougher on Asylum Than Other Western Countries?," *New York Times* online, September 14, 2019, https://www.nytimes.com/2019/09/14/world/europe/trump-america-asylum-migration.html?searchResultPosition=1.

4    이 인용문과 그 다음 인용문은 다음에서 가져왔다. Dzhambazova, "Facebook's Group Push for Safe Land Passage".

5    Kirk Bansak, Jens Hainmueller, and Dominik Hangartner, "How Economic, Humanitarian, and Religious Concerns Shape European Attitudes Toward Asylum Seekers," *Science* 354, no. 6309 (October 14, 2016): 217~222.

6    Kim Hjelmgaard, "Trump Isn't the Only One Who Wants to Build a Wall. These European Nations Already Did," *USA Today* online, May 24, 2018, https://www.usatoday.com/story/news/world/2018/05/24/donald-trump-europe-border-walls-migrants/532572002.

7    이 인용문과 그 다음 인용문은 다음에서 가져왔다. Joshua J. Mark, "Hadrian's Wall," Ancient History Encyclopedia, November 15, 2012, https://www.ancient.eu/Hadrians_Wall.

8    내 친구 켄 가베이드(Ken Garbade)에게 들은 사례다. Keith Ray, "A Brief History of Offa's Dyke," HistoryExtra, April 25, 2016, https://www.historyextra.com/period/anglo-saxon/a-brief-history-of-offas-dyke.

9    Ran Abramitzky and Leah Boustan, "Immigration in American Economic History," *Journal of Economic Literature* 55, no. 4 (December 2017): 1311~1345.

10   Ibid.

11   "Historical Highlights: The Immigration Act of 1924," U.S. House of Representatives History, Art & Archives, https://history.house.gov/Historical-Highlights/1901-1950/The-Immigration-Act-of-1924.

12   "The Immigration Act of 1924 (The Johnson-Reed Act)," U.S. Depart-

ment of State Office of the Historian online, https://history.state.gov/milestones/1921-1936/immigration-act.

13 Kristofer Allerfeldt, " 'And We Got Here First': Albert Johnson, National Origins and Self-Interest in the Immigration Debate of the 1920s," *Journal of Contemporary History* 45, no. 1 (January 2010): 20.

14 난민의 정의는 'UN 난민의 지위에 관한 협약'을 따른다. Convention and Protocol Relating to the Status of Refugees (Geneva: United Nations High Commissioner for Refugees, December 2010), 14, https://www.unhcr.org/en-us/protection/basic/3b66c2aa10/convention-protocol-relating-status-refugees.html.

15 Ronda Robinson, "Survivor of the Voyage of the Damned," Aish Hatorah Holocaust Studies, October 8, 2015, https://www.aish.com/ho/p/Survivor-of-the-Voyage-of-the-Damned.html.

16 Ian McShane, "Voyage of the Damned: MV St. Louis," *Sea Classics* 45, no. 1 (January 2012): 18.

17 세부 사항은 다음 기사를 참조하라. R. Hart Phillips, "Cuba Orders Liner and Refugees to Go," *New York Times*, June 1, 1939, 1, and "Refugees Returning to Reich as All Doors Close; Final Appeals to Cuba," *Jewish Advocate*, June 9, 1939, 1.

18 Robinson, "Survivor of the Voyage of the Damned".

19 George Axelsson, "907 Refugees End Voyage in Antwerp," *New York Times*, June 18, 1939, 1.

20 R. Hart Phillips, "907 Refugees Quit Cuba on Liner; Ship Reported Hovering off Coast," *New York Times*, June 3, 1939, 1, and Associated Press, "Refugee Liner Cruising About Florida Coast," *Boston Globe*, June 5, 1939, 1.

21 Associated Press, "Ship Sails Back with 907 Jews Who Fled Nazis," *Chicago Daily Tribune*, June 7, 1939, 12.

22 Amy Tikkanen, "MS St. Louis: German Ocean Liner," *Encyclopedia Britannica* online, https://www.britannica.com/topic/MS-St-Louis-German-ship.

23 James Besser, "Exploring 'Ship of the Damned,'" *Jewish Week* online, April 16, 1999, https://jewishweek.timesofisrael.com/exploring-ship-of-the-damned.

24 "The Righteous Among the Nations: Gustave Schroeder," Yad Vashem (the World Holocaust Remembrance Center) online, https://www.yad-vashem.org/righteous/stories/schroeder.html.

25 세인트루이스호 승객 중 홀로코스트 희생자 수는 다음에서 인용했다. Tikkanen, "MS St. Louis: German Ocean Liner".

26 Associated Press, "Refugee Liner Cruising About Florida," 1.

27 "Refugees Returning to Reich," 1.

28 Besser, "Exploring 'Ship of the Damned'".

29 "States Parties to the 1951 Convention Relating to the Status of Refugees and the 1967 Protocol," United Nations High Commissioner for Refugees (UNHCR) online, April 2015, https://www.unhcr.org/protect/PROTECTION/3b73b0d63.pdf.

30 세부 사항은 다음 기사를 참조하라. Griff Witte, "In Heart of Europe, Migrants Offer a One-Stop Tour of Worldwide Misery," *Washington Post* online, November 27, 2014, https://www.washingtonpost.com/world/europe/in-heart-of-europe-migrants-offer-a-one-stop-tour-of-worldwide-misery/2014/11/26/cff5fc3e-5933-11e4-9d6c-756a229d8b18_story.html.

31 Ibid.

32 Ibid.

33 세부 사항은 다음 기사를 참조하라. Craig R. Whitney, "Human Tides: The Influx in Europe—A Special Report. Europeans Look for Ways to Bar Door to Immigrants," *New York Times*, December 29, 1991, A1.

34 Ibid.

35 Ibid.

36 James Traub, "The Death of the Most Generous Nation on Earth," *Foreign Policy* online, February 20, 2016, https://foreignpolicy.com/2016/02/10/the-death-of-the-most-generous-nation-on-earth-sweden-syria-refugee-europe/.

37 Ibid.

38 "Australia's Refugee Problem," editorial, *New York Times* online, July 4, 2014, https://www.nytimes.com/2014/07/05/opinion/australias-refugee-problem.html?searchResultPosition=1.

39 "Australia Sends Asylum-Seekers to Nauru, as India Offer Refused," *Economic Times* online, August 2, 2014, https://economictimes.indi-

atimes.com/news/politics-and-nation/australia-sends-asylum-seek-ers-to-nauru-as-india-offer-refused/articleshow/39469692.cms.

40    "Australia's Refugee Problem," editorial.

41    이 인용문과 그 다음 인용문은 다음에서 가져왔다. Lloyd Jones, "Amnesty Slams Australian Boat Turn-Back Policy," EFE News Service on-line, June 13, 2017, https://www.efe.com/efe/english/world/amnes-ty-slams-australian-boat-turn-back-policy/50000262-3294519.

42    Craig Furini, "Return of 13 Potential Illegal Immigrants to Sri Lanka" (transcript), Australian Government Operation Sovereign Borders on-line, https://osb.homeaffairs.gov.au/#.

43    만찬 이야기의 세부 사항은 다음 기사에서 가져왔다. Michael Collins, "After a Rocky Start with the Aussies, Donald Trump Hosts State Dinner for PM Scott Morrison," USA Today online, September 20, 2019, https://www.us-atoday.com/story/news/politics/2019/09/20/state-dinner-trump-hosts-australian-prime-minister-scott-morrison/2344441001/.

44    건배사 전문은 다음 기사에서 확인할 수 있다. Nina Zafar and Caitlin Moore, "Full Transcript: The Toasts of President Trump and Prime Minister Scott Morrison at the State Dinner for Australia," Washington Post on-line, September 20, 2019, https://www.washingtonpost.com/arts-en-tertainment/2019/09/21/full-transcript-toasts-president-trump-prime-minister-scott-morrison-state-dinner-australia.

45    이 인용문과 그 다음 인용문은 다음에서 가져왔다. Luke Henriques-Gomes, "Donald Trump Says 'Much Can Be Learned' from Australia's Hardline Asylum Seeker Policies," Guardian (U.S. edition) online, June 27, 2019, https://www.theguardian.com/us-news/2019/jun/27/donald-trump-says-much-can-be-learned-from-australias-hardline-asylum-seeker-policies.

46    "Prime Minister Snags Stunning Election Win on 'Quiet Australians,'" New York Times, May 19, 2019, A8.

47    Russell Goldman and Damien Cave, "U.N. Sees 'Emergency' in the Pa-cific," New York Times, November 3, 2017, A9.

48    이 인용문과 그 다음 인용문은 다음에서 가져왔다. Damien Cave, "A Timeline of Despair in Australia's Offshore Detention Centers," New York Times online, June 26, 2019, https://www.nytimes.com/2019/06/26/world/aus-tralia/australia-manus-suicide.html?searchResultPosition=1.

49    Ibid.

50    이 논의와 그 다음 발언은 다음 기사를 참조하라. Shahram Khosravi, "Sweden:
      Detention and Deportation of Asylum Seekers," *Race & Class* 50, no. 4
      (2009): 38~56.

51    Didier Fassin and Estelle d'Halluin, "The Truth from the Body: Medical
      Certificates as Ultimate Evidence for Asylum Seekers," *American An-
      thropologist* 107, no. 4 (December 2005): 600.

52    Ibid., 599.

53    EU 자료는 다음을 참조하라. "Eurostat Statistics Explained: Asylum Statis-
      tics," European Commission online, September 2, 2020, https://ec.euro-
      pa.eu/eurostat/statistics-explained/index.php/Asylum_statistics.

54    Sally Kestin and Tom Collie, "Flight from Poverty: Many Share the View
      of a Grand Bahama Human Rights Association Secretary; 'When You
      Have Nothing, You Have Nothing to Lose,'" *South Florida Sun-Sentinel*,
      November 3, 2002, 1A.

55    Ibid.

## Chapter 5

1    Josh Moon, "Bus Boycott Took Planning, Smarts," *Montgomery (AL) Ad-
      vertiser* online, November 29, 2015, https://www.montgomeryadvertiser.
      com/story/news/local/blogs/moonblog/2015/11/29/bus-boycott-took-
      planning-smarts/76456904.

2    Burt Wade Cole, "Parks Recalls '55 Bus Protest," *Hartford (CT) Courant*,
      July 15, 1984, H10E.

3    2020년 12월 몽고메리 시장은 90세가 된 프레드 그레이에게 그의 이름을 딴 거
      리를 만들겠다고 제안했다. Elaina Plott, "For a Civil Rights Hero, 90, a New
      Battle Unfolds on His Childhood Street," *New York Times*, December 26,
      2020, A1.

4    프레드 그레이 이야기는 다음 기사를 참조하라. "Alabama Bus Boycotters
      Sing 'My Country Tis of Thee,'" *Baltimore Afro-American*, February 11,
      1956, A1.

5    Fred Gray, *Bus Ride to Justice: Changing the System by the System* (Mont-
      gomery, AL: New South Books, 1995), 5.

6    이 인용문과 그 다음 인용문은 다음에서 가져왔다. "Tired of Being Treated like

Dogs," *Baltimore Afro-American*, March 31, 1956, 6.

7    이 인용문과 그 다음 인용문은 다음에서 가져왔다. "Why Do We Have to Get Kicked Around?," *Baltimore Afro-American*, May 26, 1956, 19.

8    "People, Places, and Things," *Chicago Defender*, April 2, 1955, 8.

9    Gray, *Bus Ride to Justice*, 47.

10   '미스터 시민권(Mr. Civil Rights)'이라는 호칭은 위 책에서 가져왔다.

11   Rosa Parks with Jim Haskins, *Rosa Parks: My Story* (New York: Puffin, 1999), 73.

12   Gray, *Bus Ride to Justice*, 28.

13   클로뎃 콜빈 소송을 진행하지 않겠다는 결정과 관련된 내용은 다음에서 인용했다. Jeanne Theoharis, *The Rebellious Life of Mrs. Rosa Parks* (Boston: Beacon Press, 2013), 57. 로사 파크스는 "닉슨이 클로뎃이 임신한 사실을 알기 전까지는 모든 일이 잘 진행되고 있었다"라고 썼다(Parks with Haskins, *Rosa Parks*, 112). 테오하리스(58세)는 닉슨이 클로뎃의 성격을 근거로 부정적인 결정을 내린 후에 폭로가 일어났다고 주장한다.

14   이 인용문과 그 다음 인용문은 다음 영상에서 가져왔다. Rosa Parks, interview by E. D. (Edgar Daniel) Nixon for *America They Loved You Madly*, a precursor to *Eyes on the Prize*, February 23, 1979. 토론은 몽고메리 버스 보이콧을 중심으로 진행되었다. 영상과 대본은 다음을 참조하라. University Libraries online, Washington University in St. Louis, http://repository.wustl.edu/concern/videos/v405sc21t.

15   Parks with Haskins, *Rosa Parks*, 112.

16   Ibid., 3~21.

17   Ibid., 15.

18   Ibid., 16.

19   Ibid., 30~31.

20   Ibid., 56.

21   Ibid., 58~59.

22   Theoharis, *Rebellious Life of Mrs. Rosa Parks*, 29.

23   Ervin Dyer, "She Recalls Civil Rights Struggles in Alabama," *Pittsburgh-Post Gazette*, February 7, 2006, B-1.

24   Parks with Haskins, *Rosa Parks*, 115~116.

25   Ibid., 115, cites remembering her grandfather's gun.

26   Ibid., 112~113.

27 Ibid., 115~116.

28 "1,000 Hear Heroine of Alabama," *Baltimore Afro-American*, October 6, 1956, 8.

29 Parks with Haskins, *Rosa Parks*, 77.

30 Ibid., 116.

31 Ibid., 121.

32 Ibid., 123.

33 많은 이가 보이콧 운동을 기획하는 일에 앞장섰지만 로사 파크스와 프레드 그레이는 이디 닉슨에게 공을 돌렸다. 이 책 역시 그들의 의견을 따른다.

34 1979년 2월 23일 파크스와 닉슨의 인터뷰. 중복되는 단어를 제외하고 편집했다.

35 Parks with Haskins, *Rosa Parks*, 125.

36 Ibid., 124.

37 Theoharis, *Rebellious Life of Mrs. Rosa Parks*, 76.

38 "The Ghost of Emmett Till," editorial, *New York Times* online, July 31, 2005, https://www.nytimes.com/2004/03/22/opinion/the-ghost-of-emmett-till.html?searchResultPosition=1.

39 1979년 2월 23일 파크스와 닉슨의 인터뷰. 중복되는 단어를 제외하고 편집했다.

40 다음에서 인용했다. Gray, *Bus Ride to Justice*, 40~41. 다음을 참조하라. Theoharis, *Rebellious Life of Mrs. Rosa Parks*, 80, for a slightly different description.

41 From Jo Ann Robinson, interview by Orlando Bagwell for *America They Loved You Madly*, a precursor to *Eyes on the Prize*, August 27, 1979. Film and transcript available at University Libraries online, Washington University in St. Louis, http://repository.wustl.edu/concern/videos/37720f54k.

42 다음 내용을 압축했다. Parks with Haskins, *Rosa Parks*, 130.

43 새벽 3시에 건 전화는 다음에서 언급되었다. Theoharis, *Rebellious Life of Mrs. Rosa Parks*, 80.

44 Parks, interview by Nixon, February 23, 1979.

45 Ibid.

46 Ibid. and Parks and Haskins, *Rosa Parks*, 127.

47 Jannell McGrew, "Rosa Parks' Childhood Friend, Civil Rights Leader Recalls Montgomery Bus Boycott," *Montgomery (AL) Advertiser* online, December 4, 2018, https://www.montgomeryadvertiser.com/

story/news/2018/12/04/johnnie-carr-voices-montgomery-bus-boy-cott/2206476002.

48    Joe Azbell, "Negro Groups Ready Boycott of City Lines," *Montgomery (AL) Advertiser*, December 4, 1955, 1.

49    Ibid.

50    Parks, interview by Nixon, February 23, 1979.

51    Al Benn, " 'None of Us Knew Where It Was Going to Lead': Reporter Recalls the Early Days of the Bus Boycott," *Montgomery (AL) Advertiser* online, December 4, 2018, https://www.montgomeryadvertiser.com/story/news/2018/12/04/montgomery-bus-boycott-how-did-white-newspapers-cover-civil-rights-movement/2197482002.

52    추산 인원 수와 발언은 다음에서 인용했다. Joe Azbell, "5,000 at Meeting Outline Boycott; Bullet Clips Bus," *Montgomery Advertiser*, December 6, 1955, 1.

53    Gray, *Bus Ride to Justice*, 57.

54    Associated Press, "Buses Boycotted Over Race Issue; Montgomery, Ala., Negroes Protest Woman's Arrest for Defying Segregation," *New York Times*, December 6, 1955, 31.

55    Parks with Haskins, *Rosa Parks*, 132.

56    Parks, interview by Nixon, February 23, 1979.

57    Parks with Haskins, *Rosa Parks*, 138.

58    "MIA Mass Meeting at Holt Street Baptist Church (December 5, 1955, Montgomery, Alabama) (transcript), Martin Luther King Jr. Paper Project, Martin Luther King Jr. Research and Education Institute online, Stanford University, available at https://kinginstitute.stanford.edu/king-papers/documents/mia-mass-meeting-holt-street-baptist-church.

59    Ibid.

60    Parks with Haskins, *Rosa Parks*, 140.

61    이 인용문과 그 다음 인용문은 다음에서 가져왔다. Associated Press, "Peace Parley Fails in Bus Boycott," *Oakland Tribune*, December 9, 1955, E13.

62    "Boycott Still On; Bus Co. Loses $3,000 Daily," *Baltimore Afro-American*, December 17, 1955, 1.

63    "Bus Boycott Gets Tighter," *Baltimore Afro-American*, December 31, 1955, 1.

64 "Boycott Still On," 1.

65 "Alabama Bus Boycott Forces Boost in Fares," *Chicago Defender*, January 21, 1956, 4.

66 "Jail Bus Boycott Leader," *Baltimore Afro-American*, February 4, 1956, 1.

67 Ibid.

68 Associated Press, "Blast at Negro's Home; Bomb Is Thrown in Yard of Montgomery Leader," February 2, 1956, *New York Times*, 26.

69 "Jail Bus Boycott Leader," 1.

70 Theoharis, *Rebellious Life of Mrs. Rosa Parks*, 101.

71 Ibid.

72 이 인용문과 그 다음 인용문은 다음에서 가져왔다. Paul Hendrickson, "Montgomery; The Supporting Actors in the Historic Bus Boycott," *Washington Post*, July 24, 1989, B1.

73 "Montgomery, Ala, Bus Boycott Ends as Court Order Bars Segregation," *Washington Post*, December 21, 1956, A3.

74 Associated Press, "Negroes Will Ride Montgomery Buses in Bias Test Today," *New York Times*, December 21, 1956, 1.

75 Theoharis, *Rebellious Life of Mrs. Rosa Parks*, 82.

76 Parks with Haskins, *Rosa Parks*, 175.

77 Martin Luther King, Monmouth College, NJ, October 6, 1966 (transcript), https://www.monmouth.edu/about/wp-content/uploads/sites/128/2019/01/MLKJrSpeechatMonmouth.pdf.

78 U.S. Federal News Service, "Sen. Reid Tribute to Rosa Parks," October 25, 2005.

## Chapter 6

1 Katie Thomas and Denise Grady, "Trump's Embrace of a Drug Goes Against Science," *New York Times*, March 21, 2020, 13.

2 이 인용문과 그 다음 인용문은 다음에서 가져왔다. Rita Rubin, "Unapproved Drugs Ignite Life-and-Death Debate; Lawsuit Pits Desperately Ill Against Hard Bureaucratic Realities," *USA Today*, April 2, 2007, A1.

3 Maria Cheng, "Experimental Treatments Attack Cancer: In Britain, Terminally Ill May Be Able to Try New Drugs; In U.S. All Study Designs Must Have FDA Approval," *St. Louis Post-Dispatch*, April 20, 2008, A6.

4     "Pioneering Treatment: Forestville Doctor Battling Brain Cancer First to Have Focused-Ultrasound Procedure," *Press Democrat* (Santa Rosa, CA), April 10, 2014, B1.

5     Ibid.

6     Ibid.

7     "Peter Rolf Baginsky" (obituary), *Press Democrat* (Santa Rosa, CA), November 30, 2014 available at Legacy, https://www.legacy.com/obituaries/pressdemocrat/obituary.aspx?n=peter-rolf-baginsky-&pid=173321455.

8     "Pioneering Treatment," B1.

9     "Peter Rolf Baginsky" (obituary).

10    "FDA Approves Focused Ultrasound for Tremor-Dominant Parkinson's Disease," Focused Ultrasound Foundation online, December 19, 2018, https://fusfoundation.org/the-foundation/news-media/fda-approves-focused-ultrasound-for-tremor-dominant-parkinsons-disease.

11    이 인용문과 그 다음 인용문은 다음 영상에서 가져왔다. "A Message from Alex Trebek," YouTube, 1:13, *Jeopardy!*, March 6, 2019, https://www.youtube.com/watch?v=7cInGyxCY9k.

12    "Alex Trebek Without Pants?," YouTube, 0:43, monkeydog sushi, uploaded February 13, 2007, https://www.youtube.com/watch?v=1zWagEnd9Xs.

13    Marianne Garvey, "Alex Trebek Discusses the Latest in His Cancer Battle," CNN online, December 30, 2019, https://www.cnn.com/2019/12/30/entertainment/alex-trebek-cancer-battle-trnd/index.html.

14    이 단락에서 언급한 통계 수치는 다음 기사에서 인용했다. Kiran K. Khush et al., "The International Thoracic Organ Transplant Registry of the International Society for Heart and Lung Transplantation: Thirty-fifth Adult Heart Transplantation Report—2018; Focus Theme: Multiorgan Transplantation," *Journal of Heart and Lung Transplantation* 37, no. 10 (October 1, 2018): 1157.

15    "Vanguard's Bogle Waiting for Transplant," *USA Today*, October 25, 1995, B2.

16    이 인용문과 그 다음 인용문은 다음에서 가져왔다. "Nightly Business Report," CEO Wire, Waltham, November 25, 2004.

17    Erin Arvendlund, "Vanguard Founder Bogle and Surgeons Gather for a

Heart-Transplant Reunion," *Philadelphia Inquirer* online, February 21, 2017, https://www.inquirer.com/philly/business/personal_finance/87-Yr-Old-Vanguard-Founder-John-Bogle-Hearts-His-Heart-Transplant.html.

18 Steven Ginsberg, "One Life Galvanizes Thousands; Out of Options, Va. Woman Fights for Experimental Cancer Drugs," *Washington Post*, May 7, 2001, B1.

19 Ibid.

20 Ibid.

21 Ibid.

22 Steven Ginsberg, "'We've Gone from Hopeless to Hope'; U-Va. Student Battling Rare Form of Cancer Gets Into Experimental Drug Program," *Washington Post*, June 6, 2001, B3. 아비게일은 뉴욕 유니언데일에 있는 작은 회사 'OSI 파마슈티컬스'의 프로그램과 아스트라제네카의 새로운 시도에 대한 승인을 받았다.

23 Steven Ginsberg, "Student Dies After Fight with Drug Firms; Cancer Patient, 21, Sought Alternatives," *Washington Post*, June 12, 2001, B7.

24 Ginsberg, "'Hopeless to Hope,'" B3.

25 Valerie A. Palda et al., "'Futile' Care: Do We Provide It? Why? A Semistructured, Canada-Wide Survey of Intensive Care Unit Doctors and Nurses," *Journal of Critical Care* 20, no. 3 (2005): 210.

26 Ginsberg, "'Hopeless to Hope,'" B3.

27 이 인용문과 그 다음 인용문은 다음에서 가져왔다. Lindy Willmot et al., "Reasons Doctors Provide Futile Treatment at the End of Life: A Qualitative Study," *Journal of Medical Ethics* 42, no. 8 (August 2016): 496 and 499.

28 이 인용문과 그 다음 인용문은 다음에서 가져왔다. Thanh N. Huynh et al., "The Opportunity Cost of Futile Treatment in the ICU," *Critical Care Medicine* 42, no. 9 (September 2014): 1981.

29 Peter Sands et al., "The Neglected Dimension of Global Security—A Framework for Countering Infectious-Disease Crises," *New England Journal of Medicine* 374, no. 13 (March 31, 2016): 1281~1287.

30 Ibid., 1281.

31 Ibid.

32 가장 주목할만한 발언은 로렌스 서머스(Lawrence H. Summers)가 블로그에 실은 글로 다음에서 인용했다. "This Is a Global Threat as Big as Climate

Change," *Wonkblog (blog), Washington Post*, January 13, 2016, https://
www.washingtonpost.com/news/wonk/wp/2016/01/13/this-is-a-global-
threat-as-big-as-climate-change/.

33   이 인용문과 그 다음 인용문은 다음에서 가져왔다. Sands et al., "Neglected
     Dimension of Global Security," 1284.

34   Summers, "Global Threat".

35   Sands et al., "Neglected Dimension," 1284.

36   *Mitigating the Impact of Pandemic Influenza Through Vaccine Innovation*
     (Washington, D.C.: Council of Economic Advisers, September 2019),
     https://www.hsdl.org/?view&did=831583.

37   Ibid., 3.

38   Ibid.

39   Ibid., 36.

40   "Council of Economic Advisers," Employment Act of 1946, available at
     Council of Economic Advisers online, https://www.whitehouse.gov/cea.
     For a nice discussion of the Employment Act of 1946 see, "Employment
     Act of 1946," Federal Reserve History, November 22, 2013, https://www.
     federalreservehistory.org/essays/employment-act-of-1946.

41   *Mitigating the Impact of Pandemic Influenza*, 1.

42   2019년 9월 19일 CEA 리포트 발표에 맞춰 트럼프 대통령은 '국가 안보와 공중 보
     건 개선을 위한 미국 내 인플루엔자 백신 현대화'라는 제목의 행정명령에 서명했
     다. 백신 관련 업무는 2005년부터 연방 기구에서 담당해왔다. 행정명령에 따라 국
     립 인플루엔자 백신 대책위원회가 설립되었고 120일 이내 보고서를 발표하도록
     요청했다. 또한 "민첩하고 예측 가능한 백신 제조 기술을 개발하고 다양한 인플루
     엔자 바이러스에 대응할 수 있는 백신 개발에 박차를 가할 수 있도록" 향후 5년간
     의 계획에 대한 개요 작성을 요청했다. 보고서 마감은 2020년 1월 19일이었지만
     내용은 공개되지 않았다. Targeted News Service, "President Trump Issues
     Executive Order on Modernizing Influenza Vaccines in U.S. to Promote
     National Security, Public Health," September 19, 2019, and Sarah Ow-
     ermohle and Sarah Karlin-Smith, "Pelosi's Plan Has Landed," Politico,
     September 20, 2019.

43   Gina Kolata, *Flu: The Story of the Great Influenza Pandemic of 1918 and the
     Search for the Virus That Caused It* (New York: Farrar, Straus and Giroux,
     1999), 143.

**44** Roger W. Evans, "Health Care Technology and the Inevitability of Resource Allocation and Rationing Decisions," *Journal of the American Medical Association* (JAMA) 249, no. 16 (April 22/29, 1983): 2208.

**45** 미 보건복지부는 국지적 사건이나 허리케인 또는 테러 공격과 같은 큰 규모의 재난에 대비하기 위해 '국가 전략 비축 물자'를 관리하고 있다. 〈뉴욕타임스 매거진(The New York Times Magazine)〉 2020년 11월 22일자 기사에서 이렇게 보도했다. "2009년 오바마 행정부는 신종플루 H1N1이 대유행하던 시기 SNS로부터 인공호흡기 8,500만 개를 사용했지만 물량을 다시 채우지 못했다. 트럼프 행정부 역시 공공 보건 전문가의 경고와 더불어 팬데믹 모의실험에서 실제 팬데믹이 발생한다면 심각한 인공호흡기 부족 사태를 겪을 것이라는 예견이 있었음에도 재고 확보에 실패했다".

## Chapter 7

**1** Heather Long, "How We Turned $500,000 into $1.3 Million in a Month," CNN Business online, November 18, 2015, https://money.cnn.com/2015/11/18/investing/td-ameritrade-investing-competition-winners-zac-rankin/index.html.

**2** Ibid.

**3** "Trader Sent to Clean Up Backroom Woes Left a Globe Rattling Mess," *Wall Street Journal*, February 28, 1995, A3, for a description of Nick Leeson.

**4** Nick Leeson with Edward Whitley, *Rogue Trader: The Original Story of the Banker Who Broke the System* (London: Little Brown, 1996), 45.

**5** 이 인용문과 그 다음 인용문은 다음에서 가져왔다. Ibid., 28.

**6** Ibid., 29.

**7** John Darnton, "Inside Barings, a Clash of Two Banking Eras," *New York Times*, March 6, 1995, A1.

**8** Stephen Fay, *The Collapse of Barings* (New York: W. W. Norton, 1996), 10.

**9** 구제금융에 관한 좋은 토론은 다음 내용을 참조하라. Eugene N. White, "How to Prevent a Banking Panic: The Barings Crisis of 1890" (paper presented at the Annual Meeting of the Economic History Association, Boulder, CO, September 16~18, 2016), https://www.eh.net/eha/wp-content/uploads/2016/08/White.pdf.

**10** 리슨은 자서전 《로그 트레이더(Rogue Trader)》에서 SIMEX에서 일하기 시작한

첫해에는 투기하지 않았다고 주장했지만 싱가포르 재무부 보고서에 따르면 리슨의 투기는 초기부터 시작되었다고 한다. https://eresources.nlb.gov.sg/printheritage/detail/afc97ab2-d21f-470e-a1c1-4c2de3c57854.aspx.

11    Report of the Board of Banking Supervision Inquiry into the Circumstances of the Collapse of Barings (Banking Report going forward) (London: Her Majesty's Stationery Office [HMSO], July 18, 1995), 35, paras. 2.81~2.85, https://assets.publishing.service.gov.uk/government/uploads/system/uploads/attachment_data/file/235622/0673.pdf.

12    Leeson with Whitley, *Rogue Trader*, 172.

13    Ibid., 63.

14    차액 거래 전략은 다음에서 인용했다. *Banking Report*, 44, paras. 3.35~3.39.

15    Stephen Quinn, "Gold, Silver, and the Glorious Revolution: Arbitrage Between Bills of Exchange and Bullion," *Economic History Review* 49, no. 3 (August 1996): 473~490.

16    *Banking Report*, 199, para. 12.34.

17    Leeson with Whitley, *Rogue Trader*, 99.

18    Ibid., 108~109.

19    1992년 7월부터 1995년 2월까지 리슨이 관리한 휴면계좌 88888의 월별 누적 손실액은 싱가포르 보고서에 실려 있다. 1992년 12월까지의 손실은 3억 7,700만 엔이며 1달러당 125엔 환율로 약 300만 달러에 해당하며 1파운드당 1.5달러 환율로 약 200만 파운드에 달한다. 1993년의 손실은 40억 2,300만 엔으로 보고되어 있으며 연말 환율로 2,400만 파운드에 해당한다.

20    *Banking Report*, 8, paras. 1.42~1.48, for a brief summary of Leeson's subterfuge. Sections 5 and 6 (78~118) give the details.

21    Leeson with Whitley, *Rogue Trader*, 88.

22    리슨의 회계 부정에 대한 공식 분석은 다음에서 인용했다. Edward J. Kane and Kimberly DeTrask, "Breakdown of Accounting Controls at Barings and Daiwa: Benefits of Using Opportunity-Cost Measures for Trading Activity," *Pacific-Basin Finance Journal* 7, nos. 3/4 (August 1999): 203~228.

23    Leeson with Whitley, *Rogue Trader*, 113.

24    *Banking Report*, 146, para. 9.21.

25    Ibid., 147.

26    싱가포르 보고서에 실린 88888계좌의 누적 손실액은 255억 5,200만 엔으로 연말 환율로 1억 6,400만 파운드에 해당한다.

27    Leeson with Whitley, *Rogue Trader*, 109.

28    Benjamin Weiser, "Wall Street Weighs Its Own Vulnerability to Rogue Traders," *Washington Post*, February 28, 1997, C1.

29    리슨의 투기 전략에 대한 공식 분석은 다음에서 인용했다. Stephen J. Brown and Onno W. Steenbeek, "Doubling: Nick Leeson's Trading Strategy," *Pacific Basin Finance Journal* 9, no. 2: (April 2001).

30    *Banking Report*, 61, para. 4.2. 1억 파운드가 넘는 손실은 닛케이 선물에서 3,400만 파운드와 옵션에서 6,900만 파운드의 손실을 합친 것이다.

31    손실액은 싱가포르 보고서의 내용을 따랐다. 1995년 2월 말 손실액은 1,354억 9,900만 엔으로 현재 환율 기준으로 약 8억 8,600만 파운드에 해당한다. 싱가포르 보고서 기준으로 베어링스 은행의 자본금은 4억 6,500만 파운드였다.

32    Ibid., 154, para. 17.25.

33    "Britain's Barings PLC Bets on Derivatives—And the Cost Is Dear," *Wall Street Journal*, February 27, 1995, A1.

34    Nicholas Bray, "Barings Was Warned Controls Were Lax but Didn't Make Reforms in Singapore," *Wall Street Journal*, March 2, 1995, A3.

35    *Banking Report*, 50, para. 3.65.

36    Leeson with Whitley, *Rogue Trader*, 250.

37    Saul Hansell, "For Rogue Traders, Yet Another Victim," *New York Times*, February 28, 1995, D1.

38    Barbara Sullivan and Ray Moseley, "Old Bank, Modern Scandal," *Chicago Tribune*, February 28, 1995, D1.

39    *Banking Report*, 8, para. 1.45.

40    John Gapper and Nicholas Denton, *All That Glitters: The Fall of Barings* (London: Penguin, 1996), 330.

41    "Leeson Loses Barings," *Wall Street Journal*, February 28, 1995, A20.

42    이 인용문과 그 다음 인용문은 다음에서 가져왔다. Associated Press, "Singapore Sentences Leeson to 6½ Years in Prison," *New York Times*, December 2, 1995, A35.

43    이 인용문과 그 다음 인용문은 다음에서 가져왔다. Michael Lewis, *Liar's Poker: Rising Through the Wreckage on Wall Street* (New York: W. W. Norton, 1989), 155, 157.

44    Ibid., 157.

45    Steve Swartz, "Merrill Lynch Trader Blamed in Big Loss Had Been Un-

der Supervision, Aides Say," *Wall Street Journal,* May 1, 1987, 6.

46  Steve Swartz, "Merrill Lynch Posts $250 Million of Mortgage-Issue Trading Losses," *Wall Street Journal,* April 30, 1987, 2.

47  Michael A. Hiltzik, "Merrill Lynch Has Bond Loss of $250 Million," *Los Angeles Times,* April 30, 1987, C1.

48  James Sterngold, "Anatomy of a Staggering Loss," *New York Times,* May 11, 1987, D1.

49  Alison Leigh Cowan, "2 Resign at Merrill," *New York Times,* May 20, 1987, D6.

50  Steve Swartz, "Bear Stearns Hires Trader Blamed by Merrill for Loss," *Wall Street Journal,* November 4, 1987, 42.

51  이 인용문과 그 다음 인용문은 다음에서 가져왔다. Michael Siconolfi, "Talented Outsiders: Bear Stearns Prospers Hiring Daring Traders That Rival Firms Shun," *Wall Street Journal,* November 11, 1993, A1.

52  Justin Bear, "Ex-Bear Stearns CEO Is Off Wall Street but Still Mixing It Up at the Bridge Table," *Wall Street Journal* (online) March 17, 2018, https://www.wsj.com/articles/ex-bear-stearns-ceo-off-wall-street-but-still-mixing-it-up-at-the-bridge-table-1521288000.

53  Matt Egan, "The Stunning Downfall of Bear Stearns and Its Bridge-Playing CEO," CNN Business online, September 30, 2018, https://www.cnn.com/2018/09/30/investing/bear-stearns-2008-crisis-jimmy-cayne/index.html.

## Chapter 8

1  Richard Evans, "Why Did Stauffenberg Plant the Bomb?," *Süddeutsche Zeitung,* January 23, 2009, available at http://www.signandsight.com/features/1824.html, for a discussion of Stauffenberg's philosophy and his desire for a negotiated peace.

2  Ian Kershaw, *Hitler, 1936~1945 Nemesis* (New York: W. W. Norton, 2000), 693.

3  Percy Ernst Schramm, *Hitler: The Man & the Military Leader* (Chicago: Academy Chicago Publishers, 1981), 163.

4  이 인용문과 그 다음 인용문은 다음에서 가져왔다. "Eisenhower to His Troops: 'Defeat Nazi Final Gamble,'" *Christian Science Monitor,* December 22,

1944, 1.

5   미팅 내용은 다음 책을 참조하라. Gerhard L. Weinberg, Helmut Heiber, and David M. Glantz, *Hitler and His Generals: Military Conferences 1942~1945* (New York: Enigma Books, 2003), 444~463.

6   Ibid., 446~47 and 450.

7   이 일과, 이어지는 발언은 다음 책에서 인용했다. Seymour Freiden and William Richardson, eds., *The Fatal Decisions* (New York: Berkley, 1956), 203~204.

8   Ibid., 206.

9   Schramm, *Hitler*, 168.

10  이 단락에 실린 인용문은 1944년 8월 31일 미팅에 대한 기록으로 다음에서 인용했다. Weinberg, Heiber, and Glantz, *Hitler and His Generals*, 466~467.

11  Schramm, Hitler, 176.

12  미팅의 내용은 여러 자료를 바탕으로 재구성했다. (1) Werner Kreipe, *The Personal Diary of Gen. Fl. Kreipe, Chief of the Luftwaffe General Staff During the Period 22 July~2 November 1944* (n.p., 1947); (2) Charles V. P. von Luttichau, "The German Counteroffensive in the Ardennes," chap. 20 in *Command Decisions* (Washington, D.C.: Center of Military History, U.S. Army, 1960); (3) Hugh M. Cole, *The Ardennes, Battle of the Bulge* (Washington, D.C.: Center of Military History, US Army, 1993; (4) Peter Caddick-Adams, *Snow and Steel: The Battle of the Bulge, 1944~1945* (New York: Oxford University Press, 2015).

13  Kreipe, *Personal Diary*, 24; 발언은 다음에서 인용했다. *Ardennes*, 2.

14  Kreipe, *Personal Diary*, 24.

15  Jacques Nobecourt, *Hitler's Last Gamble: The Battle of the Bulge*, trans. R. H. Barry (New York: Belmont Tower Books, 1967), 39. 발언은 다음에서 인용했다. Hitler's *Mein Kampf*.

16  Weinberg, Heiber, and Glantz, *Hitler and His Generals*, 540.

17  Kreipe, Personal Diary, 24.

18  "To the Rhine," *New York Times*, November 26, 1944, E1; "Americans Advance on Rhine 'Gateways,'" *Irish Times*, November 28, 1944, 1; and "Two Novembers: Germany's Position in 1918 and 1944," *Manchester (UK) Guardian*, November 13, 1944, 4.

19  "Two Novembers," 4.

20 Freiden and Richardson, *Fatal Decisions*, 231.

21 이 언급과 그 다음 언급은 위의 책 236쪽에서 인용했다.

22 Cole, *Ardennes*, 69.

23 이 인용문과 그 다음 인용문은 다음에서 가져왔다. Freiden and Richardson, *Fatal Decisions*, 233~234.

24 This story comes from Harry C. Butcher, *My Three Years with Eisenhower: The Personal Diary of Captain Harry C. Butcher, USNR, Naval Aide to General Eisenhower, 1942~1945* (New York: Simon & Schuster, 1946), 722.

25 Caddick-Adams, *Snow and Steel*, 265.

26 Ibid.

27 이 인용문과 그 다음 인용문은 다음에서 가져왔다. Dwight D. Eisenhower, "Eisenhower Vowed Never to Let the Enemy's Bulge Cross the Meuse," *Washington Post*, November 26, 1948, 1.

28 이 인용문과 그 다음 인용문은 다음에서 가져왔다. Freiden and Richardson, *Fatal Decisions*, 262.

29 Nobecourt, *Hitler's Last Gamble*, 279.

30 "Stimson Says Nazis Losing Great Gamble," *Hartford Courant*, December 29, 1944, 1.

31 Caddick-Adams, *Snow and Steel*, 348~349.

32 사건의 개요는 다양한 자료를 근거로 작성되었다. Trevor N. Dupuy, *Hitler's Last Gamble: The Battle of the Bulge, December 1944~January 1945* (New York: HarperCollins, 1994), 64~65 and appendix G; Caddick-Adams, Snow and Steel, 559~577; and Cole, *Ardennes*, 260ff.

33 이 인용문과 그 다음 인용문은 다음에서 가져왔다. "Malmédy Survivor Recalls Massacre," U.S. Fed News Service, Washington, D.C., December 21, 2007.

34 Hal Boyle, "Yanks Dig in at Scene of Buddies' Massacre," *Los Angeles Times*, January 15, 1945, 5.

35 이 재판 내용의 요약본은 다음을 참조하라. Fred L. Borch III, "The 'Malmedy Massacre' Trial: The Military Government Court Proceedings and the Controversial Legal Aftermath," *The Army Lawyer*, special issue, *Lore of the Corps*, March 2012, 22~27. A video recording of trial excerpts is available at "Malmedy Massacre Trial Uncut," YouTube, 53.12, Lumiere Media, October 2, 2011, https://www.youtube.com/watch?v=u5X0VyAJUOo.

36    United Press, "Laughing Germans Slew Captives, 'Bulge' Massacre Survivors Say," *New York Times*, May 22, 1946, 4.

37    Caddick-Adams, *Snow and Steel,* 572, which identifies the man as George Fleps. But see United Press, "Laughing Germans Slew Captives," 4, which identifies the man as George Fletz.

38    "Massacre of Yanks Ordered, Panzer Officer Tells Court," *Washington Post*, May 21, 1946, 2.

39    Associated Press, "SS Troops Confirm Massacre Orders," *New York Times*, May 19, 1946, 25.

40    "Malmedy Massacre Trial Uncut," Lumiere Media.

41    United Press, "SS Blames Hitler in Bulge Murders," *New York Times*, May 18, 1946, 6.

42    Ibid.

43    Nobecourt, *Hitler's Last Gamble*, 121.

44    Dupuy, *Hitler's Last Gamble*, 5.

45    Caddick-Adams, *Snow and Steel*, 253.

46    Borch, " 'Malmedy Massacre' Trial," 26.

47    세부 사항은 다음 기사에서 인용했다. Robert Daley, "The Case of the SS Hero," *The New York Times Magazine*, November 7, 1976, 32.

48    Paul Webster, "Ex-SS Man Killed by Avengers," *Guardian* (UK edition), July 16, 1976, 2.

49    Weinberg, Heiber, and Glantz, *Hitler and His Generals*, 468.

50    Thomas Fleming, "A Policy Written in Blood," *Quarterly Journal of Military History* 21, no. 2 (Winter 2009): 28.

51    Associated Press, "Peace Must Let Germans Live, Says Goebbels," *Chicago Daily Tribune*, October 28, 1944, 5.

52    Philip M. Taylor and N. C. F. Weekes, "Breaking the German Will to Resist, 1944~1945: Allied Efforts to End World War II by Nonmilitary Means," *Historical Journal of Film, Radio and Television* 18, no. 1 (March 1998): 7~8.

53    Butcher, *My Three Years with Eisenhower*, 518.

**Chapter 9**

1    Gary Marx and Tracy Dell'Angela, "2 Paths for Prison Lifers: Wither

Away or Adjust," *Chicago Tribune*, January 21, 1996, 1.

2    이 인용문과 그 다음 인용문은 다음에서 가져왔다. Judy Tatham, "Judge: Gruesome Murder Deserves Life," *Herald & Review* (Decatur, IL), September 8, 1990, 3. 기사는 1990년 3월 25일을 살해 날짜로 제시하고 있으며, 1990년 7월에 시작된 시리즈 중 마지막 기사다. 이 단락에 설명된 계획과 공격에 대한 자세한 내용은 해당 기사에서 가져왔다.

3    Steven A. Holmes, "Inmate Violence Is on Rise as Federal Prisons Change," *New York Times*, February 9, 1995, A1.

4    Alan Abrahamson and Phil Sneiderman, "Inmates Strike over Bid to Curb Conjugal Visits," *Los Angeles Times*, March 1, 1995, 1.

5    Mike Ward, "Behind Bars, 'Predators' Thrive; Board Today Will Examine the Growing Violence in Texas Prisons Such as the Death of Randy Payne," *Austin American-Statesman*, November 17, 1994, A1.

6    "No Escape: Male Rape in U.S. Prisons," *Human Rights Watch Report* (April 2001): 11~12.

7    Ibid., 13.

8    Ibid.

9    Ibid., 14.

10    Ward, "Behind Bars, 'Predators' Thrive," A1.

11    "Fact Sheet: Trends in U.S. Corrections—U.S. State and Federal Prison Population, 1925~2017," the Sentencing Project online, June 2019, https://www.sentencingproject.org/wp-content/uploads/2016/01/Trends-in-US-Corrections.pdf.

12    *Chicago Tribune*: "Guilty Plea in Shooting Death," August 24, 1993, sec. 3, 3; Gary Marx, "Prison Pairing Leads to Slaying," June 9, 2009, 1; and Steve Schmadeke, "Inmate Sentenced in Killing That Changed How Prison System Houses Nonviolent Offenders," January 18, 2012, https://www.chicagotribune.com/news/ct-xpm-2012-01-18-ct-met-inmate-sentenced-011920120119-story.html.

13    이 단락과 다음 두 단락의 정보 및 인용문(명시된 경우 제외)은 다음 기사에서 가져왔다. Gary Marx, "Prison Experts See Fatal Mistake," *Chicago Tribune*, May 5, 2009, 5; Nicholas J. C. Pistor, "Illinois Reaches Settlement in Menard Suit. Family of Murdered Inmate Alleged Correction Officers Knew He Was in Danger," *St. Louis Post-Dispatch*, January 6, 2009, B3;

and "Slain Inmate's Family Awarded $13 Million," *Daily Herald* (Arlington Heights, IL), January 6, 2009, 3.

14 Christie Thompson and Joe Shapiro, "The Deadly Consequences of Solitary with a Cellmate," the Marshall Project online, March 24, 2016, https://www.themarshallproject.org/2016/03/24/the-deadly-conse-quences-of-solitary-with-a-cellmate.

15 Marx, "Prison Experts See Fatal Mistake," 5.

16 이하 약력 정보의 대부분은 실버스타인의 부고 기사에서 가져왔다. Sam Roberts, "Thomas Silverstein, Killer and Most Isolated Inmate, Dies at 67," *New York Times* online, May 21, 2019, https://www.nytimes.com/2019/05/21/obituaries/thomas-silverstein-dead.html?searchRe-sultPosition=1.

17 Michael Satchell, "The End of the Line: It's Known Among Its Inhabitants as the Toughest Prison in America. The New Alcatraz. Marion, Illinois," *Parade*, September 28, 1980, 4.

18 Ibid.

19 1981년 11월 22일과 1982년 9월 27일이라는 날짜는 다음 책에서 설명한 살인 사건의 기록에서 가져왔다. Pete Early, *The Hot House* (New York: Bantam Books, 1992), 194~207.

20 Ibid., 202ff.

21 Lynn Emmerman, "2 Racists Suspected in Prison Deaths," *Chicago Tribune*, October 30, 1983, A1.

22 "Life Sentence in Sniper Shootings," *Philadelphia Inquirer*, October 5, 1991, B5.

23 이 인용문과 그 다음 인용문은 다음에서 가져왔다. James A. Paluch Jr., *A Life for a Life* (Los Angeles: Roxbury, 2004), 175~176.

24 Marx and Dell'Angela, "2 Paths for Prison Lifers, 1.

25 "Life Without Parole: Hope Springs Eternal," *Los Angeles Times*, June 14, 1988, 4.

26 Early, *The Hot House*, 87.

27 Marx and Dell'Angela, "2 Paths for Prison Lifers," 1.

28 Ibid.

29 이 인용문과 그 다음 인용문은 다음에서 가져왔다. Patrik Jonsson, "One Warden's Way of Instilling Hope Behind Bars," *Christian Science Monitor*,

November 14, 2007, 1.

30   Margaret E. Leigey, *The Forgotten Men: Serving a Life Without Parole Sentence* (New Brunswick, NJ: Rutgers University Press, 2015), 52.

31   Mark D. Cunningham and Jon R. Sorensen, "Nothing to Lose? A Comparative Examination of Prison Misconduct Rates Among Life Without Parole and Other Long-term Security Inmates," *Criminal Justice and Behavior* 33, no. 6 (December 2006): 683~705.

32   Ibid., 694 and 699.

33   Timothy J. Flanigan, "Time Served and Institutional Misconduct: Patterns of Involvement in Disciplinary Infractions Among Long-term and Short-term Inmates," *Journal of Criminal Justice* 8 (1980): 364.

34   Robert Johnson and Sandra McGunigall-Smith, "Life Without Parole, America's Other Death Penalty," *Prison Journal* 88, no. 2 (June 2008): 331.

35   Paluch, *A Life for a Life*, 98.

36   Allison Gatlin, "Soledad Lifers Advise Short-Timers in Prison Program," *Salinas (CA) Weekend Californian*, June 1, 2013, 1A.

37   Marx and Dell'Angela, "2 Paths for Prison Lifers," 1.

38   "Restricted Access Inmates Maintain Course," *Boston Globe*, May 17, 2005, D1.

39   이 인용문과 이 단락의 나머지 인용문은 다음에서 가져왔다. Shaila K. Dewan, "Golf Course Shaped by Prisoner Hands," *New York Times* online, August 15, 2004, https://www.nytimes.com/2004/08/15/us/golf-course-shaped-by-prisoners-hands.html?searchResultPosition=1.

40   Lou Carlozo, "Prison Blues," *Chicago Tribune*, February 18, 2002, sec. 5, 1.

## Chapter 10

1    이 단락과 그 다음 세 단락에 나온 세부 사항과 인용문은 다음 기사에서 가져왔다. Uli Schmetzer, "Italian Hostage Siege at Impasse," Chicago Tribune, August 27, 1987, 8, and United Press International, "Six Prisoners End Elba Siege, Free Hostages," *Los Angeles Times*, September 2, 1987, 2.

2    이 단락에 기재된 총기 난사 사건의 숫자와 정의는 다음 자료를 바탕으로 한다. "The Mother Jones Mass Shootings Data Base, 1982~2019," *Mother*

*Jones* online, https://www.motherjones.com/politics/2012/12/mass-shootings-mother-jones-full-data/. 오바마 행정부는 2012년 총기 난사 사건의 정의 기준을 사망자 세 명 이상으로 낮추었지만 나는 총기 난사 사건의 정의를 2001년 이전과 이후에 일관된 기준으로 적용하기 위해 사망자 수 네 명을 기준으로 설명했다.

3    나는 2001년 이후 총기 난사 사건을 2001년 이전과 비교할 수 있도록 네 명을 기준으로 산출했다. 2001년 이전에는 총기 난사 사건의 점진적 상승세가 없었다. 특히 2001년 이전을 6년 간격으로 세 개 기간으로 나누면 각각 한 건, 두 건, 두 건의 총기 난사 사건이 있었지만 2001년 이후를 6년 간격으로 세 개 기간으로 나누면 두 건, 네 건, 네 건의 총기 난사 사건이 발생했다는 점을 알 수 있다.

4    Robert A. Pape, *Dying to Win: The Strategic Logic of Suicide Terrorism* (New York: Random House Trade Paperbacks, 2005), 12~13.

5    Iain Overton, "A Short History of Suicide Bombing," Action on Armed Violence (AOAV) online, August 23, 2019, https://aoav.org.uk/2013/a-short-history-of-suicide-bombings.

6    Pape, *Dying to Win*, 12.

7    Bernard Lewis, *The Crisis of Islam: Holy War and Unholy Terrorism* (New York: Random House, 2003), 144.

8    Pape, *Dying to Win*, 4.

9    이 인용문과 그 다음 인용문은 다음에서 가져왔다. "Last Words of a Terrorist," *Guardian* (U.S. edition) online, September 30, 2001, https://www.theguardian.com/world/2001/sep/30/terrorism.september113.

10   이 단락과 그 다음 단락에 나오는 약력 정보의 대부분은 다음 기사에서 가져왔다. Terry McDermott, "A Perfect Soldier: Mohamed Atta, Whose Hard Gaze Has Stared from a Billion Television Screens and Newspaper Pages, Has Become, for Many, the Face of Evil Incarnate," *Los Angeles Times*, January 27, 2002, A1.

11   이 인용문과 그 다음 인용문은 다음에서 가져왔다. Neil MacFarquhar, Jim Yardley, and Paul Zielbauer, "A Portrait of the Terrorist: From Shy Child to Single-Minded Killer," *New York Times*, October 10, 2001, B9.

12   다음 문서에서는 함부르크에서 아타와 다른 폭탄 테러범들을 급진화시킨 책임을 자마르에게 돌린다. *The 9/11 Commission Report: Final Report of the National Commission on Terrorist Attacks on the United States* (Washington, D.C.: U.S. Government Printing Office, 2004), 164, https://www.9-11commis-

sion.gov/report/911Report.pdf.

13    Terry McDermott, Perfect Soldiers: *The Hijackers—Who They Were, Why They Did It* (New York: HarperCollins, 2005), 22.

14    이 인용문과 그 다음 인용문, 이 단락에 나오는 정보는 다음 기사에서 가져왔다. Dirk Laabs and Terry McDermott, "Prelude to 9/11: A Hijacker's Love, Lies—Aysel Senguen Saw Her Fiance Fall into Radical Islam. She Knew Something Was Wrong but Had No Idea What Lay Ahead," *Los Angeles Times*, January 27, 2003, A1, Orange County ed.

15    McDermott, *Perfect Soldiers*, 197.

16    *The 9/11 Commission Report*, 166.

17    Pape, *Dying to Win*, 223.

18    Denis MacEoin, "Suicide Bombing as Worship: Dimensions of Jihad," *Middle East Quarterly* 16, no. 4 (Fall 2009): 18.

19    이 인용문과 이 단락에 나오는 나머지 인용문은 다음 기사에서 가져왔다. Nasra Hassan, "An Arsenal of Believers: Talking to the 'Human Bombs,'" *The New Yorker*, November 19, 2001, 36~41.

20    Ibid.

21    Rebecca Leung, "Mind of the Suicide Bomber," *60 Minutes*, aired May 23, 2003, on CBS, https://www.cbsnews.com/news/mind-of-the-suicide-bomber.

22    Pape, *Dying to Win*, 4.

23    Bernard Weinraub, "India Holds Dozens in Ghandi Killing," *New York Times*, July 14, 1991, A3.

24    John F. Burns, "4 Years After the Killing of Rajiv Gandhi, Doubts Persist," *New York Times*, September 12, 1995, A6.

25    Weinraub, "India Holds Dozens in Ghandi Killing," A3.

26    Hala Jaber, "The Avengers," Sunday Times (London), December 7, 2003, Features, 1, as quoted in Debra Zedalis, "Female Suicide Bombers" (research paper, U.S. Army War College, Carlisle, PA, June 2004), https://apps.dtic.mil/sti/pdfs/ADA424180.pdf.

27    Pape, *Dying to Win*, 228, for the estimate.

28    이 인용문과 그 다음 인용문은 다음에서 가져왔다. Kate Fillion, "In Conversation with Mia Bloom: On the Rise in Female Suicide Bombings, How Women Cause More Damage and Why They Do It," *Maclean's*,

January 24, 2011, https://www.macleans.ca/general/macleans-inter-view-mia-bloom/.

29  Patricia Pearson, "Hard to Imagine Female Bad Guy? Think Again," *USA Today*, January 30, 2002, A13.

30  이 인용문과 그 다음 인용문은 다음에서 가져왔다. Jan Goodwin, "When the Suicide Bomber Is a Woman," *Marie Claire* online, January 16, 2008, https://www.marieclaire.com/politics/news/a717/female-suicide-bomb-er/.

31  이 인용문과 이 단락에 나오는 나머지 인용문은 다음 기사에서 가져왔다. Somini Sengupta, "Sri Lanka Rejects Call for Truce, Saying Defeat of Rebels Is Near," *New York Times* online, February 6, 2009, https://www.nytimes.com/2009/02/06/world/asia/06lanka.html?searchResultPosition=1.

32  Lydia Polgreen, "Tamils Now Languish in Sri Lanka Camps," *New York Times* online, July 12, 2009, https://www.nytimes.com/2009/07/13/world/asia/13lanka.html?searchResultPosition=1.

33  이 인용문과 그 다음 인용문은 다음에서 가져왔다. Mark Magnier, "Looking to Sri Lanka for Lessons: The Tactics It Used to Defeat Tamil Tiger Rebels Could Help Other Nations Grappling with Insurgencies," *Los Angeles Times*, May 23, 2009, A28.

34  Alan Dershowitz, *Why Terrorism Works: Understanding the Threat, Responding to the Challenge* (New Haven, CT: Yale University Press, 2002), 172~173.

35  Rebecca Leung, "Mind of the Suicide Bomber".

36  주택 철거가 적어도 한동안은 자살 폭탄 테러를 줄인다는 증거가 있다. Efraim Benmelech, Claude Berrebi, and Esteben Klor, "Counter-Suicide-Terrorism: Evidence from House Demolitions," *Journal of Politics* 77, no. 1 (January 2015): 27~43.

37  Ibid., 29. 주택 철거의 짧은 역사를 알고 싶으면 다음을 참조하라. Naomi Zeveloff, "Israel Is Again Demolishing Homes of Terror Suspects," *Forward*, September 12, 2014, 1.

## Chapter 11

1  '나와 보비 맥기(Me and Bobby McGee)'라는 제목의 이 곡은 1970년 10월 재니스 조플린이 27세의 나이에 헤로인 과다복용으로 사망한 뒤 1971년 유작으로 발

표되었으며 앨범 〈펄(Pearl)〉에 수록되었다.

2    Chuck Landon, "Marshall Had Nothing to Lose Against; Herd Wins Coin Toss and Doesn't Defer Kickoff for First Time All Season," *Charleston (WV) Daily Mail*, November 12, 2007, 1B.

3    Ibid.

4    이 기사와, 이 단락에 나오는 인용문은 다음 기사에서 가져왔다. Milo F. Bryant, "Broncos, Wake Up and Smell the Mediocrity," *Gazette* (Colorado Springs, CO), November 24, 2003.

5    이 인용문과 몇몇 약력 세부 사항은 다음 기사에서 가져왔다. Harry Gordon, "How the Daughter of an Ancient Race Made It Out of the Australian Outback by Hitting a Tennis Ball Sweetly and Hard," *The New York Times Magazine*, August 29, 1971, 10.

6    이 인용문과 그 다음 인용문은 다음에서 가져왔다. United Press International, "Goolagong Upsets Billie Jean, Plays Court for Wimbledon Title," *Los Angeles Times*, July 1, 1971, D1.

7    Barry Lorge, "Aussie Princess Is Back," *Washington Post*, July 4, 1979, D1.

8    Marian Christy, "Alan Dershowitz for the Defense; Once Harvard Law's Youngest Professor, Alan Dershowitz Loves to Fight People in Power," *Boston Globe*, January 27, 1985, A15.

9    이 인용문과 그 다음 인용문은 다음에서 가져왔다. John Herbers, "The 37th President; In Three Decades, Nixon Tasted Crisis and Defeat, Victory, Ruin, and Revival," *New York Times*, April 24, 1994, A29.

10   Christy, "Alan Dershowitz for the Defense," A15.

11   Herbers, "The 37th President," A29.

12   이 인용문과 나머지 인용문은 다음 기사에서 가져왔다. "Here's the History of the NFL's 'Hail Mary' Pass on Its 41st Anniversary," *Eyewitness News*, WABC-TV online, December 28, 2016, https://abc7ny.com/hail-mary-football-pass-doug-flutie/1138071.

13   확률은 공을 던지는 장소에 따라 달라진다. Brian Burke, "Hail Mary Probabilities," Advanced Football Analytics, September 25, 2012, http://archive.advancedfootballanalytics.com/2012/09/hail-mary-probabilities.html.

14   이 수치들은 다음에서 가져왔다. "Hail Marys—Just How Improbable Are They?," September 10, 2015, https://blog.cougarstats.com/2015/09/10/

hail-marys-just-how-improbable-are-they.

**15** 이 인용문과 그 다음 인용문은 다음에서 가져왔다. Chris Kelly, "McCain's Hail Mary Pass: Choice of Palin a Desperate Heave Doomed to Fail," *Scranton (PA) Times-Tribune*, September 7, 2008, D1.

**16** Ellen Goodman, "Back to the Future," *South Florida Sun-Sentinel*, July 10, 2004, 13A.

**17** Michael Tackett, "Assets: Passion for Ideas, Appeal to Minorities," *Chicago Tribune*, August 10, 1996, 1.

**18** Tim Morrison, "A History of Vice Presidential Picks, from the Pages of Time: Jack Kemp, 1996," *Time* online, August 10, 2012, https://newsfeed.time.com/2012/08/11/a-history-of-vice-presidential-picks-from-the-pages-of-time/slide/1996-jack-kemp.

**19** 이 인용문과 그 다음 인용문은 다음에서 가져왔다. Robin Finn, "Defying Her Sport's Logic, A Tennis Prodigy Emerges," *New York Times*, September 7, 1997, 1.

**20** 이 단락에 나오는 인용문은 다음 기사에서 가져왔다. Bill Dwyre, "Venus Is Giving It Her All on Court," *Los Angeles Times*, June 24, 2014, C1.

예측할 수 없는 내일을 위한 헤일 메리의 법칙

# 막다른 길의 선택들

1판 1쇄 인쇄 2023년 8월 30일
1판 1쇄 발행 2023년 9월  6일

**지은이** 윌리엄 L. 실버
**옮긴이** 김경애
**펴낸이** 고병욱

**기획편집실장** 윤현주 **책임편집** 유나경 **기획편집** 장지연 조은서
**마케팅** 이일권 함석영 김재욱 복다은 임지현
**디자인** 공희 진미나 백은주 **제작** 김기창 **관리** 주동은 **총무** 노재경 송민진

**펴낸곳** 청림출판(주)
**등록** 제1989-000026호

**본사** 06048 서울시 강남구 도산대로38길 11 청림출판(주) (논현동 63)
**제2사옥** 10881 경기도 파주시 회동길 173 청림아트스페이스 (문발동 518-6)
**전화** 02-546-4341  **팩스** 02-546-8053
**홈페이지** www.chungrim.com  **이메일** cr1@chungrim.com
**블로그** blog.naver.com/chungrimpub  **페이스북** www.facebook.com/chungrimpub

**ISBN** 978-89-352-1432-7 (03320)